学校司書の役割と活動

学校図書館の活性化の視点から

金沢みどり【編著】

School Library
Role & Activities

学文社

執筆者一覧(執筆順)

＊金沢みどり	東洋英和女学院大学人間科学部教授	(第1章〜第7章)
吉岡　裕子	東京学芸大学附属世田谷小学校司書	(第8章　1)
中村　貴子	千葉県船橋市立坪井小学校司書	(第8章　2)
大澤　倫子	東京都杉並区立桃井第五小学校司書	(第8章　3)
内川　育子	大阪府豊中市立岡町図書館司書	(第8章　4)
	(前 大阪府豊中市立豊島小学校司書)	
村上　恭子	東京学芸大学附属世田谷中学校司書	(第9章　1)
奥山　文子	お茶の水女子大学附属中学校司書	(第9章　2)
和田　幸子	千葉県袖ケ浦市立昭和小学校司書	(第9章　3)
	(前 千葉県袖ケ浦市立昭和中学校司書)	
遠藤　孝子	前 鳥取県鳥取市立河原中学校司書	(第9章　4)
今野　千束	大阪府豊中市立第一中学校司書	(第9章　5)
清水満里子	長野県諏訪清陵高等学校・附属中学校司書	(第10章　1)
渡邊有理子	東京学芸大学附属国際中等教育学校司書	(第10章　2)
宮﨑健太郎	埼玉県立入間向陽高等学校司書	(第11章　1)
	(前 埼玉県立新座高等学校司書)	
千田つばさ	東京都立小川高等学校司書	(第11章　2)
田子　環	神奈川県立磯子高等学校司書	(第11章　3)
	(前 神奈川県立横浜南陵高等学校司書)	
田沼恵美子	東京学芸大学附属特別支援学校司書	(第12章　1)

(＊は編著者)

はじめに

　これからの学校図書館には，児童生徒の読書活動の場として「読書センター」の機能，自発的な学習活動や授業内容の充実を支援する場として「学習センター」の機能，及び，利用者の情報ニーズへの対応や児童生徒の情報活用能力の育成の場として「情報センター」の機能が求められている。

　学校図書館が「読書センター」「学習センター」「情報センター」としての3つの機能を充分に果たすためには，「学校図書館担当職員の役割及びその資質の向上に関する調査研究協力者会議」の報告にもあるように，学校司書の職務として，従来の「間接的支援」や「直接的支援」に関する職務に加えて，チーム・ティーチングの一員として児童生徒の教育を支援するなど「教育指導への支援」に関する職務が，必須である。「教育指導への支援」には，単に教科等の指導に関する支援だけではなく，特別活動の指導に関する支援や情報活用能力の育成に関する支援も，含められる。

　さらに，児童生徒の教育をより積極的に支援し，アクティブ・ラーニングを推進するためには，司書教諭や教職員との連携協力，ラーニング・コモンズとしての学校図書館の環境づくり，及び，地域にある公共図書館や博物館などの社会教育施設との連携協力も，学校司書の職務として重要である。

　本書では，これらのことを踏まえて，第1部で学校図書館と学校司書の現状と課題について，報告書や答申，法律，理念，調査結果など，関連する資料や情報に基づいて考察する。さらに，学校図書館の活性化に向けて，これからの学校司書の役割や活動について論じる。第2部では，これまで優れた実践を重ねてきた小学校，中学校，中高一貫校，高等学校，及び，特別支援学校の学校司書の方々が，これからの学校司書の職務について考えるうえで，有益と思われる実践事例を紹介する。これらの第1部と第2部を通じて，本書が，これからの学校図書館の活性化，及び，学校教育のさらなる発展に向けての一助となれば幸いである。

2017年9月吉日

金沢みどり

目 次

はじめに i

第1部 学校図書館と学校司書の現状と課題

第1章 学校図書館と学校司書を取り巻く状況の推移 …… 2
―学校図書館の機能や学校司書の役割に関する報告と答申から―

1 これからの時代に求められる国語力について　2
2 これからの学校図書館と学校司書の役割　配置促進と法制化に向けて　3
3 これからの学校図書館の活用の在り方等について　5
4 これからの学校図書館担当職員に求められる役割・職務及びその資質能力の向上方策等について　7
5 チームとしての学校の在り方と今後の改善方策について　9
6 学校図書館職員問題検討会報告書について　10
7 これからの学校図書館の整備充実について　12

第2章 学校図書館や読書に関する法律 …… 14

1 学校図書館法　14
2 子どもの読書活動の推進に関する法律　16
3 文字・活字文化振興法　17

第3章 学校図書館の理念 …… 19

1 学校図書館憲章　19
2 IFLA／ユネスコ学校図書館宣言　20
3 IFLA／ユネスコ学校図書館ガイドライン　21
　（1）IFLA／ユネスコ学校図書館ガイドライン（2002年刊行）　21／（2）IFLA学校図書館ガイドライン（2015年改訂）　23
4 文部科学省「学校図書館ガイドライン」　25

第4章 学校図書館をめぐる現状 …… 29

1 学校図書館の現状に関する調査結果から　29
　（1）文部科学省　平成28年度「学校図書館の現状に関する調査」の結果について

　　　　　　29／(2) 全国学校図書館協議会　2016年度「学校図書館調査」の結果について　31
　　2　児童生徒の読書に関する調査結果から　33
　　3　どのような本を読みたいか　34
　　4　どのような学校図書館であれば，さらに利用したいか　35
　　5　学校図書館で働く司書教諭・学校司書などに望むこと　36

第5章　学校司書の役割とさまざまな活動 ……………………………… 38

　　1　学校図書館の教育力と学校司書の役割　38
　　2　学校司書の職務と活動　43
　　3　司書教諭，及び教員と学校司書の連携協力　48
　　　　(1) 司書教諭と学校司書の連携協力について　48／(2) 教員と学校司書の連携協力について　49

第6章　学校司書の配置による教育上の効果 ……………………………… 54

　　1　日本の学校における学校司書の配置による教育上の効果　54
　　　　(1)「平成25年度全国学力・学習状況調査の結果から見た学校図書館担当職員の配置の効果」(2013年度)　54／(2) 北海道教育委員会による『学校司書配置事例集』(2016年3月)　56／(3) 横浜市教育委員会による『横浜市学校司書配置事業について』(2015年度)　57／(4) 川崎市教育委員会による『学校司書配置モデル事業中間報告　学校司書配置による効果の検証』(2016年11月)　58
　　2　アメリカ合衆国の学校における学校司書の配置による教育上の効果　59
　　　　(1)「学力に関するミシガン州の学校司書の影響力」(2003年)　60／(2)「アイダホ州の学校図書館の影響力に関する研究－2009」(2010年)　61

第7章　学校図書館のさらなる活性化に向けて ……………………………… 64
　　―これからの学校司書の役割―

　　1　アクティブ・ラーニングの推進　64
　　2　ラーニング・コモンズとしての学校図書館の環境づくり　67
　　3　公共図書館をはじめとする社会教育施設と学校図書館の連携協力　71

第2部 学校司書の優れた実践事例

第8章 小学校 … 82

1 小学校の図書館は子どもたちも先生も司書もみんな仲間　82

（1）はじめに　82／（2）子どもたちの声に耳を傾けることから図書館を整える　82／（3）図書館は育てる力がある　84／（4）読書の幅を広げるための手だて　86／（5）授業にかかわる　87／（6）先生とコミュニケーションをとるために　89／（7）6年生に音楽ブックトークをするまで―音楽の先生との協働―　90／（8）共に育てる―教員や家庭と学校図書館との連携―　91

2 小さな図書館から広がる大きな世界　92

（1）はじめに　92／（2）1年の計は図書館オリエンテーションにあり　93／（3）船橋市の学校図書館ネットワーク　94／（4）日常のなかに本を　96／（5）本や作品展示を通じて交流が生まれる　96／（6）先生方の推薦図書展示　99／（7）図書館は面白いところ　101

3 楽しく学びを広げる場所に　102

（1）はじめに　102／（2）わくわくに出会える学校図書館をつくりたい　103／（3）図書の時間を目当てをもって学ぶ時間に　104／（4）調べ学習を支援する　108／（5）校内研究（理科）と楽しく連携する　110／（6）学校図書館を育てるために　112

4 "ふだん使い"の学校図書館から生まれること
　―子どもの"わくわく"をつかまえたい！―　114

（1）子どもたちは、「？」のかたまり―レファレンスに応える―　114／（2）日々の授業支援のなかで―図書館のできることは広い―　116／（3）授業との連携　120／（4）図書館利用教育―楽しんでわくわくして―　123／（5）公共図書館との連携　124／（6）子どもと本をつなぐということ　125

第9章 中学校 … 127

1 学校図書館で学校司書ができること　127

（1）学校の中に"使える図書館"をつくる　127／（2）生徒の健やかな成長のために　128／（3）授業デザインに関わる専門職としての学校司書に　130／（4）学校全体で育む情報活用能力　134／（5）ともに学びあう豊かな空間に　135

2 図書館は安心して本のことを話せる場所
　―知を分かち合い，読書の喜びを共有する図書館を目指して―　136

（1）はじめに　136／（2）読書支援　137／（3）学習，及自主研究支援　143／（4）教員との連携と協働　144

3 学校図書館から広げる豊かな心と学びの力
　　―昭和中学校での実践から―　146
　　　(1) 学校図書館でできること　146／(2) 豊かな心を育む読書活動　148／(3) 学びの力を育む連携授業　151／(4) 公共図書館や郷土博物館との連携　153／(5) まとめ　155

4 学校司書ならではの学びへの支援―蔵書構築と改修を中心に―　156
　　　(1) はじめに　156／(2) 毎日の積み重ね　156／(3) 図書館オリエンテーション　159／(4) 学びへの支援の具体例　160／(5) 読書支援　165／(6) まとめ　166

5 利用を増やす―蔵書構築と改修を中心に―　167
　　　(1) はじめに　167／(2) 蔵書と貸出の分析　168／(3) 児童生徒や教職員の役に立つ蔵書をつくるために　170／(4) 本と利用者をつなぐ　171／(5) 学校図書館の改修やレイアウト　173／(6) まとめ　175

第10章　中高一貫校　176

1 「学び方の学び」を支える―併設型中高一貫校における授業支援―　176
　　　(1) はじめに　176／(2) 高校の探究的な学習　177／(3) 高校「社会と情報」の支援　178／(4) ICTの活用　181／(5) 中学校：理科（自由研究でのテーマ決め）　182／(6) 中学校：技術科（木工）　183／(7) 中学校：総合的な学習の時間（3年生卒業研究）　184／(8) まとめ　185

2 多様性を認め合う空間へ
　　―国際バカロレア認定校の図書館実践から―　186
　　　(1) 国際バカロレアの教育と学校図書館　186／(2) 総合メディアセンターの誕生　187／(3) 生徒への支援　190／(4) 教員との連携と授業支援　192／(5) 多目的な館内活用　194／(6) まとめ　196

第11章　高等学校　197

1 授業の可能性を広げる図書館活動をつくる　197
　　　(1) はじめに　197／(2) 「できた」と思わせる,「ポスターセッション」　197／(3) 図書館を,授業利用を支えるインフラとするために　199／(4) 授業づくりに特化したレファレンサーとしての学校司書　201／(5) 資料を手渡す人として,授業に参画する　202／(6) まとめ　204

2 読むことと学校司書　205
　　　(1) 高校生の読書　205／(2) ニーズを把握する　206／(3) 読みたくなる環境をつくる　206／(4) 授業や特別活動との連携　209／(5) 生徒同士で触発する　211／(6) 個を支援する　213／(7) 継続的なかかわりから　215

3　つながる学校図書館
　　　　―日常的なサービスを支える人・情報・物流のネットワーク―　215
　　　　　（1）はじめに　215／（2）ネットワークの概要　216／（3）資料提供を支えるネットワーク　217／（4）レファレンスを支えるネットワーク　219／（5）授業を支えるネットワーク　221／（6）学校司書のチーム力　223／（7）ネットワークの使い方　224／（8）まとめ　224

第12章　特別支援学校 ……………………………………………………………… 227

　　1　すべての子どもにとって，読むことは世界に開かれた窓　227
　　　　　（1）学校図書館ができるまで　227／（2）子どもたちに，学校図書館を―小学部・中学部・高等部―　229／（3）子どもたちに本をさしだす　231／（4）授業とかかわる　233／（5）まとめ　236

　　おわりに　238

第1部

学校図書館と学校司書の現状と課題

第1部では，学校図書館や学校司書の現状について，報告や答申，法律，理念，調査結果など，関連する資料や情報に基づいて述べる。さらに，これらの現状を踏まえたうえで，学校図書館の活性化に向けて，これからの学校司書の役割について論じる。

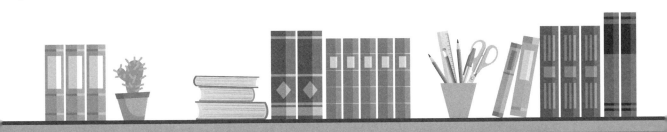

第1章 学校図書館と学校司書を取り巻く状況の推移
―学校図書館の機能や学校司書の役割に関する報告と答申から―

　本章では，学校図書館の機能や学校司書の役割に関して重要と考えられる2000年以降の最近の報告や答申をもとに，学校図書館と学校司書を取り巻く状況の推移について，時系列に沿って論じる。

1　これからの時代に求められる国語力について

　2004年2月3日に発表された「これからの時代に求められる国語力について」（文化審議会答申）では，国語力を身につけるための読書活動の在り方に関して示されている。

　この答申での読書とは，文学作品を読むことだけではなく，自然科学・社会科学関係の本や新聞・雑誌を読んだり，何かを調べるために関係する本を読んだりすることなども含めたものである。そして，国語力とは，「考える力」「感じる力」「想像する力」「表す力」「国語の知識等」から構成されている。読書は，これらのいずれにもかかわり，「教養・価値観・感性等」を生涯にわたり身につけていく上できわめて重要なものであることが示されている。

　また，学校における読書活動の推進のためには，① 学校図書館の計画的な整備，② 学校教育における「読書」の位置付け，③ 望ましい「読書指導」の在り方，④ 子どもたちが読む本の質的・量的な充実，の4つの観点が重要であることを指摘している。

　これらのうち，①の学校図書館の計画的な整備については，具体的に以下の3点があげられている〔文化審議会，2004〕。

（Ⅰ）学校図書館図書標準（1993年3月29日文初小第209号）を確実に達成すること。
　　学校図書館図書標準とは，公立義務教育諸学校における学校図書館の図書の整備を図る際の量的な目標として，1993年に当時の文部省が定めた学校種別・学校規模別の蔵書冊数である。読書活動を推進する上での基盤として，少なくとも学校図書館図書標準を確実に達成するなど，学校図書館の図書の充実が求められる。

（Ⅱ）学校図書館における「図書の整備」を進めること。
　　「良い本」「良くない本」という教職員の判断だけではなく，子どもたちや保護者の意向も充分に取り入れることのできるような図書の選定方法を検討することも必要である。

(Ⅲ) 学校図書館に「人がいる」ことが大切。

　　子どもたちの読書活動を推進するためには，図書の充実に加えて，気軽に相談でき，魅力的で優秀な人材が，学校図書館に必要である。だれもいない学校図書館では，子どもたちの読書活動を推進することはむずかしい。学校図書館に常に人がいる体制を作ることが大切であり，子どもたちの良き相談相手となるような人材が，学校図書館には求められる。

2　これからの学校図書館と学校司書の役割　配置促進と法制化に向けて

　2005年に全国学校図書館協議会により発行された『これからの学校図書館と学校司書の役割　配置促進と法制化に向けて』では，2003年度からの司書教諭の発令に伴い，学校司書と司書教諭の両者が配置される学校が増えてきたことなどを踏まえて，学校司書の職務の現状，学校司書と司書教諭の協働，及び職務内容などについて紹介し，考察している〔全国学校図書館協議会，2005〕。

　まず，学校司書の職務の現状であるが，学校司書の制度は地方自治体がそれぞれの判断で始めたために，地域により職務内容はさまざまであると指摘されている。たとえば，常勤の学校司書が配置され，「人のいる学校図書館」が実現されている中学校では，学校図書館の運営全般や図書の貸出・返却などに加えて，図書館オリエンテーションや生徒図書委員会の指導，及び図書館行事の開催なども積極的に行われている。また，学校図書館が児童の学習活動を支え，「学習・情報センター」としての機能を果たすためには，常勤の学校司書の存在を抜きにしては考えられないことが，ある小学校での事例から紹介されている。その小学校では，常勤の学校司書が，① 子どもが本を探すことのできるシステムの構築，② ファイル資料や各種メディアの組織化，③ 単元別参考図書目録づくり，④ 職員向け「図書館だより」の発行などを行っている。

　次に，学校司書と司書教諭の協働についてであるが，学校図書館が「学習・情報センター」として，また「読書センター」として機能するためには，学校司書の存在が不可欠であることを前提として，学校図書館に学校司書と司書教諭が発令されていること，及び学校司書と司書教諭が対等のパートナーとして協働すること，これらの条件を満たすことが必須であると指摘されている。

　さらに，学校司書と司書教諭の望ましい協働の在り方についてであるが，主として司書教諭が行う職務と，主として学校司書が行う職務について，「学校図書館職員の職務内容（案）」〔全国学校図書館協議会，2002〕として，以下のように示されている。

（主として司書教諭が行う職務）

① 経　営
・教育課程への参画
・学校図書館経営計画の立案及び実施
・メディア選択委員会等諸会議の運営
・校内諸組織との連絡，調整
・校外の関係機関との連絡，調整

② 指　導
・情報・メディアを活用する学び方の指導の展開
・学習指導への支援
・読書活動の推進
・集会，イベント活動の推進
・図書委員会活動の指導

（主として学校司書が行う職務）

① 整　備
・図書館メディアの組織化
・図書館施設・設備の維持，管理
・諸帳簿・記録の作成
・調査統計

② 奉　仕
・図書館メディアの提供
・情報サービス
・書誌サービス
・読書案内
・広報活動
・機器の利用への支援

　以上のように，主として学校司書が行う職務は，図書館サービスのテクニカルサービス（上記の「整備」に該当する），及びパブリックサービス（上記の「奉仕」に該当する）とされている。利用者とコミュニケーションを取りながら，利用者のニーズを把握し，専門的，かつ適切なサービスを提供するパブリックサービスが円滑に行われるためには，準備のために図書館メディアの組織化などのテクニカルサービスがしっかり行われていなければならない〔金沢，2016〕。これらの職務は，学校司書の専門性に関する領域であるといえる。
　一方，主として司書教諭が行う職務は，学校図書館の経営と，図書館利用指導，図書館メディアの活用による学習指導，読書指導，図書委員会活動の指導など，児童生徒への指導に関することとされている。
　しかし，現実的に，学校司書も情報サービスや読書案内などを通じて，児童生徒の指導に関わっている。また，読書案内の具体的な内容として，ブックトーク，ストーリーテリング，読み聞かせがあげられているが，これらは，学校司書だけではなく，司書教諭が全校一斉読書や教科等における読書指導として行うこともありうる。実際には両者で重なり合う部分もあるので，これらの職務の分担については，おおよその目安として提示されたものと考えられる。

3 これからの学校図書館の活用の在り方等について

　2009 年 3 月に『これからの学校図書館の活用の在り方等について（報告）』が，「子どもの読書サポーターズ会議」により公表された。なお，「子どもの読書サポーターズ会議」とは，学校が家庭・地域と連携して，子どもの「読む・調べる」習慣に取り組むための方策，及び学校図書館を充実させるための方策についての調査研究を行うために，文部科学省が 2008 年度から 2009 年度まで設置したものである。

　まず，学校図書館の機能についてであるが，これまで唱えられてきた児童生徒の「読書センター」及び「学習・情報センター」としての機能に加えて，「教員の授業改善や資質向上のための支援機能（教員のサポート機能）」や，「その他の機能」として「子どもたちの『居場所』の提供」や「家庭・地域における読書活動の支援」が新たに取り上げられている〔子どもの読書サポーターズ会議, 2009〕。

　学習指導要領の総則にも規定されているように，教員には，各教科等を通じて，「学校図書館の計画的な利用とその機能の活用」が求められる。各教員は，指導の改善・充実や自らの資質向上のため，学校図書館の機能を活用するスキルを身に付けることが大切であるとされている。また，学校図書館法によれば，学校図書館は，教員のために図書館資料の収集・整理・保存，及び利用に供することを行う施設としても位置付けられている。これらのことから，教科等の指導のための研究文献や教師向け指導資料，教材として使用できる図書などを収集し，教員が使えるようにし，このような資料についてのレファレンスや他の図書館から資料を取り寄せる等のサービスを実施する「教員のサポート機能」も，学校図書館の担うべき重要な役割のひとつであると指摘されている。

　「子どもたちの『居場所』の提供」について，① 教室内の固定された人間関係から離れ，自分だけの時間を過ごし，年齢の異なるさまざまな人々とのかかわりを持つことができる場，及び ② 放課後の子どもたちが安全・安心に過ごせる場として，学校図書館の果たすべき機能の重要性が表明されている。

　「家庭・地域における読書活動の支援」について，学校図書館を地域住民全体のための文化施設として有効に活用できるようにという要請の増加に伴い，親子貸出の実施，保護者等による学校図書館の利用，放課後や週末に他校の児童生徒や地域の大人に開放する取り組みなども，学校図書館の機能のひとつとしてあげられている。

　学校図書館の活性化を図る上で，また，以上のような学校図書館の機能の充実をめざす上で，学校全体としてのマネジメント，及学校図書館の人的・物的体制の整備などが求められている。人的体制の整備について，各学校では，専門的な人材による体制を確立するために，司書教諭の発令の促進，学校司書の配置，担当職員の常勤化，司書教諭や学校司書の業務を支える

体制の整備などが，指摘されている。

　参考資料として示されている「学校図書館の専門スタッフとボランティアの役割分担例〔改訂〕」では，学校図書館の専門スタッフである司書教諭や学校司書，及びボランティアとしての図書館ボランティアや読書ボランティアについて，「図書館経営」「図書館奉仕」「読書指導」及び「教科等指導」の4つの領域にわたる役割分担例が示されている。司書教諭は，学校図書館の運営に関する総括を行うことに加えて，学校図書館を活用した教育活動の企画・指導の実施，教育課程の編成・展開に関する他の教員への助言等を行うとしている。一方，学校司書は，学校図書館の運営に係る専門的・技術的業務，実務に加えて，学校図書館を活用した教育活動への協力・参画にあたるとしている。

　上記の4つの領域について具体的な役割分担例について示すと，「図書館経営」では，司書教諭が「図書館経営の目標・計画の立案」や「図書館年間利用計画のとりまとめ」を行うのに対して，「庶務・会計」や「施設設備・備品の維持管理」は学校司書が行うとある。両者が協力して行う業務として，「図書館活動の点検・評価」「広報・渉外活動」及び「図書資料の選定・収集，廃棄決定」があげられている。

　「図書館奉仕」では，司書教諭が「児童生徒図書委員会等の指導」を行うのに対して，「図書資料の受入，装備，保存整理・修繕」「図書資料の目録・索引の作成」「図書資料等の展示」「掲示・飾り付け」及び「館内閲覧・館外貸出の窓口業務」など実践的な職務は，学校司書が行うとある。両者が協力して行う業務として，「図書資料の分類」「図書館利用指導・ガイダンス」「教員向け情報提供・教材等準備への協力」「図書資料のレファレンス・サービス」があげられている。

　「読書指導」では，司書教諭が「読書指導計画の立案」を行うのに対して，「読書相談」「図書（読み物）の紹介・案内」「読書指導に関する教員への助言・研修」及び「読書活動の企画・実施」は，司書教諭と学校司書が協力して行う業務としている。また，読み聞かせ，ブックトーク，ストーリーテリング等の実演を含む読書活動への協力については，「読書ボランティア」もかかわるとしている。

　「教科等指導」では，司書教諭が「情報活用能力に関する児童生徒への指導」を行うのに対して，「学校図書館を活用した指導に関する教員への助言・研修」は，司書教諭と学校司書が協力して行う業務としている。

　これらの業務は，単に司書教諭と学校司書だけで実施されるものではなく，学校全体の協力を得て各教職員の意見等を踏まえて実施すべきであるとしている。どちらかというと，司書教諭が学校図書館全体にかかわる目標や計画の立案に携わるのに対して，学校司書は主として学校図書館の実務的な日常業務に携わることが示されている。また，児童生徒や教員への教育的な観点から，図書館利用や読書に関する助言や指導については，両者が協力して実施すべきで

あることが指摘されている。

4 これからの学校図書館担当職員に求められる役割・職務及びその資質能力の向上方策等について

2014年3月に『これからの学校図書館担当職員に求められる役割・職務及びその資質能力の向上方策等について（報告）』が，「学校図書館担当職員の役割及びその資質の向上に関する調査研究協力者会議」により公表された。『これからの学校図書館担当職員に求められる役割・職務及びその資質能力の向上方策等について（報告）』は，学校図書館が児童生徒の「確かな学力」や「豊かな心」の育成に大きな役割を果たすことなどから，学校図書館の利活用の意義や学校図書館担当職員（以下，「学校司書」）の役割・職務とその重要性について取りまとめたものである。なお，「学校図書館担当職員の役割及びその資質の向上に関する調査研究協力者会議」とは，学校司書の役割やその資質の向上に関して関係者が共有できる一定の方針を得るため，学校司書の役割及びその資質の向上に関する調査研究を行うことを目的として，文部科学省が2013年8月1日から2014年3月31日まで設置したものである〔学校図書館担当職員の役割及びその資質の向上に関する調査研究協力者会議，2014〕。

まず，学校図書館の機能について，① 児童生徒の豊かな心や人間性，教養，創造力等を育む自由な読書活動や読書指導の場である「読書センター」としての機能，② 児童生徒の自発的・主体的な学習活動や授業内容の充実を支援する場である「学習センター」としての機能，及び ③ 児童生徒・教員の情報ニーズへの対応や児童生徒の情報活用能力の育成の場である「情報センター」としての機能があげられている。さらに，学校図書館には，これらの3つの機能を発揮して，学校・家庭・地域社会をつなぎ，地域ぐるみの児童生徒の読書活動の推進について，要としての役割も期待されつつあると述べられている。

次に，学校図書館の利活用の意義についてであるが，学習指導要領にも示されているように，学校図書館の計画的な利活用を通じて，児童生徒の主体的，意欲的な学習活動や読書活動が充実することである。また，学校図書館を積極的に利活用することは，総合的な学習の時間における「探究的な学習」を充実させる上でも有効であるとしている。なお，「探究的な学習」とは，① 自ら課題を見つける，② 具体的な問題について，情報を収集する，③ 収集した情報の整理・分析等を行い，思考する，④ 明らかとなった考えや意見などをまとめ，表現することを経て，また新たな課題を見つけ，さらなる問題の解決に臨むというように，発展的に繰り返していく一連の学習活動であると定義されている。学校図書館は，① 探究的な学習に役立つ資料や情報の提供，情報活用能力の育成を通じて，各教科等の授業における学習活動を支援できること，② 学校図書館の利活用を基にした情報活用能力を学校全体として計画的かつ体系

的に指導することにつなげることができることなど，学校図書館の重要性が示されている。読書については，児童生徒が主体的に社会の形成に参画していくために必要な知識や教養を身に付ける重要な契機となること，読書習慣を身に付けることは一生の財産として役立つ力ともなることから，豊富な図書を所蔵している学校図書館を利活用する意義は大きいとしている。

また，学校図書館に携わる関係者として，司書教諭，及び学校司書の職務は，以下のように示されており，実際には両者は協働して職務に当たることが求められている。

（司書教諭）
・学校図書館の経営に関する総括。
・学校経営方針・計画等に基づいた学校図書館を活用した教育活動の企画・実施。
・年間読書指導計画や年間情報活用指導計画の立案。
・学校図書館を活用した授業の実践。
・学校図書館を活用した授業における教育指導法や情報活用能力の育成等について，他の教員への積極的な助言。

（学校司書）
・学校図書館を運営していくために必要な専門的・技術的職務。
・学校図書館を活用した授業やその他の教育活動を，司書教諭や教員と共に推進。
・学校の教育活動全体の状況を把握した上で職務に当たるため，学校図書館に関する計画等の策定や学校図書館経営委員会等の活動への参画。職員会議や学校に置かれる各種組織への参加。

前述の学校図書館の3つの機能（「読書センター」「学習センター」「情報センター」）に沿って，学校図書館の活性化に資する学校司書の役割・職務については，以下のように示されている。

（読書センターとして）
・児童生徒が読書を楽しむために，進んで訪れるような読書活動の拠点として，学校図書館の環境整備の実施。
・学校における読書活動の推進，及び読む力の育成のための取り組みを，司書教諭と協力して実施。

（学習センターとして）
・授業のねらいに沿った資料を司書教諭や教員と相談して整備。
・日頃から教員と学校図書館の利活用に関する情報を共有。
・チーム・ティーチングの一員として，学校図書館を活用した授業において，児童生徒に指導

的にかかわりながら，学習を支援。
(情報センターとして)
・図書館資料を活用して，児童生徒や教員の情報ニーズに対応。
・児童生徒の情報活用能力の育成を目的とした指導が円滑かつ効果的に行われるよう，教材・機器や授業構成等，教員と事前の打ち合わせ。

　これらのことを踏まえて，学校司書の職務をその性格に応じて再構成し，以下のように ① 児童生徒や教員に対する「間接的支援」に関する職務，② 児童生徒や教員に対する「直接的支援」に関する職務，③ 教育目標を達成するための「教育指導への支援」に関する職務の 3 つの観点から，学校司書の職務が提示されている。

(学校司書の職務)
① 「間接的支援」に関する職務
　　・図書館資料の管理　・施設・設備の整備　・学校図書館の運営
② 「直接的支援」に関する職務
　　・館内閲覧　館外貸出　・ガイダンス　・情報サービス　・読書推進活動
③ 「教育指導への支援」に関する職務
　　・教科等の指導に関する支援　・特別活動の指導に関する支援　・情報活用能力の育成に関する支援

　さらに，学校司書に求められる専門性として，① 学校図書館の「運営・管理」に関する職務に携わるための知識・技能と，② 児童生徒に対する「教育」に関する職務に携わるための知識・技能があげられている。参考資料として，学校司書の活躍事例（実際に各学校でどのような活動をしているか）や，学校司書を対象とした研修の例などが示されている。

5　チームとしての学校の在り方と今後の改善方策について

　2015 年 12 月 21 日に発表された中央教育審議会による『チームとしての学校の在り方と今後の改善方策について（答申）』では，今後の在るべき姿としての「チームとしての学校」と，それを実現していくための改善方策について示されている。
　まず，「チームとしての学校」が求められている背景として，主に以下の 4 点があげられている〔中央教育審議会，2015〕。

① 子どもたちに必要な資質・能力を育むためには，学校が，社会や世界と接点を持ちつつ，多様な人々とつながりを保ちながら学ぶことができる開かれた環境となることが，不可欠であること。
② コミュニティ・スクール（学校運営協議会制度）やさまざまな地域人材等との連携・協働を通して，保護者や地域の人々を巻き込み，教育活動を充実させていくことが，求められていること。
③ 社会や経済の変化に伴い，子どもや家庭，地域社会も変容し，生徒指導や特別支援教育等に関わる課題が複雑化・多様化し，学校や教員だけでは，充分に解決することができない課題も増えていること。
④ 国際調査から，我が国の教員は，幅広い業務を担い，労働時間も長いこと。

次に，「チームとしての学校」の在り方として，多様な専門性に基づく人材が責任を持って学校に参画すること，教員はより教育指導や生徒指導に力を注ぐこと，学校のマネジメントが組織的に行われる体制をつくること，チームとしての学校と地域の連携・協働を強化すること，などが示されている。

また，「チームとしての学校」を実現するための具体的な改善方策として，専門性に基づくチーム体制の構築，学校のマネジメント機能の強化，及び教職員一人ひとりが力を発揮できる環境の整備が指摘されている。なお，専門性に基づくチーム体制の構築について，授業等において教員を支援する専門スタッフとして，ICT（Information and Communication Technology）支援員，学校司書，及び英語指導を行う外部人材と外国語指導助手（ALT：Assistant Language Teacher）等があげられている。

さらに，学校図書館については，① 読書活動の推進のために利活用されること，② さまざまな授業等における調べ学習や新聞を活用した学習活動等で活用されること，③ 言語活動や探究活動の場であること，及び ④ アクティブ・ラーニングの視点から授業改善を支援することなど，さまざまな役割のあることが示されている。学校図書館の運営の改善や向上を図るため，及び児童生徒や教職員による学校図書館の利用をさらに促進するため，学校司書の配置や研修の充実を図る必要のあることが，指摘されている。

6 学校図書館職員問題検討会報告書について

2016年9月に日本図書館協会の「学校図書館職員問題検討会」により公表された『学校図書館職員問題検討会報告書』では，2014年の学校図書館法の改正で司書教諭と学校司書が併存することとなった現状を踏まえ，学校図書館の役割，学校司書と司書教諭との役割分担や協

働，及び学校司書の資格・養成・研修などについて検討された結果が，報告されている〔学校図書館職員問題検討会，2016〕。

　学校図書館の役割として，① 資料・情報提供の役割，② 教育的役割，及び ③ 「場」を提供する役割の3つがあげられている。「資料・情報提供の役割」では，児童生徒の知的好奇心を刺激・触発することを大切にして資料・情報を提供すること，及び教職員への資料・情報提供を通じて教育課程の展開に寄与し豊かな学びを実現すること，などが示されている。「教育的役割」には，メディア情報リテラシー，探究的な学習，教科の授業や総合学習などにおける活動，図書館利用指導，及び児童生徒図書委員会を支える活動など，さまざまな役割があるとしている。なお，ユネスコの定義では，「メディア情報リテラシー」(Media and Information Literacy) は，情報リテラシーとメディアリテラシーの他に，図書館，表現の自由・情報の自由，デジタル，コンピュータ，インターネット，ゲーム，映画，テレビ，ニュース，広告を含めて，12のリテラシーで構成されている。さらに，教職員とともに，授業づくりを行い，児童生徒の活動の場をつくるので，授業や活動の内容について教職員との日常的で密なコミュニケーションが必要であると指摘されている。「『場』を提供する役割」では，学校図書館が，児童生徒にとって楽しい魅力的な場であること，一人ひとりの多様性が保障され，自由に活動できる場となること，学校になじめない児童生徒の居場所となること，新たな人間関係をつくる場となること，及び教職員も含めた知的な交流の場であることなど，多様な活動を実現する場となることが示されている。

　学校司書と司書教諭との役割分担や協働関係を考える時に，学校司書は学校図書館の専門職としての専門性から，学校図書館の運営面での主たる担当者となり，司書教諭は教諭としての専門性から，授業での学校図書館の活用を推進する主たる担当者となることが，想定されている。

　教職員との協働では，学校司書は，主に ① 学校図書館運営，② 授業における利活用，③ 図書館行事・児童生徒図書委員会活動，④ 児童生徒への個別の対応の4つを行うことが示されている。

　さらに，他機関の担当者との協働では，学校図書館と公共図書館の連携協力がもっとも重要であること，他機関の担当者との協働に学校司書が調整役としてリーダーシップを発揮することなどが，あげられている。

　なお，学校司書の資格・養成・研修については，学校司書に求められる4種類の資質能力（①「資料・情報提供の役割」に関する資質能力，②「教育的役割」に関する資質能力，③「『場』を提供する役割」に関する資質能力，及び ④ 各役割の基礎となる資質能力）から，それらに対応する講義内容が具体的に提案されている。

7 これからの学校図書館の整備充実について

　2016年10月に『これからの学校図書館の整備充実について（報告）』が「学校図書館の整備充実に関する調査研究協力者会議」により公表された。学校図書館がその機能を十分に発揮できるよう改善を図っていく必要のあることから，『これからの学校図書館の整備充実について（報告）』では，① 学校図書館の望ましい在り方を示す「学校図書館ガイドライン」をとりまとめ，② 学校司書の専門的な職務内容から学校司書の資格・養成の在り方について提言し，さらに，③ 学校図書館の充実に向けて国，教育委員会等，及び学校において今後求められる取り組みについて論じている〔学校図書館の整備充実に関する調査研究協力者会議，2016〕。なお，「学校図書館の整備充実に関する調査研究協力者会議」とは，学校図書館の運営に係る基本的な視点や，学校司書資格・養成等の在り方に関して，関係者が共有するための一定の指針を得るため，学校図書館の整備充実に関する調査研究を行うことを目的として，文部科学省が2015年6月30日から2017年3月31日まで設置したものである。

　『これからの学校図書館の整備充実について（報告）』のうち，「学校図書館ガイドライン」については，本書の第3章第4節で詳しく取り上げることから，本節では，上記の3点のうち，学校司書の資格・養成の在り方と，学校図書館の充実に向けて今後求められる取り組みについて述べる。

　まず，『これからの学校図書館担当職員に求められる役割・職務及びその資質能力の向上方策等について（報告）』（2014年3月公表，本書の第1章第4節参照）では，学校司書の職務として，①「間接的支援」に関する職務，②「直接的支援」に関する職務，及び ③「教育指導への支援」に関する職務が示されている。また，このような職務を行う学校司書に求められる専門性として，① 学校図書館の「運営・管理」に関する職務に携わるための知識・技能と，② 児童生徒に対する「教育」に関する職務に携わるための知識・技能があげられている。

　そこで，学校司書の資格・養成の在り方について，『これからの学校図書館の整備充実について（報告）』では，学校司書のモデルカリキュラムの科目は，① 学校図書館の運営・管理・サービスに関する科目と，② 児童生徒に対する教育支援に関する科目から構成することとしている。具体的には，① の科目として「学校図書館概論」「図書館情報技術論」「図書館情報資源概論」「情報資源組織論」「情報資源組織演習」「学校図書館サービス論」「学校図書館情報サービス論」が示されている。他方，② の科目として「学校教育概論」「学習指導と学校図書館」及び「読書と豊かな人間性」があげられている。

　次に，学校図書館の充実に向けて今後求められる取り組みについて，国においては「学校図書館ガイドライン」を定めること，教育委員会等や学校においては，「学校図書館ガイドライン」を踏まえて学校図書館の充実に向けた施策の推進や取り組みの推進を行うこと，などが示

されている。また，学校においては，児童生徒の言語能力や情報活用能力等の育成に関する教員の指導力の向上のために，学校図書館を利活用した授業に関する校内研修を計画的に実施すること，司書教諭が学校図書館を活用した研究授業を実施すること，及び学校図書館の利活用について学校司書が校内研修の講師を担当すること，などが有効であると指摘されている。さらに，学校図書館の運営を改善するために，学校はPDCAサイクルのなかで，読書活動など児童生徒の状況等も含め，学校図書館の評価を行うことが大切である。

引用参考文献

金沢みどり（2016）『図書館サービス概論　第2版』学文社

学校図書館職員問題検討会（2016）『学校図書館職員問題検討会報告書』日本図書館協会

学校図書館担当職員の役割及びその資質の向上に関する調査研究協力者会議（2014）『これからの学校図書館担当職員に求められる役割・職務及びその資質能力の向上方策等について（報告）』文部科学省

学校図書館の整備充実に関する調査研究協力者会議（2016）『これからの学校図書館の整備充実について（報告）』文部科学省

子どもの読書サポーターズ会議（2009）『これからの学校図書館の活用の在り方等について（報告）』初等中等教育局児童生徒課

全国学校図書館協議会編（2005）『これからの学校図書館と学校司書の役割　配置促進と法制化に向けて』全国学校図書館協議会

中央教育審議会（2015）『チームとしての学校の在り方と今後の改善方策について（答申）』初等中等教育局初等中等教育企画課

文化審議会（2004）『これからの時代に求められる国語力について（答申）』文化庁

第2章

学校図書館や読書に関する法律

本章では、学校図書館に関する法律として「学校図書館法」(1953年制定、1997年、及び2014年改正)について述べる。次に、学校図書館にとっては、読書に関する法律も重要であることから、「子どもの読書活動の推進に関する法律」(2001年制定・施行)と「文字・活字文化振興法」(2005年制定・施行)について触れる。

1 学校図書館法

1953年8月8日に制定され、1954年4月1日に施行された学校図書館法では、第1条で、学校図書館が学校教育において欠くことのできない基礎的な設備であることを示している。学校図書館の目的として、第2条では、図書館資料の収集、整理、保存、及び図書館資料を児童生徒や教員の利用に供することにより、「学校の教育課程の展開に寄与すること」や「児童生徒の健全な教養を育成すること」をあげている。第3条では、学校における学校図書館の設置義務が明記されている。

学校図書館の運営について、第4条では、学校図書館を児童生徒、及び教員の利用に供するために、以下のような5種類の方法が示されている。

一　図書館資料の収集と、児童生徒、及び教員への図書館資料の提供。
二　図書館資料の分類排列とその目録の整備。
三　学校図書館行事(読書会、研究会、鑑賞会、映写会、資料展示会など)の開催。
四　図書館資料や学校図書館の利用に関する児童生徒への指導。
五　他の学校の学校図書館、図書館、博物館、公民館などとの緊密な連絡、及び協力。

これらの5種類のうち、一の「図書館資料の収集」、及び二は、学校図書館サービスのうちのテクニカルサービス(収集した資料や情報を利用者に提供するための準備。利用者と間接的にかかわることから、間接サービスともいわれる)に該当する。一方、一の「児童生徒、及び教員への図書館資料の提供」(具体的には、閲覧、貸出、読書相談、予約、リクエストなど)、三、及び四は、パブリックサービス(図書館資料の提供に関するサービス、情報サービス、レファ

レンスサービス，広報活動，図書館利用教育，集会活動など。利用者と直接コミュニケーションをとりながら行うサービスであるので，直接サービスともいわれる）に該当する。さらに五では，他の学校の学校図書館や，公共図書館など館種の異なる図書館との「図書館協力」，及び学校教育と社会教育とが相互補完的に協力し合う関係を築く「学社連携」についてあげている。

　以上のような学校図書館の運営を実現するためには，専門職としての人材の配置が，学校図書館には必要不可欠である。そこで，第5条では，学校図書館の専門的職務を掌らせるため，学校には司書教諭を置かなければならないこと，司書教諭は，主幹教諭，指導教諭又は教諭をもって充てることが，示されている。なお，司書教諭の有資格者が必要な数だけ養成されるまでの猶予期間に配慮し，当分の間は司書教諭を置かないことができるという猶予規定が附則に設けられた。

　その後，1997年6月11日に「学校図書館法の一部を改正する法律」が法律第76号をもって公布・施行された。これにより，一定規模（12学級）以上の学校には，2003年3月31日までに司書教諭の配置が義務付けられた。

　さらに，2014年6月27日に「学校図書館法の一部を改正する法律」が法律第93号をもって公布され，2015年4月1日に施行された。これにより，2015年度から学校には学校司書を置くよう努めなければならなくなった。改正された学校図書館法には，第6条に学校司書に関する規定がある。すなわち，学校には司書教諭のほか，学校図書館の運営の改善，及び向上を図り，児童生徒や教員による学校図書館の利用の一層の促進に資するため，専ら学校図書館の職務に従事する職員（「学校司書」）を置くよう努めなければならないことが，明記されている。

　これらのことから，2015年4月1日以降は，学校図書館は，学校図書館の専門的職務を掌る司書教諭と，専ら学校図書館の職務に従事する学校司書により，運営されることが可能になったといえる。このような状況に対して，「学校図書館法の一部を改正する法律の公布について（通知）」（26文科初第522号　平成26年7月29日）では，以下のように学校司書，及び司書教諭に関する留意事項があげられている。

（学校司書について）
・地方交付税措置が講じられていることから，引き続き必要な学校司書の配置に努めること。
・資質能力の向上などに努め，専門性などが一層発揮できるよう，学校司書が継続的・安定的に職務に従事できる環境への配慮が重要であること。

（司書教諭について）
・司書教諭の職務の重要性に配慮し，11学級以下の学校においても司書教諭の配置がなされるよう，引き続き努めること。

・多くの司書教諭が学級担任などを兼務している現状に配慮し，司書教諭がその職責を果たせるよう，担当授業時間数の軽減などの校務分掌上の工夫などを図ること。

　学校図書館法の制定により，学校図書館は，学校教育において欠くことのできない基礎的な設備であること，学校に必ず学校図書館を設置しなければならないことが，明文化された。また，学校図書館の目的として，「学校の教育課程の展開に寄与すること」や「児童生徒の健全な教養を育成すること」が示された。さらに，その後の二度にわたる学校図書館法の改正により，学校図書館の運営を担う専門職としての司書教諭と学校司書の配置について，明示されたことは，意義があるといえる。

　これからは，文部科学省があげている留意事項にもあるように，学校司書が継続的・安定的に職務に従事できる環境への配慮と，兼務である司書教諭の担当授業時間数の軽減など，さらなる改善が求められる。

2　子どもの読書活動の推進に関する法律

　2001年12月12日に制定・施行された「子どもの読書活動の推進に関する法律」（以下，「子どもの読書活動推進法」）では，子どもの読書活動の推進に関して，基本理念を定め，国及び地方公共団体の責任と義務（責務）などを明らかにするとともに，必要な事項を定めている。

　まず，子ども（おおむね18歳以下の者）が言葉を学び，感性を磨き，表現力を高め，創造力を豊かなものにし，人生をより深く生きる力を身につけていく上で，子どもの読書活動は欠くことのできないものであることを示している。そして，すべての子どもがあらゆる機会とあらゆる場所において，読書活動を自主的に行うことができるように，積極的に環境の整備が推進されなければならないことを明記している。

　また，国の責務，地方公共団体の責務，事業者の努力，保護者の役割，学校や図書館など子どもの読書活動の推進に関する機関との国及び地方公共団体による連携強化について，表明している。

　さらに，政府による「子どもの読書活動の推進に関する基本的な計画」（以下，「子ども読書活動推進基本計画」）を策定し公表しなければならないこと，それに基づく都道府県による「都道府県子ども読書活動推進計画」，市町村による「市町村子ども読書活動推進計画」を策定するよう努めなければならないことが，定められている。

　子どもの読書活動についての関心と理解を，国民の間に広く浸透させるために，子どもが積極的に読書活動を行う意欲を高めるために，「子どもの読書活動推進法」では，ユネスコが「世界本の日」とする4月23日を「子ども読書の日」と定めている。

「子どもの読書活動推進法」第8条で策定し公表しなければならないとある「子ども読書活動推進基本計画」は，2002年8月2日に閣議決定された。「子ども読書活動推進基本計画」では，基本的方針として，① 子どもが読書に親しむ機会の提供と諸条件の整備・充実，② 家庭，地域，学校を通じた社会全体での取り組みの推進，③ 子どもの読書活動に関する理解と関心の普及が，あげられている。また，学校における学習活動を通じた読書活動の充実，及び「朝の読書」や読み聞かせなどによる読書習慣の確立が，子どもの読書活動の推進に関する方策として示されている。学校図書館に関しては，「学校図書館図書整備5か年計画」による図書資料の計画的な整備，学校図書館施設における読書スペースの整備，学校図書館の情報化の推進，司書教諭の配置，学校司書の配置，教職員間の連携，ボランティアの協力などによる学校図書館活動の支援などが，あげられている。その後，2008年3月11日に第二次計画，及び2013年5月17日に第三次計画が閣議決定された。

第三次計画では，子どもの読書活動の推進のための学校図書館の機能強化について，新たな提言がなされている。すなわち，児童生徒が生き生きとした学校生活を送れるように，また，児童生徒のストレスの高まりや生徒指導上の諸問題に対応するために，自由な読書活動の場である学校図書館には，「心の居場所」としての機能をさらに充実させていくことが期待されている。これまでに学校図書館の機能としてあげられていた「読書センター」としての機能と「学習・情報センター」としての機能に加えて，「心の居場所」としての機能が，第三次計画では盛り込まれている。

「子どもの読書活動推進法」を拠り所としているこれらの基本計画では，子どもの読書活動の推進に関する基本的方針と具体的な方策が提示されている。これらの基本計画にも示されているように，子どもの読書活動の推進において，学校における司書教諭と学校司書の役割はきわめて重要である〔金沢，2014〕。

3 文字・活字文化振興法

2005年7月29日に制定・施行された「文字・活字文化振興法」では，文字・活字文化の振興に関する基本理念を定め，国及び地方公共団体の責務を明らかにするとともに，文字・活字文化の振興に関する必要な事項を定めている。

この法律における「文字・活字文化」とは，活字その他の文字を用いて表現されたもの（以下，「文章」）を読み及び書くことを中心として行われる出版活動，著作活動，表現活動など，人間の精神的な営みによるすべての文化的所産のことである。

基本理念として，まず，すべての国民が，生涯にわたり地域，学校，家庭その他のさまざまな場において，等しく豊かな文字・活字文化の恵沢を享受できる環境を整備するために，文字・

活字文化の振興に関する施策の推進が行われなければならないことを示している。次に，文字・活字文化の振興にあたり，国語が日本文化の基盤であることに十分配慮されなければならないこと，学校教育においては，読む力，及び書く力，並びにこれらの力を基礎とする言語に関する能力（「言語力」）の涵養に十分配慮しなければならないことを，明示している。

また，地域における文字・活字文化の振興について，市町村は必要な数の公立図書館を設置し，適切に配置すること，国及び地方公共団体は公立図書館の運営の改善及び向上のために必要な施策（司書や図書館資料の充実，情報化の推進など）を講ずるものとすることなどが，あげられている。

さらに，学校教育において言語力を育成する環境の整備充実を図るために，司書教諭や学校司書の充実など人的体制の整備，学校図書館の図書館資料の充実，及び情報化の推進などの物的条件の整備などに関して，必要な施策を講ずるものとすることが，明記されている〔全国学校図書館協議会「シリーズ学校図書館学」編集委員会，2011〕。

「文字・活字文化振興法」では，国民の間に広く文字・活字文化についての関心と理解を深めるために，読書週間が始まる10月27日を「文字・活字文化の日」と定めている。

引用参考文献

金沢みどり（2014）『児童サービス論　第2版』学文社
全国学校図書館協議会「シリーズ学校図書館学」編集委員会（2011）『読書と豊かな人間性（シリーズ学校図書館学 4）』全国学校図書館協議会

第3章

学校図書館の理念

本章では、学校図書館に関する理念として、1990年以降の近年の動向から重要と考えられる「学校図書館憲章」(全国学校図書館協議会・1991年制定)、「IFLA／ユネスコ学校図書館宣言」(IFLA／ユネスコ・1999年採択)、「IFLA／ユネスコ学校図書館ガイドライン」(IFLA／ユネスコ・2002年刊行、「IFLA学校図書館ガイドライン」として2015年改訂)、及び「学校図書館ガイドライン」(文部科学省・2016年制定)について述べる。

なお、「IFLA」とは、International Federation of Library Associations and Institutions の略称で、日本語では「国際図書館連盟」と訳されている。IFLAは、図書館活動の全分野にわたり、国際的な規模での相互理解・協力、討議、研究・開発を推進することを目的として、1927年に設立された団体である。

1　学校図書館憲章

1991年に全国学校図書館協議会により制定された「学校図書館憲章」は、これからの学校図書館について考える際に、基本となる拠り所であり、学校図書館のあるべき姿を示すものである。

「学校図書館憲章」では、これからの学校教育に求められていることや学校図書館の役割について、冒頭部分で述べられており、さらに具体的な指針について、「理念」「機能」「職員」「資料」「施設」「運営」の6項目にわたり示されている〔全国学校図書館協議会，1991〕。

生涯学習社会，国際化社会，高度情報社会，個性重視社会への変革を迫られている現状から，児童生徒が自ら課題を発見し，情報を探索し，発表し，討論して，創造的に知識を自己のものとする学習を展開することの重要性について述べている。すなわち，学校教育には，児童生徒の主体的な学習を保障することが求められている。また，学校における中核的な機関としての学校図書館は，学校の情報センター，学習センター，かつ読書センターであり，その教育機能を存分に発揮しなければならないことが明記されている。学校図書館の活用について，学校図書館の3つの機能(情報センター，学習センター，読書センターとしての機能)に着目して推進するという考え方は，言語活動の充実をめざしている学習指導要領(2008年告示)の基本的な方針につながる。また，次期の学習指導要領で取り上げられる主体的・対話的で深い学びを

実現するアクティブ・ラーニングについては，アクティブ・ラーニングという用語として特に明示されてはいないが，学校教育における児童生徒の主体的な学習の保障という文脈のなかに織り込まれている。

具体的な指針である「理念」では，学校図書館が，学校教育の充実と発展及び文化の継承と創意に努めること，児童生徒の生涯にわたる自学能力を育成すること，児童生徒の学ぶ権利・知る権利を保障すること，図書館協力や学社連携などを通じて総合的な図書館サービスを行うこと，及び教育の改革に寄与することが，あげられている。

「機能」では，学校図書館が，さまざまな資料と親しみやすい環境を整え児童生徒の意欲的な利用に資すること，図書館利用教育と情報活用能力の育成をめざす教育を通じて主体的に学習する能力を育成すること，読書教育を通じて豊かな人間性を培うこと，適切な資料・情報の提供を通じて学習の充実をはかること，教育に必要な資料・情報の提供を通じて教職員の教育活動を援助することが，明記されている。これらのことから，学校図書館は，児童生徒にとっては情報センター，読書センター，及び学習センターとしての機能を果たし，教職員にとっては教育活動の支援という役割を果たすことが，示されている。

2 IFLA／ユネスコ学校図書館宣言

1999年11月に採択された「IFLA／ユネスコ学校図書館宣言」は，国際的な視点から学校図書館の普遍的な原則を示している。すなわち，学校図書館が児童生徒の生涯学習に必要なスキルを育成し想像力を培うものであること，学校図書館は教育の過程において必須のものであること，学校図書館サービスが年齢，人種，性別，宗教，国籍，言語，職業，社会的地位にかかわらず学校を構成するすべての人々に平等に提供されるべきものであること，通常の図書館サービスや資料の利用ができない人々に対して特別なサービスや資料が用意されなければならないことを，明記している。すなわち，学校図書館は，すべての人々の教育と学習のために存在しているといえる〔IFLA/UNESCO，1999〕。

学校図書館の中心的なサービスとしては，以下の9点があげられている。

・学校の使命，及びカリキュラムとして示された教育目標を支援し，向上させること。
・児童生徒が，読書や学習を習慣として楽しみ，生涯を通じて継続して図書館を利用するように促すこと。
・知識，理解，想像，楽しみのために，情報を活用し作り出す体験ができる機会を提供すること。
・すべての児童生徒が，情報の活用と評価のスキルを学び，学んだことを実践できるように支

援すること。
- 地域，地方，全国，及び全世界のリソースへのアクセスと，さまざまな考え方，経験，及び意見に触れる機会を，学習者に提供すること。
- 文化的，及び社会的な関心や感性を喚起するような活動を計画すること。
- 児童生徒，教師，管理職，及び保護者と協力して，学校の使命の達成をめざすこと。
- 知的自由と情報へのアクセスが，民主主義の社会に参画する責任ある市民にとって不可欠であることを表明すること。
- 校内，及び校外における読書を奨励し，学校図書館のリソースやサービスを向上させること。

以上の機能を果たすために，学校図書館は，方針とサービスを創り出し，リソースを選択，及び収集し，適切な情報源への実際のそして知的なアクセスを提供し，教育的な施設や設備を整え，訓練された職員を配置することが，必要である。

また，学校司書は，充分な職員配置に支えられ，学校コミュニティの全構成員と協力し合い，公共図書館などと連携し，学校図書館の計画や運営に責任のある専門職としての資格を持つ職員であることが，明記されている。今後重要性を増すネットワーク環境では，学校司書は，教師と児童生徒の両者に対して，さまざまな情報処理のスキルを計画し教える能力がなければならないことから，学校司書の専門的なリカレント教育と専門性の向上についても不可欠である。

さらに，学校司書と教師が協力し合う場合には，児童生徒のリテラシー，読書，学習，問題解決，情報，及びコミュニケーション技術の各スキルのレベルが向上することが実証されている。

3　IFLA／ユネスコ学校図書館ガイドライン

(1) IFLA／ユネスコ学校図書館ガイドライン（2002年刊行）

2002年に刊行されたIFLAとユネスコによる「IFLA／ユネスコ学校図書館ガイドライン」は，1999年に採択された「IFLA／ユネスコ学校図書館宣言」に基づき，国際的な視点から学校図書館の指針を具体的に定めたものである。具体的な指針について，「使命と方針」「リソース」「職員」「プログラムと活動」及び「プロモーション」の5つの章にわたり示されている〔IFLA/UNESCO, 2002〕。これらの章の中から，特に重要と考えられる事柄について，以下に取り上げる。

「使命と方針」では，運営が成功する学校図書館に寄与する構成要素として，「資金の調達と予算の編成」「設備」「リソース」「組織」「職員」「図書館利用」，及び「プロモーション」の7

点があげられている。

　「リソース」の項目では，立地と空間について，①学校図書館の教育的な役割は，その施設，備品，及び設備に反映されなければならないこと，②学校の建物を新築，または，改築する時には，学校図書館の機能や利便性が配慮されることがきわめて重要であること，などが示されている。また，蔵書管理方針について，①学校図書館は教育，情報，及び個人の成長に関して，利用者のニーズを満たす幅広い範囲のリソースへのアクセスを提供すべきであること，②利用者が新しい資料を定期的に選べることを確かなものにするために，蔵書は基本的には，継続・構築され続けることが肝要であることなどが，述べられている。

　「職員」の項目では，学校司書の主要な役割として，①評価手順を含む学校の使命と目標の設定に貢献すること，②学校図書館の使命と目標を達成することが，示されている。また，教師と学校司書の協力は，学校図書館サービスの観点から非常に重要であり，以下の事柄を達成するために協力し合うとしている。

・カリキュラムを横断して，児童生徒の学習を発展させ，指導し，評価する。
・児童生徒の情報スキルと情報についての知識を発展させ，評価する。
・授業計画を作り出す。
・図書館を含む広範囲にわたる学習環境において行われる特別なプロジェクト・ワークを準備し，実施する。
・読書プログラムと文化的な行事を準備し，実施する。
・カリキュラムの中に，情報テクノロジーを組み込む。
・学校図書館の重要性を，保護者に対して明確にする。

　さらに，学校司書の職務では，たとえば，以下のような事柄を行うことが期待されている。

・学校コミュニティのリソースと情報ニーズを分析する。
・サービス発展のための方針を編み出し，履行する。
・図書館リソースのための受け入れ方針とシステムを作り出す。
・図書館資料の目録を作成し，図書館資料を分類する。
・図書館の利用について教える。
・情報についての知識と情報スキルを教える。
・児童生徒と教師に，図書館リソースと情報テクノロジーの利用を支援する。
・ふさわしい資料を利用して，レファレンスや情報の問い合わせに回答する。
・読書プログラムや文化的な行事を促進する。

・カリキュラムの履行につながる活動を計画する。
・学習活動の準備，実施，及び評価に関与する。
・一般的な学校評価において，図書館サービスの評価を進める。
・外部組織との提携を構築する。
・予算を立案し，執行する。

「プログラムと活動」の項目では，公共図書館との協力，及びリソース・シェアリングについて，特定のコミュニティの中で，児童とヤングアダルトのための図書館サービスを向上させるために，学校図書館と公共図書館が協力することは，意義がある。
　また，具体的な協力としては，以下のような例があげられている。

・職員の教育を分担する
・協力的な蔵書構成
・協力的なプログラム
・電子サービスやネットワークの連携
・公共図書館へのクラス訪問
・共同の読書，及びリテラシーの促進
・児童やヤングアダルトに対して図書館サービスの共同のマーケティング

「プロモーション」の項目では，利用者教育について，児童生徒や教師に図書館の利用法を提示している図書館ベースのコースやプログラムが，もっとも効果的なマーケティングのトゥールであるとしている。

(2) IFLA 学校図書館ガイドライン（2015 年改訂）

　「IFLA／ユネスコ学校図書館ガイドライン」(2002 年刊行) は，その後，2015 年に「IFLA 学校図書館ガイドライン」として改訂された。
　学校図書館に人が配置されているかどうかは，学校図書館のこれからにとって重要なポイントであり，改訂版では，学校図書館プログラムは教員と同じレベルの教育や準備ができる専門職によって提供されるべきであるとしている〔岩崎，2015〕。
　2015 年改訂版では，「学校図書館のための法的，及び財政的枠組み」と，「学校図書館の評価と広報活動」が追加されている。2002 年と比較し，2015 年に新たに触れられている事柄について，重要と考えられるものを，以下に述べる〔IFLA, 2015〕。
　まず，2002 年では触れられていなかった「学校図書館」(school library) の定義について，以

下のように示されている。

（学校図書館の定義）
・学校図書館は，学校の図書館施設，及び，コンピュータやインターネットなどにより構成されている学習空間である。その空間では，児童生徒が読書し，探究し，創造している。このような空間は，児童生徒の個人的，社会的，文化的な成長にとって，重要である。
・このような学習空間は，いくつかの用語で表現されている（たとえば，学校メディア・センター，図書館リソース・センター，図書館ラーニング・コモンズなど）。しかし，「学校図書館」（school library）という用語が，その施設や機能に対して，もっとも一般的であり，適切である。

　また，学校図書館の重要な要素として，「正規の教育を受けた有資格の学校司書」「学校の正課の，及び課外のカリキュラムを支援する高品質のさまざまなコレクション（印刷，マルチメディア，デジタル）」，及び「学校図書館の持続的な成長と発展のための明確な方針と計画」をあげている。

　さらに，2002年ではほとんど触れられていなかった学校図書館の法的，財政的，及び倫理的な枠組みについては，2015年では以下のように記述されている。

・学校図書館は，知識社会に参加する上で，必要とされる能力を身につけ成長させる機会を均等に提供するために，地域の，及び，全国的な権限により，存在している。
・教育的，及び文化的な環境を維持し，持続的に対応するために，学校図書館は，法的，及び財政的基盤が必要である。
・学校図書館は，学習コミュニティの児童生徒や他のメンバーの権利や責任について考える倫理的な枠組みの中に存在する。すなわち，児童生徒が「図書館の権利宣言」「情報の自由」「著作権」及び国際連合による「子どもの権利」などに留意し，人権や知的財産権などを守りながら，情報を扱う責任を負えるように，学校図書館は倫理的基盤をもとに，その役割を担うことが示されている。

　日本では，学校図書館の専門的職務を遂行する職種として，司書教諭と学校司書の2つがある。一方，IFLAは，国際的な視点に立ち，いくつかの用語の中から，「学校司書」（school librarian）と呼ぶことにしている。そして，2015年では，専門職の学校司書の主な役割として，「教育」「運営」「リーダーシップと協力」「コミュニティへの関与」及び「図書館プログラムとサービスの普及促進」があげられている。学校司書の教育上の職務のうち，コアとなる活動と

して,「リテラシーと読書の推進」「情報リテラシー」「探究的な学習」「テクノロジーの統合」「教師の専門性の向上」が示されている。

2015年では,はじめて「ラーニング・コモンズ」について取り上げられている。すなわち,多くの学校図書館が今日ではラーニング・コモンズとして設計されていること,利用者が「直接参加の文化」にかかわっていることに対応して,利用者の役割が情報の消費者から情報の創作者へと拡張されていることなどが,指摘されている。したがって,ライブラリー・ラーニング・コモンズでは,従来の伝統的な学習や研究のスペースと同様に,情報の成果を創作するために必要とされる設備や装置を提供することとしている。

「学校図書館のプログラムと活動」では,学校司書の教育上の役割について,教師と共同で教えることが理想であり,学校司書と教師が協働して授業を計画することは,教育の質を高めることにもつながると述べている。また,このような共同による授業は,カリキュラムに含まれていること,及び児童生徒の関心やニーズに関連してメディアリテラシー教育や情報リテラシー教育を提供することにおいて,必須であるとしている。

「学校図書館の評価と広報活動」では,まず,充分な資料と専門職の学校司書が配置されている学校図書館の存在は,児童生徒の学力の向上に効果的であることが多くの研究で示されてはいるものの,対外的な理解が不充分であることから,学校図書館の評価を定期的に行うことは必須であると指摘している。また,学校図書館の発展のためには,広報が重要であり,プロモーションやマーケティングは学校司書の職務のひとつである。さらに,学校図書館や学校司書の教育的な役割について正当性を訴え,広く社会に理解を求めること,すなわちアドボカシーも効果があるとしている。

4　文部科学省「学校図書館ガイドライン」

2016年10月に制定された文部科学省「学校図書館ガイドライン」(以下,「学校図書館ガイドライン」)は,「学校図書館の整備充実に関する調査研究協力者会議」による『これからの学校図書館の整備充実について(報告)』(2016年10月公表)の中で示されている〔学校図書館の整備充実に関する調査研究協力者会議, 2016〕。

まず,「学校図書館ガイドライン」とは,学校図書館の運営上の重要な事項について,その望ましい在り方を示すものであり,教育委員会や学校等が学校図書館をめぐる現状と課題を踏まえ,さらなる学校図書館の整備充実を図るために参考になるものであると表明されている。

「学校図書館ガイドライン」は,「学校図書館の目的・機能」「学校図書館の運営」「学校図書館の利活用」「学校図書館に携わる教職員等」「学校図書館における図書館資料」「学校図書館の施設」「学校図書館の評価」の7項目で,構成されている。

「学校図書館の目的・機能」では，学校図書館法に規定されているように，学校図書館は，① 学校教育において欠くことのできない基礎的な設備であること，② 図書館資料の収集・整理・保存，児童生徒及び教職員による利用を通じて，学校の教育課程の展開に寄与し児童生徒の健全な教養を育成することをめざしていることが，示されている。また，学校図書館には，「読書センター」としての機能（児童生徒の読書活動や児童生徒への読書指導の場），「学習センター」としての機能（児童生徒の学習活動の支援や授業内容の充実），及び「情報センター」としての機能（児童生徒，教職員の情報ニーズへの対応や，児童生徒の情報活用能力の育成）があることを述べている。

「学校図書館の運営」には，校長のリーダーシップ，学校図書館に関する校内組織等による円滑な運営，及び図書委員等の児童生徒が学校図書館の運営に主体的にかかわることが，有効であるとしている。また，学校図書館は，① 児童生徒の登校時から下校時までの開館に努めること，② 学校図書館便りや学校のホームページ等を通じて，学校内外に対して学校図書館の広報活動に取り組むこと，③ 他の学校の学校図書館，公共図書館などの社会教育施設，及び学校図書館支援センターと密接に連携を図ることについて，示されている。

「学校図書館の利活用」では，児童生徒が落ち着いて読書を行えるように安らぎのある環境や開かれた学びの場としての学校図書館の環境整備，公共図書館や他の学校図書館との相互貸借の実施，各教科等における学校図書館の計画的・継続的な利活用，教員の教育活動への支援について，述べられている。

「学校図書館に携わる教職員等」では，学校図書館の運営にかかわる主な教職員には，校長等の管理職，司書教諭や一般の教員（教諭等），学校司書等がいること，それぞれの立場で求められている役割を果たし互いに連携・協力することとしている。また，学校図書館がその機能を充分に発揮するために，司書教諭と学校司書が，それぞれに求められる役割・職務に基づき，連携・協力し，協働して学校図書館の運営にあたることの重要性について指摘されている。具体的な職務分担については，各学校の実情や学校全体の校務のバランス等を考慮した上で柔軟な対応も必要としている。

なお，司書教諭，及び学校司書の職務については，以下のように示されている。

（司書教諭の職務）
・学校図書館の専門的職務。
・学校図書館の運営に関する総括，学校経営方針・計画等に基づいた学校図書館を活用した教育活動の企画・実施，年間読書指導計画・年間情報活用指導計画の立案，学校図書館に関する業務の連絡調整等。
・学校図書館を活用した授業の実践。学校図書館を活用した授業における教育指導法や情報活

用能力の育成等について，他の教員への積極的な助言。
（学校司書の職務）
・学校図書館を運営していくために必要な専門的・技術的職務。
・学校図書館を活用した授業やその他の教育活動を司書教諭や教員と共に推進。
・具体的に，①児童生徒や教員に対する「間接的支援」に関する職務，②児童生徒や教員に対する「直接的支援」に関する職務，③教育目標を達成するための「教育指導への支援」に関する職務の3つの職務。

さらに，地域のボランティアの方々の協力を得て学校図書館の運営を行うこと，特に特別支援学校の学校図書館においては，ボランティアの協力は重要である。

「学校図書館における図書館資料」では，「図書館資料の種類」について，図書資料のほか，雑誌，新聞，視聴覚資料，電子資料，ファイル資料，パンフレット，自校独自の資料など，図書以外の資料が含まれるとしている。学校図書館資料について，①教育課程の展開に寄与するとともに，児童生徒の健全な教養の育成に資する資料構成と十分な資料規模を備えること，②新聞を教育に活用するために新聞の複数紙配備に努めること，③外国語教育におけるデジタル教材の充実，④障害のある児童生徒や日本語能力に応じた支援を必要とする児童生徒一人ひとりの教育的ニーズに応じたさまざまな形態の図書館資料の充実が，あげられている。「図書館資料の選定・提供」について，①各学校において明文化された選定の基準を定め，基準に沿った選定を組織的・計画的に行うこと，②基準に沿った図書選定を行うための校内組織の整備，③児童生徒及び教職員のニーズに応じた偏りのない調和のとれた蔵書構成をめざすこと，④必要に応じて，公共図書館や他の学校の学校図書館との相互貸借を実施し，インターネット等の活用による資料の収集・提供を行うこと，などが述べられている。「図書館資料の整理・配架」について，①児童生徒及び教職員が有効に利活用できるように，原則として日本十進分類法（NDC）により整理し，開架式で配架すること，②利用者の利便性を高めるために，目録を整備し，蔵書のデータベース化を図ること，③館内の配架地図や館内のサイン，書架の見出しを設置し，季節や学習内容に応じた掲示・展示やコーナーを設置すること，④児童生徒の気軽な利活用のために，図書館資料の一部を学級文庫等に分散配架することなどが，あげられている。「図書資料の廃棄・更新」について，①児童生徒にとって正しい情報や図書館資料に触れる環境整備の観点などから，適切な廃棄・更新に努めること，②各学校等において，明文化された廃棄の基準を定め，基準に沿った廃棄・更新を組織的・計画的に行うこと，③学校図書館での利用・保存が困難な貴重な資料については，公共図書館等に移管することとしている。

「学校図書館の施設」では，①これからの学校図書館には，主体的・対話的で深い学び（ア

クティブ・ラーニングの視点からの学び）を効果的に進める基盤としての役割が期待されていること，②課題の発見・解決に向けて必要な資料や情報の活用を通じた学習活動等を行えるように，学校図書館の施設を整備・改善していくことが，あげられている。

「学校図書館の評価」では，①PDCAサイクルの中で校長は，学校評価の一環として学校図書館の評価を組織的に行い，評価結果に基づき，運営の改善を図ること，②評価にあたり外部の視点を取り入れ，改善の方向性等の公表に努めること，③評価は，図書館資料の状況，学校図書館の利活用の状況，児童生徒の状況等について行うよう努めること，④評価にあたりアウトプット（学校目線の成果）・アウトカム（児童生徒目線の成果）の観点から行うことが望ましいこと，⑤アウトプットやアウトカムを支える学校図書館のインプット（施設・設備，予算，人員等）の観点にも充分配慮するよう努めることが，指摘されている。

引用参考文献

岩崎れい（2015）「『IFLA／ユネスコ学校図書館ガイドライン』改訂版の内容とその論点」『現代の図書館』Vol. 53, No. 2, pp.90－95

学校図書館の整備充実に関する調査研究協力者会議（2016）「学校図書館ガイドライン」『これからの学校図書館の整備充実について（報告）』文部科学省，pp.8－15

全国学校図書館協議会（1991）「学校図書館憲章」（1991年制定）
　<http://www.j-sla.or.jp/material/sla/post-33.html>（参照日：2017/06/28）

IFLA/UNESCO（1999）"IFLA/UNESCO School Library Manifesto 1999" IFLA
　<https://www.ifla.org/publications/iflaunesco-school-library-manifesto-1999>（参照日：2017/04/03）
なお，日本語訳としては，下記のものがある。
（長倉美恵子・堀川照代訳（2000）「ユネスコ学校図書館宣言　すべての者の教育と学習のための学校図書館〔含　解説〕」『図書館雑誌』Vol. 94, No. 3, pp.170－172）

IFLA/UNESCO（2002）*The IFLA/UNESCO School Library Guidelines*, IFLA.

IFLA School Libraries Section Standing Committee（2015）*IFLA School Library Guidelines*, 2nd revised editions, IFLA.

第 4 章

学校図書館をめぐる現状

　本章では，学校図書館の現状に関する調査結果，及び，学校図書館の主たる利用者である児童生徒の読書に関する最近の調査結果から，学校図書館をめぐる現状について述べる。

1　学校図書館の現状に関する調査結果から

　学校図書館の現状に関する全国的な調査として，定期的に実施されているものは，文部科学省による「学校図書館の現状に関する調査」と全国学校図書館協議会による「学校図書館調査」である。

　文部科学省では，学校図書館への司書教諭や学校司書の配置状況，図書の整備状況，読書活動の状況などを調査しており，2008（平成 20）年度調査以降は，隔年で実施している。一方，全国学校図書館協議会では，1963 年から毎年，全国の学校図書館の整備状況などを調査しており，定例の学校図書館の資料，職員，経費などに関する質問に加えて，調査時点で重要と考えられる事柄についても尋ねている。

　本節では，これらの 2 つの調査結果〔文部科学省，2016〕〔全国 SLA 調査部，2016a〕について，その概要を示す。

(1) 文部科学省　平成 28 年度「学校図書館の現状に関する調査」の結果について
① 学校図書館における人的整備の状況

　2016（平成 28）年 4 月 1 日現在で，司書教諭の発令状況（全体）は，小学校（以下，「小」）68.0％，中学校（以下，「中」）65.0％，高等学校（以下，「高」）84.5％である。12 学級以上の学校に限定すると，小 99.3％，中 98.3％，高 96.1％である。すなわち，12 学級以上のほぼすべての学校では司書教諭を発令しているが，学校の規模により司書教諭の発令状況に格差が生じている〔文部科学省，2016〕。

　一方，学校司書の配置状況（全体）は，小 59.2％，中 58.2％，高 66.6％である。なお，常勤の学校司書の配置状況（全体）は，小 12.4％，中 16.7％，高 55.0％である。学校司書を配置している学校の割合は，前回の調査結果（小 54.4％，中 53.1％，高 64.4％）と比べると，増加の傾向にある。しかし，特に小・中において，常勤の学校司書の割合は少ないといえる。

また，司書教諭と学校司書の配置状況（組み合わせ）は，「司書教諭と学校司書」（42.8％），「司書教諭のみ」（25.7％），「学校司書のみ」（13.5％），「どちらも配置なし」（18.0％）である。全体として司書教諭と学校司書の2つの職種が配置されているところが約4割ともっとも多いが，どちらも配置されていないところが約2割ある。全国の学校図書館に人材を配置するように，これからの改善が求められる。

② 学校図書館における物的整備の状況

2016（平成28）年3月31日現在で，第一に，蔵書の整備状況について，学校図書館図書標準を達成している学校の割合は，小66.4％，中55.3％であり，前回（小60.3％，中50.0％）より増加はしているものの，未だ充分であるとはいえない。

第二に，学校図書館の図書館資料の選定・廃棄などの状況について，図書館資料の選定基準の策定状況は，小29.2％，中27.0％，高44.6％である。また，図書館資料の選定にかかわる図書選定委員会の設置状況は，小25.7％，中18.6％，高37.3％である。さらに，図書館資料の廃棄基準の策定状況は，小38.3％，中36.4％，高47.5％である。学校図書館の蔵書を構築する上で，基準の策定や委員会の設置は，重要であるが充分であるとはいえず，これから取り組むべき課題のひとつである。

第三に，学校図書館の蔵書のデータベース化の状況についてである。蔵書をデータベース化している学校は，小73.9％，中72.7％，高91.3％である。

第四に，学校図書館と情報メディア機器の整備状況についてである。学校図書館が学校の教育活動全般を支え，読書センター，学習センター，及び情報センターとして機能するためには，学校図書館内に児童生徒が検索・インターネットによる情報収集に活用できる情報メディア機器が整備されていることが望ましい。このような整備状況は，小10.6％，中12.5％，高47.6％であり，今後の改善が求められる。

③ 読書活動の状況

2016（平成28）年3月31日現在で，第一に，全校一斉の読書活動の実施状況は，小97.1％，中88.5％，高42.7％と，校種による違いが見られる。しかし，その実施頻度に関しては，小・中・高ともに，「始業前に実施」（小68.5％，中72.7％，高63.2％）がもっとも多い。

第二に，学校図書館全体計画策定の状況は，小85.7％，中71.8％，高58.3％であり，全校一斉の読書活動の実施状況と同様に，小がもっとも多い。

第三に，公共図書館との連携状況は，小82.2％，中57.5％，高51.1％である。連携の内訳（複数回答可）は，「公共図書館資料の学校への貸出」（小94.8％，中86.0％，高91.7％），「公共図書館との定期的な連絡会の実施」（小22.5％，中31.3％，高15.7％），及び，「公共図書館司書

などによる学校への訪問」(小 25.5％，中 22.0％，高 11.8％)である。校種による違いはあるものの，特に貸出などによる資料提供の面で，地域社会の公共図書館は，児童生徒の読書活動を支援しようという意図がうかがわれる。

(2) 全国学校図書館協議会　2016年度「学校図書館調査」の結果について

2016年度「学校図書館調査」の調査対象は，全国の小・中・高から都道府県ごとに3％無作為抽出された1,164校である(調査時期は，2016年6月)。前述の文部科学省による全数調査と比べると数のうえでは少ないが，定例の質問以外に，重要と考えられる独自の事柄についても尋ねている〔全国 SLA 調査部，2016a〕。近年の学校図書館の動向を把握するうえで，特に意義があると考えられる2つの事柄に関する回答について，その概要を述べる。

① 学校図書館の整備方針

表4－1に示すように，学校図書館の整備方針について，選択肢のなかから複数回答を選ばせると，各校種とも1位は「学習に役立つ蔵書の充実」(小 90.4％，中 88.9％，高 83.8％)である〔全国 SLA 調査部，2016a〕。校種を問わず，学習センターとしての学校図書館の機能の重要性が広く認識されているといえる。

「必読図書を定めて読書活動を充実」(小 49.4％，中 35.2％，高 18.8％)は，小が2位，中が4位，高が5位と，校種が上がるにつれて順位が低くなっている。読書センターとしての学校図書館の機能の重要性は，特に小学校において認識されている。その背景として，小学校の学校図書館では，クラス担任などとの連携のもとに，「図書の時間」などを通じて，児童の読書活動の推進に向けたさまざまな取り組みが行われていることが考えられる。

「情報発信を行い，活用される図書館に」(小 40.7％，中 51.2％，高 73.5％)は，小が4位，

表4－1　校種による学校図書館の整備方針

複数回答：上位5位（％）

順位 \ 校種	小学校	中学校	高校
1位	学習に役立つ (90.4)	学習に役立つ (88.9)	学習に役立つ (83.8)
2位	読書活動 (49.4)	憩いの場 (55.6)	情報発信 (73.5)
3位	憩いの場 (48.1)	情報発信 (51.2)	憩いの場 (47.0)
4位	情報発信 (40.7)	読書活動 (35.2)	学習スペース (31.6)
5位	公共図書館との連携 (21.2)	学習スペース (20.4)	読書活動 (18.8)

出所）全国 SLA 調査部（2016a）「2016年度学校図書館調査報告」『学校図書館』第793号をもとに作成

中が3位，高が2位と，校種が上がるにつれて順位が高くなっている。児童生徒や教職員による学校図書館の利活用をはかるうえで，学校図書館が利用者にどのようなサービスを提供しているかなど，学校図書館からの積極的な情報発信の意義について，学校図書館は充分認識しているといえる。具体的にどのような方法で利用者に情報発信を行うかが，今後の課題である。

「児童生徒の憩いの場としての学校図書館を充実」（小48.1％，中55.6％，高47.0％）は，小が3位，中が2位，高が3位である。児童生徒の校内の居場所づくりをめざすことも，学校図書館の果たすべき役割のひとつであると考えられる。どのような児童生徒であっても，気軽に立ち寄れ，心ゆくまで読書ができて，安心して学習に必要な資料や情報を探し，それらにじっくり目を通すことができる学校図書館の環境づくりには，常勤の学校司書の存在が必要不可欠であるといえる。

② 障害者差別解消法の取り組み

2016年4月1日から，「障害を理由とする差別の解消の推進に関する法律」（以下，障害者差別解消法）が施行された。障害者差別解消法では，障害を理由とした不当な差別的取り扱いを，国の行政機関や地方公共団体，民間事業者などに対して禁止するとともに，「合理的配慮」を提供することを定めている。「合理的配慮」とは，社会のなかにあるバリアを取り除くために，負担が重すぎない範囲で対応する配慮のことである。

表4-2は，障害のある利用者に対して，学校図書館はどのような取り組みが必要と思われるかについて，校種別の回答をまとめたものである〔全国SLA調査部，2016a〕。いずれの校種においても，「区別しやすい色の使い方の工夫」が1位である。館内表示などの色の使い方に配慮し，色覚障害などのある利用者が安心して活用できる環境づくりは重要である。中・高では2位，小では5位である「照明を明るくする」は，視覚障害などのある利用者だけではなく，すべての利用者の学習環境を整備するうえで意義がある。書架に関する配慮については，

表4-2 校種による学校図書館の障害者差別解消法への必要な取り組み

複数回答：上位5位（％）

順位＼校種	小学校	中学校	高校
1位	色の使い方の工夫（40.4）	色の使い方の工夫（38.3）	色の使い方の工夫（40.2）
2位	書架を低く（31.7）	照明を明るく（25.9）	照明を明るく（35.0）
3位	点字資料の用意（24.7）	書架の間隔を広げる（23.5）	書架の間隔を広げる（23.1）
4位	拡大文字の資料の導入（22.1）	拡大文字の資料の導入（22.8）	書架を低く（17.9）
5位	照明を明るく（19.6）	教職員向け研修会（21.6）	拡大文字の資料の導入（16.2）

出所）表4-1に同じ

「書架を低くする」(小2位，高4位)，及び「書架の間隔を広げる」(中・高3位)があげられる。身長の低い利用者や車椅子の利用者への配慮は大切である。また，防災の観点からも，書架に関する配慮は，すべての利用者に対して重要である。資料に関する配慮については，「点字資料の用意」(小3位)，及び，「拡大文字の資料の導入」(小・中4位，高5位)があげられる。いずれも視覚障害者への配慮であるといえる。なお，「拡大文字の資料の導入」については，たとえ弱視ではなくても，大きな文字のほうが読みやすいという利用者にも，有益である。

ユニバーサルデザインの考え方で学校図書館の環境を整備することが，障害者だけではなく，すべての利用者に使いやすく居心地の良い学校図書館につながることを認識することが肝要である。

2 児童生徒の読書に関する調査結果から

児童生徒を対象とした読書の実態や読書環境に関する全国規模の調査として，全国学校図書館協議会が毎日新聞社と共同で，「学校読書調査」を毎年実施しており，2016年度で62回目を迎えている。「学校読書調査」では，児童生徒がどのような本をどれだけ読んでいるかを継続して毎年尋ねるとともに，児童生徒を取り巻く読書環境に関しても，調査時点で重要と考えられる事柄について尋ねている。

本節では，第62回学校読書調査の結果〔全国SLA調査部，2016b〕について，その概要を述べる。

「2016年5月の1か月間に本を何冊ぐらい読んだか」という設問に対して，平均読書冊数は小学生(4年生～6年生)11.4冊，中学生4.2冊，高校生1.4冊となっている。小学生の平均読書冊数は，2009年には8.6冊まで減少したものの，2010年からは10～11冊台で推移している。同様に，ここ数年にわたり，中学生の平均読書冊数は4冊前後を，高校生の平均読書冊数は1.5冊前後を推移している。中学生は，学年が上がるにつれて，平均読書冊数が減少している。具体的に，男子は1年生4.2冊，2年生4.0冊，3年生2.9冊であり，女子は1年生5.3冊，2年生4.8冊，3年生3.7冊である。

不読率(1か月間の読書冊数が0冊と回答した者の比率)については，小学生4.0%(第61回4.8%)，中学生15.4%(同13.4%)，高校生57.1%(同51.9%)である。小学生や中学生と比べて，高校生の不読率の上昇がいちじるしい。高校生の平均読書冊数が，ここ数年にわたり1.5冊前後とほぼ横ばいであるのに対して，不読率が上昇しているということは，読書に熱心な生徒と読書にまったく関心のない生徒との二極化が進んでいることが示唆される。

このような傾向を踏まえた上で，学校図書館では，校内での連携をはかりながら，全校に向

けた読書活動の推進をめざすことが望まれる。

3　どのような本を読みたいか

　表4-3は，児童生徒がどのような本を求めているかについての質問に対する回答を，まとめたものである。校種によらず同じような傾向にあるものと，児童生徒の発達段階に応じて異なる傾向にあるものに，分けることができる〔全国SLA調査部，2016b〕。

　校種によらず同じような傾向が見られるものは，「内容のおもしろい本」（小66.2％，中70.5％，高67.8％）である。すべての校種において，約7割を占めている。読書には，「情報を得るための読書」「理解を深めるための読書」「娯楽のための読書」があり〔アドラー，M. J. ほか，1997〕，時には読書の種類を変えて気分転換しながら読書を続けることが，肝要である。しかし，児童生徒は校種を問わず，「娯楽のための読書」に主眼を置いて本を求めていることが示唆される。また，「アニメ，ドラマ，映画の原作本」（小65.5％，中71.1％，高50.5％）も，読みたい本としての重要な要因となっている。同じ作品が複数のメディアで扱われる「メディアミックス化」の現象が，児童生徒の読書のきっかけとなることも考えられる。さらに「内容のわかりやすい本」（小51.7％，中36.3％，高26.8％）が，すべての校種で3位に位置付けられているが，小学生と比べて中学生と高校生の比率は低くなっている。学年がすすむにつれて，読解力が身に付くこと，たとえ内容がむずかしくても興味があれば読もうという意欲を持つようになることが，その背景として考えられる。

　校種により異なる傾向が見られるもののひとつは，「きれいで楽しい絵の多い本」（小33.1％，中21.0％，高15.3％）である。発達段階がすすむにつれて，読解力が身に付き，本のなかにある絵の重要性が低くなっていくものと考えられる。

表4-3　どのような本を読みたいか

複数回答：上位5位（％）

順位＼回答者	小学生（4年生～6年生）	中学生	高校生
1位	内容のおもしろい本（66.2）	アニメ，ドラマ，映画の原作本（71.1）	内容のおもしろい本（67.8）
2位	アニメ，ドラマ，映画の原作本（65.5）	内容のおもしろい本（70.5）	アニメ，ドラマ，映画の原作本（50.5）
3位	内容のわかりやすい本（51.7）	内容のわかりやすい本（36.3）	内容のわかりやすい本（26.8）
4位	きれいで楽しい絵の多い本（33.1）	人気のある人が書いた本（33.9）	人気のある人が書いた本（24.7）
5位	題名がおもしろい本（32.7）	きれいで楽しい絵の多い本（21.0）	題名がおもしろい本（20.2）

出所）全国SLA調査部（2016b）「第62回学校読書調査報告」『学校図書館』第793号をもとに作成

学校図書館の図書館資料を選書する際には，このような児童生徒の本に対するニーズにも，充分配慮することが肝要である。

4 どのような学校図書館であれば，さらに利用したいか

表4-4は，児童生徒が学校図書館に何を望んでいるかについての質問に対する回答を，まとめたものである。なお，児童生徒は，「おもしろい本がある」「本の種類や数が多い」「雑誌が読める」「新聞が読める」「最新のCD・DVDが利用できる」「いつでも開館している」「自由に使えるパソコン・タブレットがある」「パソコンで貸出や検索ができる」「教室から近い」「その他」の選択肢からいくつでも選択できる〔全国SLA調査部，2016b〕。

これらの選択肢のなかで，「おもしろい本がある」を望んでいる児童生徒が，男女を問わずとても多いことは明らかである。おもしろい本であるかの基準は，必ずしも児童生徒と教職員では一致するとは限らない。教科の学習に有益な本の選書に加えて，児童生徒の読書傾向を理解したうえでの趣味や教養に役立つ本の選書も大切である。

また，「本の種類や数が多い」は，校種や男女を問わず，1位から3位までを占めている。本の種類や数の多い学校図書館の蔵書のなかから，読む本を自ら選びたいという児童生徒の読書に対する積極性が示唆される。そのような児童生徒の願いを実現するために，学校図書館は絶えず新しい本を受け入れ，廃棄も含めた蔵書管理を定期的に行うことが必須である。

さらに「自由に使えるパソコン・タブレットがある」を望んでいると答えた比率は，校種や男女を問わず2位から5位までを占めている。実際に探究的な学習を行う際に，インターネット上の情報源を調べ，学習の成果を発表するための資料を作成するうえで，パソコンやタブレットは必要不可欠なものである。また，調べる際には，学校図書館にある紙媒体の資料もイ

表4-4　どのような学校図書館であればさらに利用したいか

複数回答：上位5位（％）

順位	小学生（4年生～6年生）男	小学生（4年生～6年生）女	中学生 男	中学生 女	高校生 男	高校生 女
1位	おもしろい本 (68.3)	本が多い (69.8)	おもしろい本 (58.9)	おもしろい本 (63.0)	おもしろい本 (49.7)	おもしろい本 (46.7)
2位	本が多い (57.7)	おもしろい本 (64.7)	PCタブレット (52.9)	本が多い (62.0)	本が多い (34.0)	CD・DVD (45.2)
3位	PCタブレット (57.6)	PCタブレット (51.7)	本が多い (49.5)	CD・DVD (53.3)	PCタブレット (30.2)	本が多い (41.4)
4位	CD・DVD (44.3)	いつでも開館 (43.9)	CD・DVD (40.5)	PCタブレット (49.9)	教室から近い (28.2)	雑誌 (38.1)
5位	パソコン (37.7)	パソコン (41.9)	教室から近い (35.1)	雑誌 (44.9)	CD・DVD (27.4)	PCタブレット (30.9)

出所）表4-3に同じ．

ンターネット上の情報源も，同時に利用できることが望ましい。そのような環境づくりに，これからの学校図書館は取り組むべきである。

5 学校図書館で働く司書教諭・学校司書などに望むこと

　表4-5は，児童生徒が学校図書館で働く司書教諭・学校司書などにどのようなことを望んでいるかについての質問に対する回答を，まとめたものである。なお，児童生徒は，「本の選び方や本の内容について相談にのってくれる」「本がある場所を案内してくれる」「本の読み聞かせをしてくれる」「『読書まつり』などの学校図書館行事をひらいてくれる」「安心できる場を作ってくれる」などの選択肢から，いくつでも選択できる〔全国SLA調査部，2016b〕。

　これらの選択肢のなかで，「安心できる場を作ってくれる」が，小学生男女で2位，中学生男女と高校生男女で1位となっている。本来，学校図書館には，読書センター，学習センター，情報センターとしての機能が求められている。しかし，これらの機能が実現される前提条件として，学校図書館は児童生徒にとって安全に安心していつでも気軽に利用できる雰囲気づくりにつとめることが望まれる。

　次に，「本のある場所に案内してくれる」が，小学生男女で1位，中学生男女と高校生男女で2位となっている。文部科学省による平成28年度「学校図書館の現状に関する調査」の結果によれば，2016年3月31日現在で，蔵書をデータベース化している学校は，小学校73.9％，中学校72.7％，高等学校91.3％に達している〔文部科学省，2016〕。これらの学校図書館では，児童生徒は検索用のパソコンで資料を検索し，分類記号や請求記号などを調べたうえで館内サインを手がかりに，該当の資料を手にすることができる。このような図書館の利用に関するスキルを学校図書館で身につけることは，社会人になってからも公共図書館などを利用

表4-5　学校図書館で働く司書教諭・学校司書などに望むこと

複数回答：上位5位（％）

順位 \ 回答者	小学生（4年生～6年生）男	小学生（4年生～6年生）女	中学生 男	中学生 女	高校生 男	高校生 女
1位	本の案内（51.3）	本の案内（55.3）	安心できる場（42.5）	安心できる場（47.4）	安心できる場（44.7）	安心できる場（46.7）
2位	安心できる場（41.9）	安心できる場（50.6）	本の案内（38.9）	本の案内（45.4）	本の案内（26.1）	本の案内（33.4）
3位	行事をひらく（28.5）	行事をひらく（39.0）	本の相談（17.9）	本の相談（26.1）	本の相談（18.8）	本の相談（23.6）
4位	本の相談（26.0）	本の相談（32.7）	行事をひらく（16.7）	行事をひらく（18.4）	その他（10.6）	行事をひらく（7.1）
5位	本の読み聞かせ（12.7）	本の読み聞かせ（17.9）	その他（9.6）	その他（5.9）	行事をひらく（6.1）	その他（6.5）

出所）表4-3に同じ

して，生涯学習を積極的に行ううえで，重要である。館内の様子がよく理解できていない児童生徒に本のある場所を案内することも，図書館利用教育のはじめの一歩として意義があるといえる。

加えて，「本の選び方や本の内容について相談にのってくれる」が，小学生男女で4位，中学生男女と高校生男女で3位となっている。本についての相談を通じて，児童生徒は自らの読みたい本や読むべき本を明確にすることができる。一方，相談を受ける側は，児童生徒とのコミュニケーションを通じて，児童生徒がどのようなことに関心を持っているかなど，理解することができる。このようなことから，本の相談は，両者にとってプラスとなり，結果的に児童生徒との信頼関係を築くことができる。

さらに，「学校図書館行事をひらいてくれる」が，小学生男女で3位，中学生男女と高校生女子で4位，高校生男子で5位となっている。学校図書館では，「図書館まつり」「読書まつり」などさまざまな名称で，読み聞かせ，ブックトーク，ビブリオバトルなど多岐にわたる内容で，学校図書館行事を実施している。学校図書館行事には，教職員，図書委員，児童生徒，公共図書館の司書，学校や学校図書館のボランティアなど多くの人々がかかわっており，レクリエーションとしての意義もある。他の要望と比べるとあまり多くはないが，地域社会の人々とのふれあいなど，コミュニケーションを求めて学校図書館行事を楽しみにしている児童生徒もいることを理解しておくことは大切である。

引用参考文献

アドラー，M. J.・C. V. ドーレン著，外山滋比古・槇未知子訳（1997）『本を読む本（講談社学術文庫）』講談社

全国 SLA 調査部（2016a）「2016 年度学校図書館調査報告」『学校図書館』第 793 号，pp.43 − 63

全国 SLA 調査部（2016b）「第 62 回学校読書調査報告」『学校図書館』第 793 号，pp.12 − 40

文部科学省（2016）『平成 28 年度「学校図書館の現状に関する調査」結果について』文部科学省児童生徒課

第5章

学校司書の役割とさまざまな活動

　本章では，まず，学校司書の役割について，学校図書館の教育力の観点などから述べる。次に，これからの学校司書が仕事として担当する任務（職務）と学校司書の活動について，論じる。さらに，学校図書館の教育力を高めるために，学校司書が司書教諭，及び教員といかに連携協力をはかるべきかについて考察する。

1　学校図書館の教育力と学校司書の役割

　「学校図書館の教育力」とは，学校に図書館があり，しかもそれが「学校図書館」であることによる教育力である。「図書館の教育力」を基礎として，図書館が学校教育の場にあることで，どのような特徴を備えているかを考えることは重要である。

　具体的に，「学校図書館の教育力」として，図5－1にも示すように，以下の7項目があげられている〔塩見，2016〕。

① **本や読書による教育力**

　読書とは本来，読者自身による主体的な行為であるが，図書館の教育力を考える際には，本や読書による教育力がその根底にあるといえる。そして，利用者が自らの意志で本を自由に選び，読みの世界を広げていくことができる学校図書館は，「多様な学習資源の選択可能性」につながり，利用者の自主的な読書を支える上で重要である。

② **図書館蔵書による教育力**

　選書され組織化の技術により構成された図書館蔵書（コレクション）は，それ自体がまとまりのある学習資源である。学校図書館の「体系的，組織的なコレクションの存在」は，児童生徒にとって有意義な環境であり，教科の学習等を通じて学んだことを基礎として，自らのペースで主体的に学ぶ力を身につけることにつながる。

　なお，図5－1にも示すように，①と②を合わせて，「資料による教育力（資料の備える教育力）」と呼ばれている。

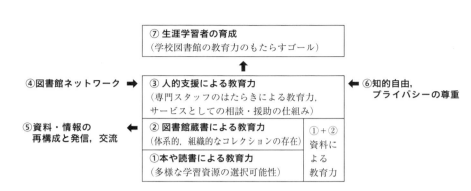

図5-1 学校図書館の教育力

③ 人的支援による教育力

「資料による教育力」（①＋②）だけでは，利用者に対して必ずしも充分な教育力につながるとはいえない。図書館のスタッフが利用者に対してさまざまな働きかけを直接的に行うことによって，はじめて図書館の教育力となる。すなわち，利用者に対する図書館の「専門スタッフのはたらきによる教育力」である。図書館サービスには，目の前の利用者に直接対応する直接サービスと，利用者からの求めに備える間接サービスがある。ここでは，直接サービスに着目し，学校図書館の利用者への資料案内，資料相談，レファレンスサービス，及びフロアーワークなどが該当する。このような「サービスとしての相談・援助の仕組み」を構築することが，学びへの誘いや励ましにもつながり，学校図書館の教育力はさらに発揮される。

④ 図書館ネットワーク

図書館ネットワークとは，複数の図書館が，資料の収集，提供，保存，及び目録作業などの図書館業務において，相互に連携して，利用者への日常的な図書館サービスを円滑に実施することである。このような連携は，図書館協力と呼ばれることもある。

学校図書館の連携としては，まず近隣の学校図書館相互の協力があり，次に同一自治体の学校図書館間での資料の相互利用や研究協議などがあり，さらに同一自治体の公共図書館などへ資料の貸出やレファレンスサービスの支援を求めることなどが，考えられる。

学校図書館の教育力を高める上で，図書館ネットワークの形成は意義があるといえる。このような図書館ネットワークを形成するためには，学校図書館の専門スタッフと校外の連携機関のスタッフとの日常的なコミュニケーションが大切である。

⑤ 資料・情報の再構成と発信，交流

図書館は，単に著者や出版社などの著作物の生産者と利用者を媒介するだけのものではない。利用者に著作物とさまざまな出会いをしてもらうために，図書館は，自ら資料を作成し，

収集した資料をもとにそれらを再編集して提示することもある。専門スタッフが，図書館蔵書に付加価値をもたらすこと，利用者の参加を促す「場としての図書館」を演出することは，図書館の教育力につながる。

たとえば，開架室に本を配架するにあたり，「新着図書」コーナーや，調べ学習のテーマについてのコーナーを設けること，学校司書がお話しコーナーで児童生徒にストーリーテリングを行うこと，「図書の時間」や教科の学習などで学校司書がブックトークを行うこと，コーナーで展示する本やブックトークで紹介する本について解説をつけたブックリストを作成し配布すること，などがあげられる。

⑥ 知的自由，プライバシーの尊重

図書館サービスの基本原理として，知的自由の尊重，及び利用者のプライバシー保護という考え方は，重要である。「図書館の自由に関する宣言」（日本図書館協会，1954年採択，1979年改訂）に，そのことが明記されている。すなわち，基本的人権のひとつとして，知る自由をもつ国民に対して，図書館は資料と施設を提供することがもっとも重要な任務であると，示されている。また，図書館は，資料収集の自由を有すること，資料提供の自由を有すること，利用者の秘密を守ること，すべての検閲に反対することを，確認し実践することが宣言されている。

「子どもの権利宣言」にも明示されているように，年齢によって区別するのではなく，児童生徒も，知る自由をもつ国民の中に含まれているのである。このような図書館の自由を学校の文化になじませるためには，学校図書館における教育的な対応が求められている。

⑦ 生涯学習者の育成

上記の6項目（①〜⑥）が「学校図書館の教育力」として実現されることで，学校図書館が人々の学びにおいてもつ意味を「生涯学習者の育成」としている。学校では知識そのものを教えるのではなく，知識の獲得の仕方や学び方を学ぶことが重要であるといわれている。このことを，学校図書館の利活用や学校図書館サービスに照らして考えると，生涯学習者の育成には図書館利用指導が必須である。すなわち，必要に応じて，図書館を適切に利用し，図書館の資料や情報を入手し，読みこなし，自らの学びに活用できる知識やスキルを習得するための指導が求められる。このような図書館利用指導を行うためには，専門スタッフによる支援が必要である。

生涯学習者の育成は，「学校図書館の教育力のもたらすゴール」である。在校中に学校図書館をしっかり利用する習慣を身につけることは，その後の人生において，必要に応じてさまざまな館種の図書館を利用しようという動機づけとなり，豊かな生涯学習を実践することにもつながる。

そこで,「学校図書館の教育力」として示された前述の7項目が具現化するために,学校司書は学校図書館の専門スタッフとして,校内での協力体制のもとに,以下のような役割を果たすことが考えられる。

　「① 本や読書による教育力」については,利用者の主体的な読書を支えるために,学校司書は,利用者のニーズに配慮し,質の高い資料や情報を選択し,学校図書館に備えることが大切である。

　「② 図書館蔵書による教育力」については,学校図書館の蔵書を体系的,組織的なコレクションとするために,学校司書は,図書館資料の受入,分類と目録作業,装備と配架,保存,補修,及び廃棄などのいわゆる「間接サービス」を行うことが考えられる。

　「③ 人的支援による教育力」については,サービスとしての相談・援助の仕組みを構築するために,学校司書は,利用者に対して,レファレンスサービス,フロアーワーク,及び情報検索のアドバイスなどのいわゆる「直接サービス」を行うことが求められる。

　「④ 図書館ネットワーク」については,利用者への日常的な図書館サービスをさらに向上させるために,学校司書は,近隣の学校図書館や同一自治体などの公共図書館との図書館協力に努め,資料の相互利用やレファレンスサービスの充実などをめざすことが考えられる。

　「⑤ 資料・情報の再編成と発信,交流」については,利用者と資料・情報の出会いを演出し,読書を推進するために,学校司書は,利用者の興味や関心に合わせてコーナーを設けて資料や情報を展示し,読み聞かせ,ブックトーク,ストーリーテリングなど利用者と本を結びつける活動を行うことが求められる。

　「⑥ 知的自由,プライバシーの尊重」については,利用者に安心して学校図書館を利用してもらえるように,学校司書は,図書館オリエンテーションなどの機会を通じて,「図書館の自由に関する宣言」などの図書館サービスの理念を利用者に理解してもらうことが大切である。

　「⑦ 生涯学習者の育成」については,利用者が生涯を通じて必要な時にさまざまな館種の図書館を利用して主体的に学べるように,学校司書は,利用者に図書館利用指導を行い,図書館を適切に利用するための知識やスキルの習得を支援することが必要である。

　以上のことから,学校図書館の教育力を具現化するためには,学校図書館の専門スタッフとしての学校司書の役割は重要である。

　このような学校司書の役割について,「IFLA 学校図書館ガイドライン(2015年改訂)」ではどのように示しているか簡単に述べる。

　図5-2は,「IFLA 学校図書館ガイドライン(2015年改訂)」による学校司書の5つの役割を示したものである。これらの学校司書の役割について,以下のようなコアとなる活動があげられている〔IFLA School Libraries Section Standing Committee, 2015〕。

第1部　学校図書館と学校司書の現状と課題

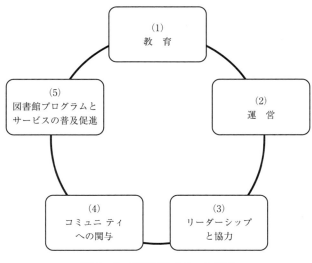

図5-2　学校司書の5つの役割

(1) 教育

「リテラシーと読書の推進」「情報リテラシー」「探究的な学習」「テクノロジーの統合」「教師の専門性の向上」など。

(2) 運営

「実在している，及びコンピュータやインターネットなどにより実現される図書館施設・設備」「冊子体，及びデジタル媒体による資料やリソース」，及び「対面による，及びコンピュータやインターネットを介しての教育上のプログラムとサービス」に関する運営など。

(3) リーダーシップと協力

「学校の使命と目標への貢献」「教育と学習を支援するカリキュラム・ベースの図書館サービスやプログラムの開発と実施」など。

(4) コミュニティへの関与

「広域のコミュニティの中にある他の図書館グループ（公共図書館や図書館協会など）との連携」など。

(5) 図書館プログラムとサービスの普及促進

「学校図書館によって提供されているプログラムとサービスについて，利用者への伝達」など。

　これらのことから，学校司書は，児童生徒の読書活動の推進，リテラシーの育成，情報活用能力の育成，探究的な学習の支援，及び授業を行う教員への支援など，直接的，及び間接的に

児童生徒の教育に力点をおいて活動すべきであることが，示唆される。

2　学校司書の職務と活動

　これからの学校司書の職務について，「学校図書館担当職員の役割及びその資質の向上に関する調査研究協力者会議」では，以下の3つをあげている〔学校図書館担当職員の役割及びその資質の向上に関する調査研究協力者会議，2014〕。

(1)「間接的支援」に関する職務
　　図書館資料の管理，施設・設備の整備，及び学校図書館の運営。
(2)「直接的支援」に関する職務
　　閲覧，貸出，ガイダンス，情報サービス，及び読書推進活動。
(3)「教育指導への支援」に関する職務
　　教科等の指導に関する支援，特別活動の指導に関する支援，及び情報活用能力の育成に関する支援。

　なお，これらのすべてを学校司書が単独で行うということではなく，職務の内容に応じて，司書教諭などの学校図書館に関係する教職員と協働・分担して当たることが求められている。
　これらのうち，(1)は，図書館が資料収集方針などに従い，収集した資料や情報を利用者に提供するための準備にあたり，一般にテクニカルサービスといわれている。テクニカルサービスは，利用者と直接的ではなく間接的にかかわることから，間接サービスとも呼ばれている。一方，(2)は，図書館が収集した資料や情報を利用者に提供し，また資料や情報の利用を促すように利用者を支援することにあたり，一般にパブリックサービスといわれている。パブリックサービスは，利用者と直接的にコミュニケーションをとりながら行うサービスであるので，直接サービスとも呼ばれている。(1)と(2)は，館種を問わず図書館司書の職務として，広く遂行されている。また，テクニカルサービスとパブリックサービスは，全く別個のものというわけではない。すなわち，テクニカルサービスが適切に行われ，利用者のニーズに合う質の高い資料や情報を提供するための準備が充分整ってこそ，はじめてパブリックサービスが効果的に実施されるのである。そのような意味から，テクニカルサービスとパブリックサービスは隣接しており，関連性があるといえる〔金沢，2016〕。
　これまでの学校司書が主に担当する職務として，(1)と(2)がすでに定着しているのに対して，(3)は学校図書館の活用による教育活動の推進に向けて，これからの学校司書の担当すべき職務として，期待されている。しかし，(3)は(1)や(2)とまったく別個のものというわけ

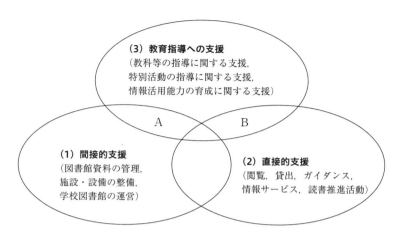

図5-3 学校司書の3つの職務

ではない。学校図書館を活用した教育活動を推進するためには、その前提条件として、学校の教育課程の展開に寄与する図書館資料の収集や学校図書館利用のガイダンスなどが必須である。すなわち、(3)は、(1)や(2)を基盤としてはじめて成立するものであり、(1)や(2)に隣接しており、関連性があるといえる。

以上のことを踏まえて、学校司書の3つの職務についてベン図で示したものが、図5-3である。

さらに、学校司書の「間接的支援」「直接的支援」及び「教育指導への支援」に関する職務

表5-1 児童生徒や教員に対する「間接的支援」に関する職務

図書館資料の管理	① 図書館資料の選定、収集、廃棄 ② 図書館資料の発注、受入、分類、登録、装備、配架、保存、補修、廃棄 ③ 図書館資料の展示 　・新着本の別置、テーマ別展示、書籍の表紙を見せるなど関心を高める展示 ④ 学級文庫等における資料管理
施設・設備の整備	① 施設案内・利用案内・書架案内の設置 　・館内配置図・分類別の書架表示の作成、館外の掲示 ② 環境整備、保守・点検 ③ 情報機器の整備・管理
学校図書館の運営	① 他の学校図書館や公共図書館等との連携、学校図書館担当職員間の協力 ② 広報・渉外活動 　・学校図書館便り・学校図書館ウェブサイトの作成・管理 ③ 学校図書館の運営に関する業務 　・学校図書館に関する計画等の作成 ④ 予算編成・執行業務 ⑤ 利用実態調査、集計・評価

出所）学校図書館担当職員の役割及びその資質の向上に関する調査研究協力者会議（2014）『これからの学校図書館担当職員に求められる役割・職務及びその資質能力の向上方策等について（報告）』をもとに作成

表5−2　児童生徒や教員に対する「直接的支援」に関する職務

閲覧，貸出	① 利用案内，図書館資料の提供
ガイダンス (児童生徒， 及び教職員対象)	① 学校図書館利用の指導・ガイダンス（オリエンテーション等） ・児童生徒及び教職員に対する学校図書館の利用方法のガイダンス ・開館時間や貸出可能冊数等の利用方法に関する掲示資料等の作成
情報サービス (児童生徒， 及び教職員対象)	① レファレンスサービス・調べもの相談，フロアーワーク ・質問の受付，文献やデータベースを利用した調査・回答 ・他の情報専門機関への照会・案内 ・対応記録の蓄積とその活用 ・図書館資料や検索ワードの選択に関する助言 ・目次・索引等の利用方法に関する説明 ② 情報検索，情報の収集・記録・編集のアドバイス ・ネットワーク情報資源の把握 ・オンラインデータベース，情報源の検索方法等の助言
読書推進活動 (児童生徒対象)	① 読書推進活動の企画・実施 ・読書に親しませ，習慣化させていく支援 ・読み聞かせ，ブックトーク，ストーリーテリング等の児童生徒と本をつなげる活動 ・本のおもしろさや読書することの楽しさを伝え，読書意欲を高めていく活動 ② 児童生徒の興味・関心・発達段階・読書力に合った図書館資料の案内・紹介 ・児童生徒個々人の読書状況を把握し，読書意欲を持たせ，読書体験を深める手立ての工夫 ・薦めたい本やテーマ別又は教科書の単元に関連した図書などのブックリストの作成・展示

出所）表5−1に同じ

表5−3　教育目標の達成のための「教育指導への支援」に関する職務

教科等の指導に 関する支援 (教職員との協働， 及び児童生徒対象)	① 授業のねらいに沿った図書館資料の紹介・準備・提供 ② 学校図書館を活用した授業を行う司書教諭や教員との打ち合わせ ③ 学校図書館を活用した授業への参加 ・図書館資料の活用の仕方についての説明 ・チーム・ティーチングの一員として児童生徒に指導的に関わる学習の支援 ④ 学校図書館の活用事例に関する教員への情報提供 ⑤ 学校図書館を活用した授業における教材や児童生徒の成果物の保存・データベース化・展示
特別活動の指導に 関する支援 (児童生徒対象)	① 委員会活動・読書クラブ等に対する助言 ・図書委員会等の委員会活動の支援 ・児童生徒の自主的な活動に関する助言 ② 文化祭や修学旅行等，学校行事に関わる資料の掲示・提供
情報活用能力の 育成に関する支援 (児童生徒対象)	① 資料の検索方法やデータベースの利用方法についての指導に関する支援 ② 調べ学習に関する支援

出所）表5−1に同じ

について，具体的な活動をまとめたものが，表5−1，表5−2，及び表5−3である〔学校図書館担当職員の役割及びその資質の向上に関する調査研究協力者会議，2014〕。

　これらのうち，まず，これからの学校司書の担当すべき職務として求められている「教育指導への支援」に関する職務について，表5−3を参照しながら述べる。

　第一に，「教科等の指導に関する支援」については，授業のために必要と考えられる図書館資料の紹介・準備・提供に加えて，学校図書館を活用した授業を行う司書教諭や教員との打ち合わせ，及び学校図書館を活用した授業への参加も，具体的な活動としてあげられている。また，学校図書館を活用した授業への参加に関しては，学校司書が授業で図書館資料の活用の仕

方について説明し，チーム・ティーチングの一員として児童生徒に指導的にかかわり学習の支援を行うことが示されている。さらに，学校図書館の活用事例について教員へ情報を提供すること，及び学校図書館の活用による授業の教材や児童生徒の成果物を保存し，データベース化し，展示することも含まれている。

第二に，「特別活動の指導に関する支援」については，図書委員会などの児童生徒の委員会活動の支援，読書クラブなどの児童生徒の自主的な活動に関する助言，文化祭や修学旅行などの学校行事に関する資料の掲示や提供などがあげられている。

第三に，「情報活用能力の育成に関する支援」については，資料の検索方法やデータベースの利用方法に関する指導を支援すること，児童生徒の調べ学習に関して支援することが示されている。

表5-3に示されている「教育指導への支援」に関する職務には，① 司書教諭や教員とのかかわりを通じて，児童生徒の教育を間接的に支援するもの，② 司書教諭や教員と一緒にチーム・ティーチングの一員として児童生徒の教育に関与するもの，及び ③ 児童生徒に指導的に関わり支援や助言を行うものなど，さまざまなものがあげられている。これらの活動は，いずれも学校の教育目標を達成する上で，重要である。

次に，前述の図5-3に示されたAに該当する職務の具体的な活動，すなわち，「間接的支援」に位置付けられているが，「教育指導への支援」にも関連していると考えられる活動について，表5-1の具体的な活動のなかから以下に示す。

(1) Aに該当する活動（「間接的支援」に位置付けられているが，「教育指導への支援」にも関連していると考えられる具体的な活動）：
　① 図書館資料の展示（新着本の別置，テーマ別展示，書籍の表紙を見せるなど関心を高める展示）
　② 施設案内・利用案内・書架案内の設置（館内配置図・分類別の書架表示の作成，館外の掲示）
　③ 広報・渉外活動（学校図書館便り・学校図書館ウェブサイトの作成・管理）
　④ 学校図書館の運営に関する業務（年間図書館利用計画など学校図書館に関する計画等の作成）

さらに，図5-3に示されたBに該当する職務の具体的な活動，すなわち，「直接的支援」に位置付けられているが，「教育指導への支援」にも関連していると考えられる活動について，表5-2の具体的な活動のなかから以下に示す。

(2) Bに該当する活動（「直接的支援」に位置付けられているが，「教育指導への支援」にも関連していると考えられる具体的な活動）：
① 学校図書館利用の指導・ガイダンス（オリエンテーション等）
② レファレンスサービス・調べもの相談，フロアーワーク
③ 情報検索，情報の収集・記録・編集のアドバイス
④ 読書推進活動の企画・実施（読み聞かせ，ブックトーク，ストーリーテリング等の児童生徒と本をつなげる活動）
⑤ 児童生徒の興味・関心・発達段階・読書力に合った図書館資料の案内・紹介

　すなわち，学校司書の司書としての専門性にかかわる従来の活動（「間接的支援」，及び「直接的支援」）が，これからの学校司書に求められる「教育指導への支援」を遂行するための基盤であるといえる。たとえば，授業のテーマについて学校司書が「図書館資料の展示」を行うこと，及び学校司書が授業のテーマに関連する本の読み聞かせやブックトークを行うことは，「教育指導への支援」にもつながる。このような基盤に基づき，学校司書は，司書教諭や教員と連携協力をはかりながら，「教育指導への支援」に取り組むことが求められる。
　そこで，学校司書の日常業務と所要時間の割合について，調査結果を示したものが表5−4である〔東京学芸大学学校図書館運営専門委員会，2014〕。まず，東京学芸大学附属学校の学校司書の日常記録から，具体的にどのような業務が行われているか分析された。校種を越えた共通の業務が，表5−4の11項目である。次に，この11項目が業務内容により「A 資料管理」「B 図書館活動」「C 授業関連業務」の3つに大別される。さらに，この11項目について所要時間の割合が明らかにされた。Bの業務（5項目）はAやCの業務（3項目）と比べて項目数が多いため，所要時間の割合がもっとも多いとされている。また，Aが29％であるのに対して，

表5−4　学校司書の日常業務と所要時間の割合

学校司書の日常業務		所要時間の割合（％）
A 資料管理	選択・収集（選書，発注）	9
	受入・整理（登録，分類，目録，装備）	11
	管理（排架，書架整理，保存，除籍）	9
B 図書館活動	カウンター業務（貸出・返却，予約，リクエスト）	10
	レファレンス	9
	広報（お便り，HP，展示・掲示）	10
	児童・生徒理解（委員会，部活，清掃，日常対応）	11
	保護者対応	5
C 授業関連業務	教員との打ち合わせ	8
	資料準備（リスト作成，相互貸借，機材準備）	9
	授業への参加（読み聞かせ，ブックトーク，利用案内）	9

出所）東京学芸大学学校図書館運営専門委員会（2014）『みんなで使おう！学校図書館 Vol. 5：「先生のための授業に役立つ学校図書館活用データベース」報告集』をもとに作成

Cもほぼ同様に26％を占めている。すなわち，日常的に東京学芸大学附属学校の学校司書は，授業にかかわる仕事にも時間をかけているといえる。その背景として，「小学校」では，読書活動を中心とする「図書の時間」が設けられており，学校司書は教員と連携をはかりながら，読み聞かせやブックトークなどで授業に参加していることがあげられている。一方，「中学校」や「高等学校」では，学校司書は教科担当の教員との打ち合わせにより，授業のテーマにふさわしい資料の準備などを行っている〔東京学芸大学学校図書館運営専門委員会，2014〕。

このようなことから，校種を越えて，授業に関連する業務，すなわち，教育指導への支援に関連する職務を遂行することは，これからの学校司書には必要不可欠であるといえる。

3 司書教諭，及び教員と学校司書の連携協力

本節では，まず，学校図書館の専門的職務にかかわっている司書教諭と学校司書の連携協力について述べる。次に，学校図書館の利用者でもある教員と学校司書の連携協力について論じる。

(1) 司書教諭と学校司書の連携協力について

第4章第1節でも述べたように，文部科学省　平成28年度「学校図書館の現状に関する調査」の結果によれば，2016（平成28）年4月1日現在で，全国の学校の司書教諭と学校司書の配置状況（組み合わせ）は，「司書教諭と学校司書」（42.8％）がもっとも多く，次いで「司書教諭のみ」（25.7％），「どちらも配置なし」（18.0％），及び「学校司書のみ」（13.5％）の順である〔文部科学省，2016〕。司書教諭と学校司書の配置が早くから実現されてきた学校では，すでに両者の職務分担の在り方が示されているものと考えられる。一方，これから2つの職種の配置となる学校は，全国の学校の約6割を占めている。そこで，学校図書館法，及び文部科学省「学校図書館ガイドライン」などを参照しながら，両者の専門的職務について検討し，さらに両者の連携協力の在り方を示す。

まず，学校図書館法では，司書教諭の職務については，「学校図書館の専門的職務を掌らせる」と規定されており，「司書教諭は，主幹教諭，指導教諭又は教諭をもって充てる」ことが示されている。一方，学校司書の職務については，「学校図書館の運営の改善，及び向上を図り，児童生徒や教員による学校図書館の利用の一層の促進に資するため，専ら学校図書館の職務に従事する」と明記されている。学校司書が，学校図書館の職務に専念するのに対して，司書教諭は，主幹教諭，指導教諭又は教諭としての職務を果たしながら学校図書館の職務も担当することが示唆される。

次に，文部科学省「学校図書館ガイドライン」では，第3章第4節でも述べたように，司書

教諭，及び学校司書の職務について，以下のように示されている。

すなわち，司書教諭は，教諭として授業を行うことが考えられるので，学校図書館を活用した授業を実践し，学校図書館を活用した授業では，教育指導法や情報活用能力の育成などについて他の教員に積極的に助言することが期待されている。また，学校図書館の経営に関する総括，学校経営方針や計画に基づいた学校図書館を活用した教育活動の企画・実施，年間読書指導計画・年間情報活用指導計画の立案などに従事するとされている。一方，学校司書は，学校図書館を運営していくために必要な専門的・技術的職務に従事すること，及び学校図書館を活用した授業やその他の教育活動を司書教諭や教員と共に推進することなどが，その職務としてあげられている。具体的には，第5章第2節でも述べたように，① 児童生徒や教員に対する「間接的支援」に関する職務，② 児童生徒や教員に対する「直接的支援」に関する職務，及び③ 教育目標を達成するための「教育指導への支援」に関する職務の3つの職務である。

担当する職務に違いはあるものの，両者とも学校図書館の専門的職務を遂行しており，また，児童生徒の教育，教員への助言や支援に，直接的及び間接的に関与しているので，学校図書館の教育力をさらに高めるためには，両者のより良い連携のための環境作りが肝要である。

たとえば，より良い連携のための環境作りとして，司書教諭と学校司書の定期的な打ち合わせ時間の確保，職務の実施マニュアルの作成，職務に必要な知識・技能を修得するための研修プログラムの開発と実施，及び校務分掌の編成などがあげられる。また，学校図書館の経営活動に着目した環境作りのポイントとして，① 図書館の利活用のビジョンの共有，② 図書館職務の優先順位の明確化，及び ③ 教育課程に関する情報の収集などが示されている〔平久江，2014〕。

さらに，年間学校図書館活用計画，年間読書指導計画，及び年間情報活用指導計画などに関しては，実際に学校図書館の運営にあたっている学校司書の3つの職務にも関連している。したがって，司書教諭とともに学校司書も，各種計画に関しては，立案の段階から評価の段階までかかわることが望まれる。

(2) 教員と学校司書の連携協力について

教員に対する学校司書の職務と具体的な活動については，すでに第5章第2節でも述べたように，表5-1の「間接的支援」に関する職務，及び表5-2の「直接的支援」に関する職務があげられる。これらは，学校図書館の利用者である児童生徒，及び教員に対して，学校図書館の利活用を促すために，学校司書がテクニカルサービス，及びパブリックサービスの一環として行うものである。

一方，表5-3の「教育指導への支援」に関する職務には，学校司書による児童生徒に対する直接的な支援，教員との協働による児童生徒の学習支援，及び教員への授業支援などがあげ

られる。これらのなかで、特に教員と学校司書の連携協力が求められるのは、「教科等の指導に関する支援」に位置付けられている「教員との協働による児童生徒の学習支援」、及び「教員への授業支援」である。具体的な活動として、「教員との協働による児童生徒の学習支援」とは、学校図書館を活用した授業へ学校司書が参加し、図書館資料の活用の仕方について説明し、授業のテーマに関する図書館資料を利用して読み聞かせやブックトークなどを行い、チーム・ティーチングの一員として児童生徒に指導的にかかわり、学習の支援を行うことなどが考えられる。一方、「教員への授業支援」とは、授業のねらいに沿った図書館資料を紹介し、準備し、提供すること、学校図書館を活用した授業を行う司書教諭や教員と打ち合わせをすること、及び教員へ学校図書館の活用事例に関する情報を提供することなどがあげられる。

このような「教員との協働による児童生徒の学習支援」や「教員への授業支援」を学校司書が積極的に行うためには、日頃からの教員とのコミュニケーションや、教員の学校図書館や学校司書の役割についての充分な認識が必要である。

そこで、教員と学校司書の協働について、教員は学校司書との協働的な活動にどのくらいの頻度で関与しているか、及び教員は児童の学習に対して学校司書との協働的な活動がどのくらい重要であると認識しているかを明らかにするために、教員を対象としたアンケート調査が実施された。調査対象は、アメリカ合衆国南西部にあるコミュニティの2つの校区にある11の公立小学校の教員194名（女性86%、31歳以上56%、教師歴10年以上50%）である〔Montiel-Overall and Jones, 2011〕。

このアンケート調査は、「教員-学校司書 協働のモデル（teacher-school librarian collaboration model）」〔Montiel-Overall, 2005〕において提案された以下の4つのタイプの協働（ファセットA～D）に基づき、16項目について回答を求めたものである。

① ファセットA：調整（Coordination）
　図書館活動を学校司書と教員が調整すること。
② ファセットB：協力（Cooperation）
　教育に関して学校司書が教員に協力すること。
③ ファセットC：統合された教育（Integrated Instruction）
　図書館利用教育と授業での教育を統合すること。
④ ファセットD：統合されたカリキュラム（Integrated Curriculum）
　教育課程全体にわたり、図書館利用教育を統合すること。

表5-5は、教員が学校司書との協働的な活動にどのくらいの頻度で関与しているか、調査結果に基づきまとめたものである〔Montiel-Overall and Jones, 2011〕。各ファセットにつき4項

表5-5　教員による学校司書との協働の活動に関する頻度

協働のタイプ	なし	まれに	頻繁に	いつも	総数
ファセットA：調整					
児童が図書館を利用できる時限を取り決めるため，司書と仕事をする。	12	48	33	7	191
図書館での教育的な活動を作り上げるため，司書と時間を過ごす。	24	56	18	3	194
児童が図書館を利用できるよう予定を調整するため，司書と仕事をする。	18	43	31	8	193
司書がある特定の本について児童に語れるよう，時間を予定する。	37	46	13	3	193
ファセットB：協力					
教えるために必要な図書館資料について話し合うため，司書と過ごす。	12	53	25	10	194
児童が図書館で何をするであろうかについて，話し合う。	11	49	32	7	194
教育で利用できる図書館資料を司書に請求する。	3	41	40	15	193
共に働く時に責任を分担する。	18	55	21	7	194
ファセットC：統合された教育					
司書と一緒に授業目標を計画する。	46	43	10	1	194
司書と一緒に授業を実施する。	41	45	12	2	193
図書館カリキュラムを授業に統合する。	16	50	25	9	194
司書と一緒に生徒の進歩を評価する。	51	36	10	3	192
ファセットD：統合されたカリキュラム					
校区の教員と司書は，共に教育目標を発展させる。	28	41	29	3	189
校区の教員と司書は，共に授業を計画する。	31	44	23	2	190
校区の教員と司書は，共にカリキュラム計画に参加する。	28	39	29	5	189
校区の教員と司書は，互いに教え合う。	28	43	26	4	189

出所）Montiel-Overall, Patricia and Patricia Jones（2011）'Teacher and School Librarian Collaboration : A Preliminary Report of Teachers' Perceptions about Frequency and Importance to Student Learning' *The Canadian Journal of Information and Library Science*, 35（1）をもとに作成

表5-6　児童の学習に対する重要性についての教員の認識

協働のタイプ	なし	やや重要	重要	いつも	総数
ファセットA：調整					
児童が図書館を利用できる時限を取り決めるため，司書と仕事をする。	1	19	44	36	193
図書館での教育的な活動を作り上げるため，司書と時間を過ごす。	2	24	46	27	194
児童が図書館を利用できるよう予定を調整するため，司書と仕事をする。	3	15	44	39	193
司書がある特定の本について児童に語れるよう，時間を予定する。	5	31	44	20	192
ファセットB：協力					
教えるために必要な図書館資料について話し合うため，司書と過ごす。	2	17	45	36	193
児童が図書館で何をするであろうかについて，話し合う。	2	18	49	31	194
教育で利用できる図書館資料を司書に請求する。	—	9	43	47	194
共に働く時に責任を分担する。	4	20	43	33	193
ファセットC：統合された教育					
司書と一緒に授業目標を計画する。	10	30	39	20	191
司書と一緒に授業を実施する。	6	34	39	21	190
図書館カリキュラムを授業に統合する。	2	17	49	32	193
司書と一緒に生徒の進歩を評価する。	14	36	32	18	192
ファセットD：統合されたカリキュラム					
校区の教員と司書は，共に教育目標を発展させる。	7	23	48	22	191
校区の教員と司書は，共に授業を計画する。	8	28	45	19	190
校区の教員と司書は，共にカリキュラム計画に参加する。	5	24	48	24	190
校区の教員と司書は，互いに教え合う。	5	28	44	23	191

出所）表5-5に同じ

目,計16項目の活動について取り上げられている。ファセットAでは,全体的に「まれに」がもっとも多い。児童が学校図書館を利用できるように時限や予定を学校司書と調整し,図書館での教育的な活動を作り上げるため学校司書と相談している。ファセットBでは,教育で利用できる図書館資料を学校司書に請求し,教えるために必要な図書館資料について学校司書と話し合い,児童の学校図書館での活動について情報交換している。ファセットCでは,学校司書と一緒に図書館カリキュラムを授業に統合することを実現しようとしているのに対して,学校司書と一緒に,授業目標を計画し授業を実施し生徒を評価することは少ないといえる。ファセットDでは,全体的に「まれに」や「なし」が多い。以上のことから,教員による学校司書との協働については,児童が学校図書館を利用できるように学校司書と調整すること,学校図書館での教育的な活動を作り上げるため学校司書と相談すること,教育で利用できる図書館資料を学校司書に請求すること,教えるために必要な図書館資料について学校司書と話し合うこと,児童の学校図書館での活動について学校司書と情報交換すること,学校司書の支援により図書館カリキュラムを授業に統合することなどが行われている。

表5-6は,児童の学習に対して学校司書との協働的な活動がどのくらい重要であると教員は認識しているか,調査結果に基づきまとめたものである。全体的に,表5-5に示されている「頻度」の項目とは対照的に,教員は児童の学習にとっての「重要性」の項目を高く格付けしている。その背景として,重要ではあっても頻繁に行われる必要のない項目もあること,重要であるとわかっていても行うための時間や資源が不足している可能性もあることなどが,指摘されている〔Montiel-Overall and Jones, 2011〕。

教員に学校図書館や学校司書の役割について充分に認識してもらい,学校図書館を積極的に活用してもらうためには,教員向けの図書館オリエンテーションを実施することが肝要である。

教員がどの程度学校図書館を活用しているかについては,①まったく利用しない,②個人的に利用する,③教科や学年,行事等で利用する,④学校全体で組織的に利用する,⑤自館以外の図書館の資料も利用するという5段階を考えることができる〔堀川,2012〕。

図書館オリエンテーションを契機として,学校図書館の意義や学校司書の職務を理解し,自身の調査研究や授業準備などのために学校図書館に足を運び,学校司書の助言や支援を受けることも考えられる。このような教員が校内に増えてくると,学校図書館を学校全体で組織的に利用することにつながる。そのような意味から,図書館オリエンテーションは,児童生徒向けのものに加えて,教員向けのものも,年度初めなどに定期的に実施することが重要である。

引用参考文献

金沢みどり(2016)『図書館サービス概論 第2版』学文社

学校図書館担当職員の役割及びその資質の向上に関する調査研究協力者会議(2014)『これからの学校図書館担当職員に求められる役割・職務及びその資質能力の向上方策等について(報告)』文部科学省

塩見昇(2016)『学校図書館の教育力を生かす 学校を変える可能性』日本図書館協会

東京学芸大学学校図書館運営専門委員会(2014)『みんなで使おう!学校図書館 Vol.5:「先生のための授業に役立つ学校図書館活用データベース」報告集』東京学芸大学附属学校運営部

平久江祐司(2014)「司書教諭と学校司書の連携の在り方」『学校図書館』第766号, pp.41-44

堀川照代(2012)「学校図書館を活用した教育/学習の意義」『明治大学図書館情報学研究会紀要』No.3, pp.2-11

文部科学省(2016)『平成28年度「学校図書館の現状に関する調査」結果について』文部科学省児童生徒課

IFLA School Libraries Section Standing Committee (2015) *IFLA School Library Guidelines*, 2nd revised editions, IFLA.

Montiel-Overall, Patricia (2005) 'Toward a Theory of Collaboration for Teachers and Librarians' *School Library Media Research*, Vol. 8, pp.1-31.

Montiel-Overall, Patricia and Patricia Jones (2011) 'Teacher and School Librarian Collaboration : A Preliminary Report of Teachers' Perceptions about Frequency and Importance to Student Learning' *The Canadian Journal of Information and Library Science*, 35 (1), pp.49-76.

第6章

学校司書の配置による教育上の効果

　本章では，学校に学校司書を配置すると教育上どのような効果があるか，特に日本と学校図書館の先進国であるといわれているアメリカ合衆国について，近年の調査結果や報告書などに基づいて論じる。

1　日本の学校における学校司書の配置による教育上の効果

　日本の学校における学校司書の配置による教育上の効果については，全国レベルでの調査結果から示されているものと，ある特定の都道府県や市区町村における調査結果や報告書などから示されているものがある。本節では，まず全国レベルでの調査結果である「平成25年度全国学力・学習状況調査の結果から見た学校図書館担当職員の配置の効果」(2013年度) に基づいて，教育上の効果について論じる。次に，近年の調査結果や報告書として，北海道教育委員会による『学校司書配置事例集』(2016年3月)，横浜市教育委員会による『横浜市学校司書配置事業について』(2015年度)，及び川崎市教育委員会による『学校司書配置モデル事業中間報告　学校司書配置による効果の検証』(2016年11月) を取り上げ，学校司書の配置による教育上の効果について考察する。

(1)「平成25年度全国学力・学習状況調査の結果から見た学校図書館担当職員の配置の効果」(2013年度)

　『これからの学校図書館担当職員に求められる役割・職務及びその資質能力の向上方策等について（報告）』(2014年3月) の中に，参考資料として「学校図書館担当職員に関するデータ」が収められている〔学校図書館担当職員の役割及びその資質の向上に関する調査研究協力者会議，2014〕。その中の「平成25年度全国学力・学習状況調査の結果から見た学校図書館担当職員の配置の効果」では，全国の国公私立小学校，及び国公私立中学校を対象として，学校図書館担当職員（以下，「学校司書」）の有無と，学校図書館を活用した授業の頻度，児童生徒による学校図書館や地域の図書館への来館頻度，及び児童生徒の1カ月の読書量との関係について，表などで示されている。参考までに，全国の国公私立小学校におけるこれらの調査結果について，表6-1から表6-3に，具体的な数値をあげる〔学校図書館担当職員の役割及びその資質の向上

第 6 章　学校司書の配置による教育上の効果

表6-1　学校司書の有無と学校図書館を活用した授業の頻度（国公私立小学校）　（%）

学校司書＼活用頻度	週1回程度それ以上	月に数回程度	学期に数回程度	年に数回程度	実施せず	合計
あり	2,001 (19.7)	3,349 (33.0)	3,160 (31.1)	1,451 (14.3)	197 (1.9)	10,158 (100.0)
なし	1,323 (12.7)	2,820 (27.2)	3,539 (34.1)	2,177 (21.0)	523 (5.0)	10,382 (100.0)
合計	3,324 (16.2)	6,169 (30.0)	6,699 (32.6)	3,628 (17.7)	720 (3.5)	20,540 (100.0)

出所）『これからの学校図書館担当職員に求められる役割・職務及びその資質能力の向上方策等について（報告）』の参考資料「平成25年度全国学力・学習状況調査の結果から見た学校図書館担当職員の配置の効果」をもとに作成

表6-2　学校司書の有無と児童が学校図書館や地域の図書館に行く頻度（国公私立小学校）　（%）

学校司書＼来館頻度	だいたい週4回以上	週に1～3回程度	月に1～3回程度	年に数回程度	ほとんど全くなし	合計
あり	29,824 (4.9)	124,676 (20.4)	153,755 (25.2)	141,657 (23.2)	160,026 (26.2)	609,938 (100.0)
なし	12,092 (2.4)	63,509 (12.6)	119,071 (23.6)	140,668 (27.9)	168,235 (33.4)	503,575 (100.0)
合計	41,916 (3.8)	188,185 (16.9)	272,826 (24.5)	282,325 (25.4)	328,261 (29.5)	1,113,513 (100.0)

出所）表6-1に同じ

表6-3　学校司書の有無と児童の1カ月の読書量（国公私立小学校）　（%）

学校司書＼読書量	0冊	1～2冊	3～4冊	5～10冊	11冊以上	合計
あり	57,993 (9.6)	185,139 (30.6)	151,254 (25.0)	114,159 (18.9)	96,857 (16.0)	605,402 (100.0)
なし	69,782 (13.7)	185,316 (36.3)	122,542 (24.0)	76,358 (15.0)	56,684 (11.1)	510,682 (100.0)
合計	127,775 (11.4)	370,455 (33.2)	273,796 (24.5)	190,517 (17.1)	153,541 (13.8)	1,116,084 (100.0)

出所）表6-1に同じ

に関する調査研究協力者会議，2014］。

　表6-1は，全国の国公私立小学校における学校司書の有無と，学校図書館を活用した授業の頻度との関係について示したものである。なお，学校図書館を活用した授業の頻度は，第6学年の児童に対して前年度に学校図書館を活用した授業を計画的に行ったかの質問に対する回答によるものである。表6-1から，学校司書を配置している小学校では，学校図書館を活用した授業の頻度は「月に数回程度」が33.0%ともっとも多く，次いで「学期に数回程度」（31.1%），及び「週に1回程度，またはそれ以上」（19.7%）の順である。一方，学校司書を配置していない小学校では，学校図書館を活用した授業の頻度は「学期に数回程度」が34.1%ともっとも多く，次いで「月に数回程度」（27.2%），及び「年に数回程度」（21.0%）の順である。表6-1から，学校司書を配置している小学校は，配置していない小学校と比べて，学校図書館を活用した授業の頻度が高い傾向にあるといえる。

表6-2は，全国の国公私立小学校における学校司書の有無と，児童が昼休み，放課後，及び学校が休みの日に本を読み借りるために学校図書館や地域の図書館に来館する頻度との関係について示したものである。なお，教科書や参考書，及び漫画や雑誌は，本から除いている。表6-2から，全国の国公私立小学校の児童では，学校司書の配置の有無によらず，「ほとんど，または全く行かない」がもっとも多い。しかし，「週に1回程度以上行く」児童は，学校司書を配置している小学校では約4分の1にあたる25.3％を占めているのに対して，学校司書を配置していない小学校では15.0％と2割にも満たない。表6-2から，学校司書を配置している小学校では，配置していない小学校と比べて，児童が学校図書館や地域の図書館に行く頻度が高い傾向にあることが示唆される。

　表6-3は，全国の国公私立小学校における学校司書の有無と，児童の1カ月の読書量との関係について示したものである。なお，教科書や参考書，及び漫画や雑誌は，読書の対象となる本から除いている。表6-3から，5冊以上の読書量の児童の比率が，学校司書を配置している小学校では34.9％，及び学校司書を配置していない小学校では26.1％と，学校司書を配置している小学校の方が，比率が高い。一方，読書量が0冊の不読者，及び1～2冊の少読者の児童の比率をあわせると，学校司書を配置していない小学校（50％）の方が，学校司書を配置している小学校（40.2％）よりも高い。すなわち，表6-3から，学校司書を配置している小学校は，配置していない小学校と比べて，児童の読書量が多い傾向にあるといえる。

　全国の国公私立中学校においても，これらと同様の傾向が見られる。全国レベルでの調査結果から，小学校，及び中学校に学校司書を配置すると，学校図書館を活用した授業の頻度が高くなり，児童生徒の学校図書館や地域の図書館への来館頻度も高くなり，加えて児童生徒の1カ月の読書量が多くなるなど，教育上の効果のあることが示唆される。

(2) 北海道教育委員会による『学校司書配置事例集』（2016年3月）

　北海道では，学校司書の配置率が必ずしも充分であるとはいえないようであるが，新たに学校司書を配置する市町村は着実に増えているようである。本事例集は，すでに学校に学校司書を配置して学校図書館で新たな取り組みをすすめている市町村の現状を紹介することにより，学校司書の配置を検討中の市町村が配置に至る一助となることを目的としている。

　具体的に本事例集では，北海道内の小学校4校（市立2校，町立2校），及び中学校3校（市立3校）における学校司書の配置の経緯，主な業務，充実・工夫した取り組み，配置による効果，及び課題・今後の方向性などについてまとめられている〔北海道教育委員会，2016〕。

　たとえば，小学校では，学校司書の配置による効果について，蔵書のデータベース化がはかられたこと，館内の美化や読み聞かせの実施などによる児童の読書活動の一層の充実，及び町立図書館との窓口を学校司書が担当することによる教員の負担軽減や授業の充実などがあげら

れている。加えて，館内の環境整備や常時開館などによる来館する児童数の増加，児童による貸出冊数の増加，及び授業での学校図書館や図書の活用回数の増加なども，示されている。

　また，中学校では，学校司書の配置による効果について，蔵書のデータベース化により所蔵状況や貸出状況が一目でわかることから，市立図書館からの図書の借り受けがスムーズになったこと，年度初めの図書館オリエンテーションの実施により学校図書館の利用が促進されたこと，放課後にも開館できることから学校図書館が生徒の学習場所としても機能するようになったこと，図書館を活用した学習や授業を充分に支援できることなどがあげられている。加えて，館内装飾や除架の効果，及び利用者へ館内の案内を充分に行えることなどによる来館する生徒数の増加，生徒による貸出冊数の増加，一日当たり一時間以上読書する生徒数の増加，及び朝読書用の図書を学校図書館で選ぶ生徒数の増加なども，示されている。

(3) 横浜市教育委員会による『横浜市学校司書配置事業について』(2015年度)

　横浜市では，学校図書館の充実を図り，子どもの読書意欲の向上や情報活用能力の育成に寄与することを目的として，平成25年度(2013年度)から平成28年度(2016年度)までの4年間で，市内小・中・特別支援学校全校に，学校司書の配置をすすめた。

　学校司書を配置した効果について，平成25年10月から学校司書を配置した学校では，前年度(平成24年度)に比べて学校図書館の平均貸出冊数が3,440冊から4,989冊へと145％にまで増加した。また，平成25年度「横浜市学力・学習状況調査」の結果によれば，小学校1年生から中学校3年生までのすべての学年で，学校図書館が好きな児童生徒の割合は，学校司書の配置校が学校司書の未配置校を上回った。さらに，学校司書の配置校では，児童生徒の「読書推進」に加えて，学校図書館の「環境整備」，及び学校司書による「授業支援」がよく行われているなど，教育上の効果があがっている〔横浜市教育委員会，2015〕。

　たとえば，個別の学校司書活動報告によれば，「読書推進」として，鶴見区のある小学校では，学校司書の配置により，一人当たりの貸出限度冊数を増やし，予約制度が始まり，読みたい本が読めるようになった。その結果，児童の学校図書館に対するイメージが変わり，月別貸出総数も飛躍的に増加した。また，「環境整備」として，中区のある小学校では，児童が興味を持つように，「おすすめの本」を置くスペースとして，目に付きやすいカウンターの上に展示スペースを作り，それに合わせてカウンターの下に季節の飾り付けをし，来館した児童がくつろげる親しみやすい学校図書館をめざした。その結果，学校図書館を利用する児童が増え，学校司書に読書や調べ学習についての助言を求める児童の姿も数多く見られるようになった。さらに，「授業支援」として，港北区のある中学校では，1年生が楽しみながら英語を学べるよう，学校図書館に多数の英語の絵本を用意した。生徒のために，絵本のレベルと語数を記入したシールを表紙に貼り，読んだ本についての記録用紙も作成した。授業中に「英語多読」のルー

ルを生徒に説明し，英語の絵本の読み聞かせも行った。このようなことから，多くの生徒は英語の絵本に興味を持ち，学校図書館に来館し英語で書かれた本を読み借りるようになった。

「読書推進」「環境整備」「授業支援」など，それぞれの学校で力を入れて取り組んでいる学校司書の活動は異なるが，学校司書による教育上の効果について具体的に紹介されている。

(4) 川崎市教育委員会による『学校司書配置モデル事業中間報告　学校司書配置による効果の検証』（2016年11月）

　川崎市では，「読書のまち・かわさき推進事業」の中で，学校司書の配置について検討を行うことになっていた。具体的に2015（平成27）年度から3年間にわたり，学校司書配置モデル校を段階的に設置し，その効果の検証を行うこととした。モデル校の設置から1年半が経ち，2016（平成28）年11月に効果の検証が中間報告としてまとめられた。なお，学校司書配置モデル校として，2015年度，及び2016年度に各7校ずつ（いずれも小学校）が指定された。

　「学校司書配置による効果の検証」では，具体的に，学級担任を対象とした学校司書に関するアンケートの結果，平成27年度配置モデル校と全市小学校の図書貸出数の比較（一人当たり），児童の読書アンケートの結果，及び校長を対象とした学校司書に関するアンケートの結果などがまとめられている〔川崎市教育委員会，2016〕。

　第一に，学級担任を対象とした学校司書に関するアンケートの結果から，「学校司書の配置により，学級の子どもの読書の状況や環境に変化があった」と回答した者は134名と，モデル校担任154名の87％を占めている。主な子どもの変化として，「学校司書へ本についての相談をするようになった」「学校図書館を利用する児童が増えた」などがあげられている。また，「学校司書による授業支援があった」と回答した者は121名と，モデル校担任全体の79％を占めている。主な支援内容として，「授業に使う図書資料の準備」「担任のリクエストに応じたブックトークや単元導入の読み聞かせの実施」などがあげられている。

　第二に，平成27年度配置モデル校と全市小学校の図書貸出数（一人当たり）を比較すると，平成27年度では全市小学校が11.1冊であるのに対して，モデル校は20.1冊と全市小学校の1.8倍の貸出数である。その要因として，①学校司書が常に学校図書館にいることで，児童が安心して来館できるようになったこと，②調べ学習などで学校司書から本についてのアドバイスを受けて，自発的に学習するようになったこと，③学校司書による図書館の環境整備がすすみ，特設コーナーの設置などの工夫により，子どもが本に興味を持つようになり，貸出につながったこと，などがあげられる。

　第三に，児童の読書アンケートの結果によれば，「学校図書館の本を活用して調べ学習を行っているか」については，割合がもっとも多かったのは，中学年であった。その理由として，総合的な学習の時間が3年生から始まることがあげられている。また，「授業時間や休み時間を

合わせて，1週間に何回くらい学校図書館を利用するか」については，低学年や中学年では1～3回の児童がもっとも多かった。高学年では，季節による利用頻度の違いが見られた。さらに「学校司書に本について相談をしたことはあるか」については，低学年・中学年・高学年とも，5月よりも11月や2月に本の相談をしている児童の割合が増えている。児童は，いつも学校図書館にいる学校司書の存在を知り，徐々にではあるが，学校司書とかかわりを持てるようになってきているといえる。

第四に，校長による学校司書に関するアンケートの結果から，学校司書の配置による成果として，児童の読書量の増加，学習に関するレファレンス機能の充実，学校図書館の環境整備の充実，図書委員会の児童への指導，及び図書ボランティアの総括推進などがあげられている。

以上のことから，学校司書の配置により，次のようにさまざまな効果のあることが示唆される。

① 児童が安心して学校図書館に来館できるようになり，調べ学習や読書を積極的に行うようになるなど，児童に良い変化がもたらされること。
② 授業に使う図書資料を準備し，授業の導入でブックトークや読み聞かせなどを行うことで，児童の学習支援や教員の授業支援につながること。
③ 図書の配架や展示コーナーなどに工夫がなされ，学校図書館の環境整備が充実すること。

2　アメリカ合衆国の学校における学校司書の配置による教育上の効果

「IFLA 学校図書館ガイドライン」(2015年改訂) では，その第6章で学校図書館の評価と広報活動について取り上げられている。その中で，これまでの学校図書館の効果に関する調査結果から，専任の質の高い学校司書が配置されていて，豊富なリソースと学校図書館プログラムが用意されている学校図書館が設置されている学校では，そうではない学校よりも，児童生徒の学力は高いということが，確認されている。さらに，専任の質の高い学校司書を配置することに加えて，児童生徒の学力を向上させることに相互に関連付けられている学校図書館の要因として，協働 (collaboration)，教育 (instruction)，予定すること (scheduling)，アクセス (access)，テクノロジー (technology)，蔵書 (collections)，予算 (budget)，及び専門性の向上 (professional development) も含まれると指摘されている〔IFLA School Libraries Section Standing Committee, 2015〕。

たとえば，アメリカ合衆国では，これまでに児童生徒の学力の観点から，学校司書の配置による教育上の効果，及び教員と学校司書の協働による教育上の効果などについて，複数の調査が実施され，調査結果が報告されている。

そこで，本節では，これらの調査結果のなかから，報告書が公開されているミシガン州とア

イダホ州を事例として取り上げ，報告書の内容に基づきながら，アメリカ合衆国の学校における学校司書の配置による教育上の効果について論じる。

(1)「学力に関するミシガン州の学校司書の影響力」(2003年)

ミシガン州の多くの公立学校では，長い間，学校司書が配置されていなかった。このような傾向を改善するための取り組みの一部として，ミシガン州の司書たちは，ミシガン州の学校における学校図書館と学校司書の影響力に関する情報を提供し，これらの情報を学校の意思決定者たち（教育委員会，監督者，校長，教員，及び学校司書など）と共有しようと考えた。

具体的に，「学力に関するミシガン州の学校司書の影響力」(2003年)という報告書では，学校司書の有無により，ミシガン教育評価プログラム（Michigan Educational Assessment Program (MEAP)）のリーディングテスト（reading test）の得点に差異のあることが示されている。表6－4は，学校レベルによる学校司書のいる学校といない学校のMEAPリーディング・パフォーマンス（2002年）について，数値を示したものである〔Rodney, Lance and Hamilton-Pennell, 2003〕。たとえば，小学校4年生では，学校司書のいる学校では，MEAPリーディングテストについて，上位の得点の児童が平均すると66％も占めているのに対して，学校司書のいない学校では49％にしかすぎない。なお，表中，パーセント差異とあるのは，学校レベルごとに，「学校司書あり」の学校の上位得点者の％／「学校司書なし」の学校の上位得点者の％という計算式により，算出された数値である。

参考までに，学校レベルによる調査結果の背景について簡単に述べる。小学校では，リーディングテストの得点の高い児童が多い学校では，それ以外の学校と比べて，週当たりの学校司書の勤務時間が，長い傾向にある。すなわち，小学校では，児童が学校図書館でより多くの時間を過ごし，学校司書が，教員とともに児童にかかわり，児童に情報リテラシーのスキルなどについて指導し，蔵書を充実させるためにより多くの時間を費やすと，リーディングテストの得点は高くなることが示されている。また，中学校では，週当たりの学校司書の勤務時間が長いことに加えて，教員と一緒に計画し教えることに，より多くの時間を費やすこと，ビデオ

表6－4　学校レベルによる学校司書のいる学校と学校司書のいない学校のMEAPリーディング・パフォーマンス（ミシガン州，2002年） (％)

学校レベル	学校でのMEAPリーディングテストについて上位の得点の児童生徒が占める平均の割合		
	学校司書あり	学校司書なし	パーセント差異*
小学校（4年生）	66	49	35
中学校（7年生）	64	52	23
高等学校（11年生）	77	71	8

注）＊これは，パーセント差異であり，差異ではない。たとえば，小学校（4年生）の場合，66/49=1.35であり，66が49の135％であることを意味する。すなわち，66は49よりも35％大きいということである。

出所）Rodney, Lance and Hamilton-Pennell (2003) *The Impact of Michigan School Librarians on Academic Achievement : Kids who Have Libraries Succeed*, Lansing, MI: Library of Michigan. をもとに作成

などの視聴覚資料も含めて学校図書館の蔵書をより充実させること，及び Access Michigan，蔵書目録，データベース，及びインターネットに接続できる学校図書館や学校のコンピュータ台数を増やすことなどにより，リーディングテストの得点は高くなることが示唆されている。さらに，高等学校では，学校図書館がより多くの時間に開館され，学校図書館により多くの専門的な学校司書が配置されると，より多くの図書や視聴覚資料などが備えられる。備えられた多くの図書や視聴覚資料などを目当てに，より多くの生徒が自発的に学校図書館に来館するようになると，リーディングテストの得点は高くなるとされている。

　本報告書から，全体的な傾向として，学校司書の配置が児童生徒の学力向上につながっていると考えられる。また，学校レベルによる調査結果から，児童生徒の発達段階に応じて，児童生徒に何が必要であるか，また児童生徒が学校図書館や学校司書に何を求めているかに差異があるため，学力向上への取り組みには，学校レベルによるきめの細かい配慮が必要であるといえる。

(2)「アイダホ州の学校図書館の影響力に関する研究―2009」(2010年)

　本研究の目的は，アイダホ州の学校において，学校司書と校長，及び学校司書と教員の関係について調査すること，学校図書館と学校司書が校内でどのように評価され理解されているかを調査すること，及びそれらの要素がいかに児童生徒の学力に影響を及ぼしているかを調査することである。調査の回答者は，238名の学校司書，668名の教員，及び176名の校長など管理者であり，計1,082名であった〔Lance, Rodney and Schwarz, 2010〕。

　なお，児童生徒の学力については，小学校（第3学年，第4学年，及び第5学年），中学校（第7学年，及び第8学年），及び高等学校（第10学年）の2009年のISAT（Idaho Standards Achievement Tests）のReadingとLanguage artsの得点が使用された。

　表6-5は，学校司書が，教員と一緒に児童生徒（小学校，及び中学校）の教育にかかわる活動の頻度と，ISATの得点との関連性について，示したものである〔Lance, Rodney and Schwarz, 2010〕。教員とともに学校司書が行う活動として，小学校，及び中学校では，「学校

表6-5　学校司書の活動の頻度によるISATの得点の高い児童生徒の割合（学校司書による報告）

(%)

ひとつの学期における活動の頻度	学校司書の活動／学年レベル／科目						
	学校司書が教員に教育的な計画に必要なリソースを率先して提供する				学校司書が教員を学習の機会に招く			
	小学校		中学校		小学校		中学校	
	Reading	Language arts	Reading	Language arts	Reading	Language arts	Reading	Language arts
少なくとも1回	41.9	38.2	47.7	21.0	44.5	40.4	49.7	22.5
1回未満	30.3	28.7	41.5	15.4	37.0	34.1	42.5	16.7

出所）Lance, Rodney and Schwarz (2010) *Idaho School Library Impact Study – 2009 : How Idaho School Librarians, Teachers, and Administrators Collaborate for Student Success*, Idaho Commission for Libraries. をもとに作成

表6−6　学校司書の活動の頻度によるISATの得点の高い高等学校の生徒の割合（学校司書による報告）

(%)

1カ月における活動の頻度	学校司書の活動／科目			
	教員が学校司書にリソースを見つけるための手助けを頼む		教員が学校司書を授業に招く	
	Reading	Language arts	Reading	Language arts
少なくとも1回	30.4	14.5	34.2	17.9
1回未満	25.4	10.8	27.3	12.0

出所）表6−5に同じ

　司書が教員に教育的な計画に必要なリソースを率先して提供すること」，及び「学校司書が新しい情報スキルについての学習の機会に教員を招くこと」があげられている。このような2つの活動について，ひとつの学期に少なくとも1回は実施している小学校，及び中学校は，そうではない小学校，及び中学校よりも，ISATのReading，及びLanguage artsの高得点の児童生徒の比率が高い傾向にあった。

　表6−6は，学校司書が，教員と一緒に高等学校の生徒の教育にかかわる活動の頻度と，ISATの得点との関連性について，示したものである〔Lance, Rodney and Schwarz, 2010〕。教員とともに学校司書が行う活動として，高等学校では，「教育上の単元を計画するのに必要とされるリソースを見つけられるように，教員が学校司書に援助を頼むこと」，及び「教育上の単元を生徒に教えたり，教員とともに生徒に教えたりするために，教員が学校司書を授業に招くこと」があげられている。このような2つの活動について，1カ月に少なくとも1回は実施している高等学校は，そうではない高等学校よりも，ISATのReading，及びLanguage artsの高得点の生徒の比率が高い傾向にあった。

　すなわち，教員とともに学校司書が，児童生徒の教育に積極的にかかわっている学校では，児童生徒は学業により多くの成功を収める傾向にあることが示唆される。

　また，教員が学校司書を教育上の支援者，及び校内のテクノロジーを統合する者として認めている中学校，及び高等学校では，そうではない中学校，及び高等学校よりも，ISATのReading，及びLanguage artsの高得点の生徒の比率が高い傾向にあった。

　さらに，校長など管理者による報告から，管理者が校内の重要な図書館プログラムを尊重し，児童生徒の成功のために学校司書がその役割を担っていると理解している小学校，中学校，及び高等学校では，そうではない小学校，中学校，及び高等学校と比べて，児童生徒は学力に関して向上する可能性の高いことが示された。

　以上のことから，学校司書が専任であることなどによる勤務時間の長さや職務内容の充実に加えて，校内の教員とともに学校司書が児童生徒の教育にかかわること，及び校内の教員や管理者が学校司書の役割に対してきちんと理解していることなどが，児童生徒の学力向上に良い影響を及ぼしているといえる。

引用参考文献

川崎市教育委員会（2016）『学校司書配置モデル事業中間報告　学校司書配置による効果の検証』川崎市教育委員会

学校図書館担当職員の役割及びその資質の向上に関する調査研究協力者会議（2014）『これからの学校図書館担当職員に求められる役割・職務及びその資質能力の向上方策等について（報告）』文部科学省

北海道教育委員会（2016）『学校司書配置事例集～新たな取組を始めています～』北海道教育庁生涯学習推進局生涯学習課

横浜市教育委員会（2015）『横浜市学校司書配置事業について』横浜市教育委員会事務局指導企画課

IFLA School Libraries Section Standing Committee（2015）*IFLA School Library Guidelines*, 2nd revised editions, IFLA.

Lance, Keith C., Marcia J. Rodney and Bill Schwarz（2010）*Idaho School Library Impact Study – 2009 : How Idaho School Librarians, Teachers, and Administrators Collaborate for Student Success*, Idaho Commission for Libraries.

Rodney, J. Marcia, Keith C. Lance and Christine Hamilton-Pennell（2003）*The Impact of Michigan School Librarians on Academic Achievement : Kids who Have Libraries Succeed*, Lansing, MI : Library of Michigan.

第7章 学校図書館のさらなる活性化に向けて
―これからの学校司書の役割―

　本章では，前章までに述べた学校図書館のこれまでと現状，学校司書の役割とさまざまな活動，及び学校司書の配置による教育上の効果などを踏まえて，学校図書館のさらなる活性化に向けて，これからの学校司書がどのような役割を果たすべきであるかなど，取り組むべき今後の課題について論じる。

　現在，「アクティブ・ラーニング (active learning)」について，小学校から大学までの教育機関で，関心が高まっている。その背景として，大学教育においては，2012年8月に中央教育審議会からの答申「新たな未来を築くための大学教育の質的転換に向けて～生涯学び続け，主体的に考える力を育成する大学へ～」の中で，「学生が主体的に問題を発見し解を見いだしていく能動的学修（アクティブ・ラーニング）」について触れられていることなどが，考えられる〔渡邊，2016〕。また，初等中等教育においては，2014年11月に中央教育審議会に諮問された「初等中等教育における教育課程の基準等の在り方について」のなかで，「課題の発見と解決に向けて主体的・協働的に学ぶ学習（いわゆる「アクティブ・ラーニング」）」が取り上げられていること，次期学習指導要領で「アクティブ・ラーニング」が注目されていることなどが，あげられる〔福本，2016〕。

　そこで，本章では，特にアクティブ・ラーニングに着眼し，これからの学校司書の役割として，まず第1節で，アクティブ・ラーニングの推進について述べる。次に，アクティブ・ラーニングを実現するための場所として，ラーニング・コモンズとしての学校図書館の環境づくり（第2節），及び，公共図書館をはじめとする社会教育施設と学校図書館の連携協力（第3節）について，これからの学校司書の役割に着目し論じる。

1　アクティブ・ラーニングの推進

　アクティブ・ラーニングとは，教員が学習者に一方向的に知識を教えること，すなわち講義による学習ではなく，学習者自らによる「課題の発見とその解決に向けて主体的・協働的に学ぶ学習」であり，学習者の質の高い深い学びを引き出すことをめざしている。このようなアクティブ・ラーニングの考え方は，最近になってはじめて出されたというわけではなく，その基本的な考え方は，かなり以前から示されてきた。

第7章　学校図書館のさらなる活性化に向けて

デューイは，学習者が教員から受動的に知識を教えてもらうことから，自らの主体的な活動を通じて能動的に学習することへと，学習の視点を変えることを提唱してきた。すなわち，教員や教科書から学ぶだけではなく，自らの経験を通じて学ぶことの重要性について述べている〔Dewey, 1897〕。

アクティブ・ラーニングは，学習者による直接的な経験や，知的で社会的な環境などと学習者との相互作用を通じて，はじめて成立するといわれている。あらゆる年齢層の学習者のなかから，特に中学校（middle school）の10〜15歳（middle grade）の学習者が，アクティブ・

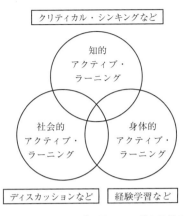

図7−1　アクティブ・ラーニングの枠組み

ラーニングに参加することの重要性に留意し，エドワーズは，異なるタイプのアクティブ・ラーニングを計画するための枠組みを提案している。図7−1に示すように，アクティブ・ラーニングの枠組みとして，「知的アクティブ・ラーニング」「社会的アクティブ・ラーニング」及び「身体的アクティブ・ラーニング」の3種類があげられている〔Edwards, 2015〕。図7−1のベン図からも明らかなように，教育方法として，同時に2つ以上のカテゴリーにあてはまることもありうる。

表7−1は，アクティブ・ラーニングの例と学校司書が主に取り組む事柄について示したものである。なお，表中，アクティブ・ラーニングの教育的な戦略については，エドワーズの説によるものであり〔Edwards, 2015〕，学校司書が主に取り組む事柄については，本章の意図を踏まえたオリジナルな提案である。表7−1を参考にしながら，3種類のアクティブ・ラーニ

表7−1　アクティブ・ラーニングの例と学校司書が主に取り組む事柄

知的アクティブ・ラーニング	社会的アクティブ・ラーニング	身体的アクティブ・ラーニング
（教育的な戦略） ・概念図 ・調査活動 ・問題解決活動 ・プレゼンテーションや論文のための総合的な研究 ・学習したことを総合的に扱うプレゼンテーションをマルチ・メディアで創作	（教育的な戦略） ・グループ全体でのディスカッション ・小グループでのディスカッション ・小グループでのプロジェクト	（教育的な戦略） ・実験室での実験 ・実地でのプロジェクト ・ゲーム ・モデルの構築 ・コンピュータによるデータや画像などの処理
（学校司書が主に取り組む事柄） ・資料や情報の充実 ・学校Webサイトにおける学校図書館Webページ，及び，学校図書館Web版OPACの構築と活用 ・図書館利用教育の実施	（学校司書が主に取り組む事柄） ・学校図書館での学習環境の整備 ・学校図書館がラーニング・コモンズ（Learning Commons）をめざすこと	（学校司書が主に取り組む事柄） ・経験学習として地域社会に出かけていく学習者のために，社会教育施設などに関する情報の提供 ・社会教育施設などとの連携協力

65

ングについて以下に述べる。

① 知的アクティブ・ラーニング（Intellectually Active Learning）

教員や教科書などが提示した知識や情報を，学習者が受動的に習得するのではなく，自ら調査し，読書し，クリティカル・シンキング（critical thinking）あるいは分析や総合という高いレベルの思考により，入手した知識や情報と知的にかかわる。

なお，クリティカル・シンキングとは，日本語に訳すと，「批判的思考」であるが，あら探しという否定的な意味ではなく，「問題解決や意思決定にあたり，他者による情報や意見を鵜呑みにせずに，慎重に吟味し検討する」という意味で，建設的な側面を持っている〔金沢，2008〕。たとえば，著者の主張を鵜呑みにしないように，学習者は読書後や読書の合間に読んだことについて考える時間を持つこと，同じテーマでも著者による考え方が違うと本の内容も異なるので，同じテーマの本は1冊だけではなく複数冊を読むことも，クリティカル・シンキングを行う上で大切である〔金沢，2016b〕。

学校司書は，学習者がさまざまな資料や情報に触れてそれらを比較検討した上で，各自の意見を述べたり書いたりできるように，資料や情報の充実に努めることが重要である。また，学校図書館が備える資料や情報に関しては，学校図書館の蔵書に加えて，学習に有益なインターネット上の情報源，及び学校図書館の蔵書をいつでも検索できる学校図書館 Web 版 OPAC なども含まれる。このようなことから，学校 Web サイトに学校図書館 Web ページを設けたり，学校図書館 Web サイトを構築すること，及び，学校図書館 Web 版 OPAC を構築し，日々の学習に活用することも，大切である〔金沢ほか，2001〕〔金沢ほか，2002〕〔金沢，2012a〕〔Kanazawa, Midori, 2016〕。さらに，学校司書は，さまざまな資料や情報の利用の仕方を指導する図書館利用教育を学習者に充分行うことが肝要である。

② 社会的アクティブ・ラーニング（Socially Active Learning）

学習者は，発達段階として友人と一緒に活動したい時期にある。学習者が協働的に課題に取り組めるように，小グループでのディスカッションやプロジェクト，及びグループやクラス全体でのディスカッションは，意義があるといえる。

学校司書は，学習者が主体的・協働的に課題に取り組めるように，そして，学習者による学習成果のプレゼンテーションやプレゼンテーション後の学習者同士のディスカッションなどのために，学校図書館における学習環境を整備することが求められる。すなわち，学校図書館がラーニング・コモンズをめざすことが考えられる。ラーニング・コモンズとして，読書，個別学習，協働学習，及びバーチャル・アクセスのためなど多様なスペースを備えることが，大切である〔金沢，2016b〕。

③ **身体的アクティブ・ラーニング（Physically Active Learning）**

　学習者は，発達段階として，一般的に活動的であり，学習の場においても，同様である。学習者は，経験学習，コンピュータによるデータや画像などの処理，実験，ゲーム，及び実地でのプロジェクトに興味を持ち，これらの経験を通じて新しいアイディアを発見することにもつながる。さらに，学習者は，校内での自発的な学習に加えて，地域社会に出かけ，社会的な経験を積み，見聞を広めることも考えられる。地域社会には，地域の情報拠点としての公共図書館や，歴史，芸術，民俗，産業，科学などに関する資料や作品を収集し，保管し，展示している博物館など，さまざまな社会教育施設がある。

　学校司書は，学習者がこれらの施設を利用して主体的に学べるように，日頃から社会教育施設などに関する資料や情報の収集，及び提供に努めるとともに，これらの施設などとの連携協力に心がけることが肝要である。

2　ラーニング・コモンズとしての学校図書館の環境づくり

　ラーニング・コモンズに関する著作で知られている David V. Loertscher らは，その著書 *The New School Learning Commons where Learners Win*（2008）の中で，ラーニング・コモンズ（Learning Commons）について以下のように定義している〔Loertscher, Koechlin and Zwaan, 2008〕。

（ラーニング・コモンズとは何か）
・ラーニング・コモンズとは，学校の図書館施設，ならびに，コンピュータやインターネットなどにより構成される，共通のあるいは共有の学習スペースである。
・ラーニング・コモンズは，単なる研究，演習，及びグループ・ワークの範囲を超え，探究，実験，及びコラボレーションを通じて，生徒をより高いレベルの参加へと前進させるために，デザインされている。
・ラーニング・コモンズは，学習を向上させるために，利用者が利用者自身の環境を創り出すことを可能にしている。
・ラーニング・コモンズは，学校文化を変え，学び方や教え方を変容させることを目標としている。

　すなわち，ラーニング・コモンズ（以下，LC）とは，従来の教育や学習の枠組みの中にある学習スペースではなく，学習者の主体的な参加による探究，実験，及びコラボレーションを通じた学びを実現できる環境づくりに，利用者自身が関与している学習スペースのことである。

表7-2 従来の教授法からラーニング・コモンズに固有の教授法への変遷

従来の教授法	→	ラーニング・コモンズに固有の教授法
情報の探索と報告	→	個人的な,及び集団的な知識の創造
教員に指導された学習	→	自己による直接参加の学習
教室での学習	→	ネットワーク化された,そしてグローバルな学習
基準による	→	大きなアイディアや概念の探究
教えること	→	プロセスとアクティブ・ラーニング
個人的な教員の専門知識	→	協働的な学習のパートナーシップ

出所) Ontario School Library Association (2010) *Together for Learning: School Libraries and the Emergence of the Learning Commons*, Ontario Library Association. をもとに作成

表7-2は,従来の教授法からLCに固有の教授法への変遷について,まとめたものである〔Ontario School Library Association, 2010〕。従来の教授法が主として教室での教員に指導された学習に基づくものであるのに対して,LCに固有の教授法とは自己による直接参加の学習,すなわちアクティブ・ラーニングなどによる学習に基づくものである。多くの生徒が,今日,学校で学習していることと学校の外部で知る必要のあることを関連づけることに困難さを感じている。LCは,そのような生徒のために橋渡しをする可能性を秘めている。LCは,学習をより要を得たものにし,魅力あるものにし,そして意義あるものにするのである。

そこで,LCの主要な構成要素として,次の5点があげられる〔Ontario School Library Association, 2010〕。

① 学校の図書館施設,及び,コンピュータやインターネットなどにより構成されるスペース

LCは,個人,チーム,及びグループのさまざまな能力と学習スタイルに応じるために,安全で必須の居心地の良い環境であることが大切である。学校の図書館施設に加えて,コンピュータやインターネットなどにより構成される学習スペースは,学習の可能性をより大きなものにしている。

② 公平なアクセス

田舎と都会,小規模と大規模などによる学校間の資料や情報源へのアクセスの不公平さは,深刻な社会的問題である。これらの不公平さに対して,コンピュータやインターネットなどによる情報源の出現,及び検索の新たな威力は,アクセスをより公平なものにするために,手助けとなりうる。

③ 学習上の協力

LCは,教員,学校司書,校長,技術的スタッフ,生徒など学校のすべての構成員が,学習上の協力において,協働できるスペースを提供している。さらに,LCでは,あらゆる人々の

学び方をモデルとすることで、生徒は、学習プロセスについて充分に理解できるようになる。

④ 学習におけるテクノロジー

LCでは、生徒は、新たなテクノロジーを学習やクリティカル・シンキングにどのように活用するかについて、理解する必要がある。生徒がLCで新たなテクノロジーを学習に活用することにより、学習効果がより一層あがる。

⑤ 自力で学ぶことができる利用者

LCは、生徒が生涯学習の視点を持てるように手助けをする。LCを備えている学校の生徒は、学び方を学ぶことを通じて、生涯学習のための能力が高められ、自力で学ぶことができる利用者に成長するのである。

表7-3　これまでの学校図書館とこれからのラーニング・コモンズの相違点

① 学校の図書館施設、及び、コンピュータやインターネットなどにより構成されるスペース	
（学校図書館）	（ラーニング・コモンズ）
・書架はスペースにいちじるしく影響を及ぼし移動させられない。 ・たとえコンピュータやインターネットなどにより構成されるスペースがあるとしても、ほとんどない。 ・学校図書館は、本や印刷資料があって、行くべき場所である。	・書架と家具は、複数の場所に異なる形態で、移動させられる。 ・コンピュータやインターネットなどにより構成される複数のスペースが、広く利用されている。 ・プリント、コンピュータやインターネットなどによる、及びマルチメディアのテキストによる豊富で多様なコレクションが、毎日24時間利用できる。
② 公平なアクセス	
（学校図書館）	（ラーニング・コモンズ）
・授業が予定されている時限では、学校図書館は他の者には閉じられている。 ・すべての授業が、情報源へのアクセスを予定しているわけではない。 ・コレクションは、予算に配慮するために、深さと広がりを欠くかもしれない。	・授業日であってもそうでなくても、生徒と教職員は、質の高い学校司書と情報源にアクセスする。 ・コンピュータやインターネットなどにより構成されるスペースへは、家庭からもアクセスできて、毎日24時間利用できる。 ・情報源は大容量のWWWの性能を通じて、より公平に利用できる。
③ 学習上の協力	
（学校図書館）	（ラーニング・コモンズ）
・学校司書は、教員からの求めに応じて、授業で活用する情報源や資料を集める。 ・たとえ学習上の協力があるとしても、それはあまりない。	・学校社会のあらゆる構成員が、LCでのコンピュータやインターネットなどを介して、または、対面により、学習上の協力を得ることができる。 ・学習上の協力は、グローバルでカリキュラム横断的である。
④ 学習におけるテクノロジー	
（学校図書館）	（ラーニング・コモンズ）
・コンピュータは、学校図書館から離れて置かれていて、探究的な学習には、あまり使われない。	・テクノロジーとメディアは、学習の本来の統合された、そして一貫した部分である。
⑤ 自力で学ぶことができる利用者	
（学校図書館）	（ラーニング・コモンズ）
・生徒は、一斉に教えられる。	・すべての人が学習者である。同時に、自らの学習を構築し行うことができる。

出所）表7-2に同じ

これらの5点について，表7-3は，これまでの学校図書館とこれからのLCの相違点を，まとめたものである〔Ontario School Library Association, 2010〕。

「学校の図書館施設，及び，コンピュータやインターネットなどにより構成されるスペース」について，学校図書館では，学校の図書館施設が中心であり，書架などが固定的である。一方，LCでは，コンピュータやインターネットなどにより構成される複数のスペースが毎日24時間利用でき，学校の図書館施設では書架や家具などが学習スタイルに応じて移動できるなど，利用者自身が主体的に自らの学習スペースを創り出すことができる。

「公平なアクセス」について，学校図書館では，授業が予定されている時限には，他の者による利用が制限され，予算上の制約からコレクションが必ずしも充分ではないことが，指摘されている。一方，LCでは，授業の有無にかかわらず，生徒や教職員は学校司書による支援や情報源へのアクセスが可能であり，コンピュータやインターネットなどにより構成されるスペースへは家庭からも毎日24時間アクセスできて，公平に情報源を利用できる。このような情報環境を実現するためには，たとえば，学校Webサイト上の学校図書館Webページや学校図書館Webサイトを通じての情報源の利用が考えられる〔金沢, 2012a〕〔金沢, 2012b〕〔金沢, 2013〕〔Kanazawa, Midori, 2016〕。

「学習上の協力」について，学校図書館では，教員からの求めに応じて，授業に関する資料や情報を学校司書が集めるのに対して，LCでは，学校社会のあらゆる構成員が対面により，あるいは，コンピュータやインターネットなどを介して，学習上の協力を得ることができる。さらに，学校司書は，単に教員からの求めに応じた資料や情報の提供にとどまらず，授業に参加し教員とともに指導的な役割を果たすことが考えられる。

「学習におけるテクノロジー」について，学校図書館では，コンピュータがあまり設置されておらず，利用者が学校図書館の冊子体の資料とインターネット上の情報源などを同時に活用して，いわゆる探究的な学習を行うには不充分な学習環境であるといえる。一方，LCでは，コンピュータが設置されており，冊子体の資料とインターネット上の情報源などを同時に活用できて，探究的な学習を行うのにふさわしい学習環境であると考えられる。

「自力で学ぶことができる利用者」について，学校図書館では，学習者の主体性よりも，むしろ教員による一斉指導が前提となっている。一方，LCでは，自力で学ぶという理念のもとに，自らの学習を構築し実践する主体的な学習者が育成される。

さらに，図7-2は，「学習上の協力」について，学校，家庭，専門家，及びコミュニティの関係性を，示したもの

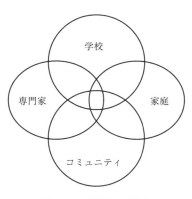

図7-2 学習上の協力

第7章 学校図書館のさらなる活性化に向けて

である〔Ontario School Library Association, 2010〕。このような四者による学習上の協力が具現化することにより，子どもたちは，学校と家庭，社会の動きを通じて，市民としての教養を身につけることができる。また，教育現場と現実の社会が一丸となり，子どもたちの成長を見守り，子どもたちの教育にかかわっているといえる。これからは，学校という閉じられたスペースのみにとどまり，学習をすすめるのではなく，家庭，専門家，及びコミュニティと連携をはかりながら，開かれた学校で学習をすすめていくことが重要である。すなわち，アクティブ・ラーニングを推進するためのLCこそが，これからの学校図書館のあるべき姿である。

これまでの学校図書館がこれからのLCとしての学校図書館をめざし，コミュニティなどと連携をはかりながらアクティブ・ラーニングを推進するためには，学校司書の役割と活動が必要不可欠であり，より一層重要になると考えられる。

3　公共図書館をはじめとする社会教育施設と学校図書館の連携協力

　まず，日本の公共図書館と学校，及び学校図書館の連携協力について，2つの現状調査の結果に基づいて述べる。

　表7-4は，平成27年度末（2015年度末）現在の学校と公共図書館との連携状況について示したものである〔文部科学省，2016〕。公共図書館と連携している学校数は，校種別に見ると，「小学校」が82.2％を占めておりもっとも多く，次いで「中学校」（57.5％），及び「高等学校」（51.1％）の順である。具体的な連携の内容について見ると，いずれの校種においても約9割の学校で，「公共図書館から資料の貸出」を受けており，もっとも多い。一方，「公共図書館との定期的な連絡会の実施」や「公共図書館の司書等による学校への訪問」については，いずれの校種の学校においても多いとはいえない。学校が必要とする資料を公共図書館が提供するといういわゆる相互貸借による連携協力の体制は整っているが，人的交流による連携協力については，今後の課題であるといえる。

　表7-5は，平成23年度（2011年度）現在の公共図書館（都道府県立図書館と市区町村立図

表7-4　学校と公共図書館との連携状況（平成27年度末現在）

連携の状況 校　種	学校数（A）	公共図書館と 連携の学校数（B） （B/A：%）	公共図書館資料の 学校へ貸出（C） （C/B：%）	公共図書館と 定期的な連絡会（D） （D/B：%）	公共図書館司書等の 学校訪問（E） （E/B：%）
小学校	19,604	16,119 (82.2)	15,288 (94.8)	3,625 (22.5)	4,113 (25.5)
中学校	9,427	5,424 (57.5)	4,663 (86.0)	1,695 (31.3)	1,191 (22.0)
高等学校	3,509	1,793 (51.1)	1,645 (91.7)	282 (15.7)	212 (11.8)

出所）文部科学省（2016）『平成28年度「学校図書館の現状に関する調査」結果について』をもとに作成

表7-5　公共図書館における連携の実施対象施設（学校教育施設）（％）

公共図書館 学校教育施設	都道府県立図書館	市区町村立図書館
幼稚園・保育園	16（ 34.8）	868（ 69.9）
小・中学校（図書館）	29（ 63.0）	1,060（ 85.4）
高等学校（図書館）	39（ 84.8）	429（ 34.6）
特別支援学校（図書館）	34（ 73.9）	282（ 22.6）
大学・短期大学（図書館）	43（ 93.5）	470（ 37.9）
計	46（100.0）	1,241（100.0）

出所）全国公共図書館協議会（2012）『2011年度（平成23年度）公立図書館における協力貸出・相互貸借と他機関との連携に関する報告書』をもとに作成

書館）における連携の実施対象施設（学校教育施設）について示したものである〔全国公共図書館協議会，2012〕。都道府県立図書館では，「大学・短期大学（図書館）」が93.5％を占めておりもっとも多く，次いで「高等学校（図書館）」（84.8％），「特別支援学校（図書館）」（73.9％），及び「小・中学校（図書館）」（63.0％）の順である。一方，市区町村立図書館では，「小・中学校（図書館）」が85.4％を占めておりもっとも多く，次いで「幼稚園・保育園」（69.9％）の順である。連携の実施対象施設について，都道府県立図書館と市区町村立図書館では，差異が見られる。すなわち，市区町村立図書館は，どちらかというと市区町村に身近な「小・中学校（図書館）」

表7-6　都道府県立図書館が学校教育施設と実施している連携の内容

	小・中学校 （図書館：％）	高等学校 （図書館：％）	特別支援学校 （図書館：％）
資料の貸借（定期便運行）	2 (4.3)	8 (17.4)	6 (13.0)
資料の貸借（必要時に搬送）	19 (41.3)	26 (56.5)	24 (52.2)
資料購入　リクエストの対応	4 (8.7)	13 (28.3)	8 (17.4)
文献複写	10 (21.7)	17 (37.0)	13 (28.3)
レファレンスサービス	18 (39.1)	31 (67.4)	20 (43.5)
横断検索・総合目録	1 (2.2)	2 (4.3)	1 (2.2)
利用者の紹介受入	2 (4.3)	2 (4.3)	2 (4.3)
連絡会などの設置	3 (6.5)	4 (8.7)	2 (4.3)
人事交流・職員研修	6 (13.0)	15 (32.6)	8 (17.4)
研修・イベント開催時の人的な協力	8 (17.4)	10 (21.7)	6 (13.0)
展示・相談会・イベントの共催・後援など	1 (2.2)	4 (8.7)	2 (4.3)

注）なお，表中，下段の％の数値は，調査対象である都道府県立図書館の計46館を100％として，その比率を計算したものである。
出所）表7-5に同じ

第7章　学校図書館のさらなる活性化に向けて

や「幼稚園・保育園」との連携協力に力を入れているのに対して，都道府県立図書館では，広く都道府県域にわたり「大学・短期大学（図書館）」「高等学校（図書館）」，及び「特別支援学校（図書館）」との連携協力に努めている。

　表7-6は，表7-5で示した都道府県立図書館が学校教育施設（小・中学校，高等学校，及び特別支援学校のいずれも学校図書館）と実施している連携の内容について示したものである〔全国公共図書館協議会，2012〕。細かな差異はあるものの，いずれの校種であっても，上位3位は，「資料の貸借（必要時に搬送）」「レファレンスサービス」，及び「文献複写」が占めている。参考図書を含む豊富な資料や情報を背景に，都道府県立図書館では都道府県域にある学校図書館への資料や情報の提供を行っていることが示唆される。しかし，「展示・相談会・イベントの共催・後援など」や「研修・イベント開催時の人的な協力」のように，両者が力を合わせてひとつの目的を達成するというコラボレーションによる連携は，あまり実施されていない。

　表7-7は，表7-5で示した市区町村立図書館が学校教育施設（小・中学校，高等学校，及び特別支援学校のいずれも学校図書館）と実施している連携の内容について示したものである〔全国公共図書館協議会，2012〕。「資料の貸借（定期便運行）」に関しては，特に小・中学校（図

表7-7　市区町村立図書館が学校教育施設と実施している連携の内容

	小・中学校（図書館：％）	高等学校（図書館：％）	特別支援学校（図書館：％）
資料の貸借（定期便運行）	367 (29.6)	40 (3.2)	38 (3.1)
資料の貸借（必要時に搬送）	599 (48.3)	251 (20.2)	164 (13.2)
資料購入　リクエストの対応	357 (28.8)	112 (9.0)	66 (5.3)
文献複写	145 (11.7)	87 (7.0)	43 (3.5)
レファレンスサービス	486 (39.2)	185 (14.9)	98 (7.9)
横断検索・総合目録	59 (4.8)	12 (1.0)	2 (0.2)
利用者の紹介受入	25 (2.0)	5 (0.4)	8 (0.6)
連絡会などの設置	222 (17.9)	32 (2.6)	9 (0.7)
人事交流・職員研修	155 (12.5)	26 (2.1)	10 (0.8)
研修・イベント開催時の人的な協力	207 (16.7)	73 (5.9)	48 (3.9)
展示・相談会・イベントの共催・後援など	67 (5.4)	29 (2.3)	14 (1.1)

注）なお，表中，下段の％の数値は，調査対象である市区町村立図書館の計1,241館を100％として，その比率を計算したものである。
出所）表7-5に同じ

書館)で29.6%を占めており，他の校種の学校図書館と比べて，とても多い。

　小・中学校（図書館）では，児童生徒からの資料のニーズが継続的に高く，そのため定期便が安定的に運行されていると考えられる。特別支援学校（図書館）では，「資料の貸借（必要時に搬送）」が13.2%を占めているが，他の連携の内容は少ない。小・中学校（図書館）と高等学校（図書館）では，「資料の貸借（必要時に搬送）」「レファレンスサービス」，及び「資料購入リクエストの対応」が多く見受けられる。児童生徒の読書活動や調べ学習の推進，教員の授業支援などに，地域社会に身近な市区町村立図書館による協力のあることが示唆される。都道府県立図書館と同様に市区町村立図書館においても，「展示・相談会・イベントの共催・後援など」や「研修・イベント開催時の人的な協力」のように，学校図書館と力を合わせてひとつの目的を達成するというコラボレーションによる連携は，少ないといえる。

　次に，公共図書館と学校図書館が力を合わせてひとつの目的を達成するというコラボレーションによる連携の意義について，考察する。図7－3は，学校図書館と公共図書館の関連性について示したものである。学校図書館は，児童生徒の学業成績の向上，及び生涯学習のスキルの発展に，とても重要な役割を果たしている。しかし，夏休みになると，学校図書館は閉館となる傾向にあり，児童生徒は必要な資料や情報の入手がむずかしくなる。一方，公共図書館は，冊子体とデジタルの両方の形式で，年間を通して児童生徒に資料や情報を提供している。公共図書館は，児童サービス，ヤングアダルトサービス，及び学校支援サービスなどを通じて，学齢期の児童生徒をサービス対象として，学校図書館と共にかかわっている。そのようなことから，公共図書館と学校図書館がパートナーであることは，自然なことである〔Potter and Johnson, 2017〕。さまざまな児童生徒が，公共図書館と学校図書館の間で提携された協力的なプログラムへの参加により，多くの恩恵を受けることが考えられる。

　アメリカ合衆国の多くの公共図書館では，6月から8月の夏休み期間中に，「夏期読書プログラム」（Summer Reading Program）と呼ばれる読書推進プログラムが行われている。このプログラムは，子どもたちの夏休み期間中の読書や図書館利用を推進するための取り組みとして，1890年代から始められ，以来100年以上にわたって続けられている。"Collaborative Summer Library Program"（CSLP）という組織が，このプログラムの主導的な役割を果たしている〔金沢, 2016a〕。CSLPは毎年，対象世代別のスローガンを掲げ，アメリカ合衆国各地の公共図書館では，これらのスローガンや独自に掲げたテーマに基づき，ブックリストを作成し，読書推進に関するさまざまな活動を行っている〔国立国会図書館,

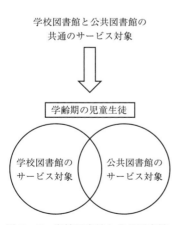

図7－3　学校図書館と公共図書館の関連性

2010〕。アメリカ合衆国のドミニカン大学の研究グループが2010年6月に発表した調査レポートによれば,「夏期読書プログラム」に参加した子どもたちは, 参加しなかった子どもたちよりも, 読書能力に関するテストで高い成績をおさめ, 夏休みが終わっても図書館に足を運び読書を続ける傾向のあることが示された〔Roman, Carran and Fiore, 2010〕。

そこで, 公共図書館と学校図書館のコラボレーションによる連携についてであるが, デントン公共図書館(Denton Public Library, テキサス州), テキサス女子大学, 及びデントン公共図書館のサービス・エリアにある4つの小学校が, 2014年に「夏期読書プログラム」をはじめて共催した。実際に, 公共図書館の司書が学校訪問し, 学校司書が夏の間に公共図書館のお話し会に参加するなど, 相互に交流をはかった。その結果, 前年の2013年と比べて,「夏期読書プログラム」の参加者は27％増加し, 子ども向けのプログラムへの参加者は23％増加した〔Tucker et al. 2015〕。公共図書館と学校図書館が協力して開催する「夏期読書プログラム」は, 子どもの参加を増やすだけではなく, 公共図書館と学校図書館の役割を地域社会に広く認識させることにもつながる。また, 子どもの読書活動の推進に加えて, 子どもの学業成績の向上にも効果のあることが示唆される。

地域の情報拠点としての公共図書館の他に, 児童生徒が来館する機会の多い地域社会の社会教育施設として, 博物館をあげることができる。博物館法によれば, 博物館とは「歴史, 芸術, 民俗, 産業, 自然科学等に関する資料を収集し, 保管(育成を含む)し, 展示して教育的配慮の下に一般公衆の利用に供し, その教養, 調査研究, レクリエーション等に資するために必要な事業を行い, あわせてこれらの資料に関する調査研究をすることを目的とする機関」と定められている。博物館法の規定の中には, 美術館, 資料館(民俗, 歴史など), 動物園, 水族館,

表7-8 博物館と学校との連携や関係(平成25年度)

(％)

連携や関係 \ 頻度	よくある	時々ある	ない	無回答
授業の一環として児童生徒が博物館に来館すること	40.7	50.0	5.8	3.5
遠足や修学旅行等の行事として, 児童生徒が博物館に来館すること	32.0	45.2	19.1	3.7
職場体験の一環として, 児童生徒が博物館に来館すること	20.2	45.6	30.6	3.7
学芸系職員が博物館で児童生徒を指導すること	19.8	37.0	39.0	4.3
学校関係者に, 来館のための事前のオリエンテーション(説明会や下見への対応等)をすること	15.9	40.3	39.9	4.0
学芸系職員が学校に出向いて児童生徒を指導すること	9.0	30.8	56.1	4.1
学校に資料や図書を貸し出すこと	5.2	31.3	59.3	4.2
教育委員会等が行う教員研修と連携して博物館が事業・活動を行うこと	3.9	29.9	61.7	4.5
教員対象の講座や講習会を開くこと	3.4	22.4	69.8	4.3
博物館と特定の学校が連携して, 博物館を利用した教育実践について研究をすること	2.4	12.8	80.1	4.7

注) 有効回答である日本の2,258館の博物館を100％として, 各項目の比率が計算されている。
出所) 『日本の博物館総合調査: 基本データ集』平成25〜27年度　日本学術振興会(JSPS)科学研究費助成事業　基盤研究(B)　課題番号25282079

植物園，科学館（自然科学，技術など）が含まれている。博物館の種類として，日本博物館協会では，総合，郷土，美術，歴史，自然史，理工，動植物があるとしている。

表7-8は，博物館と学校との連携や関係について示したものである。授業の一環として児童生徒が来館する博物館は，「よくある」(40.7％)と「時々ある」(50.0％)を合わせると，約9割にも達している。また，遠足や修学旅行等の行事として児童生徒が来館する博物館は，「よくある」(32.0％)と「時々ある」(45.2％)を合わせると，約8割を占めている。さらに，職場体験の一環として児童生徒が来館する博物館は，「よくある」(20.2％)と「時々ある」(45.6％)を合わせると約7割である〔杉長，2015〕。児童生徒の教育にとって，博物館はきわめて重要な役割を果たしているといえる。表7-8にも示されているように，学芸系職員が学校に出向き児童生徒を指導するというよりも，むしろ児童生徒が授業の一環として，学校行事として，または職場体験の一環として，博物館に出かけ，学芸系職員から指導を受ける傾向が見られる。児童生徒の来館による博物館での学びをより一層意義のあるものとするためには，事前の調べ学習が大切である。見学先の博物館について，児童生徒が公式Webサイト，参考図書，及び関連する資料など，適切な資料や情報を入手できるように，また，児童生徒による主体的なアクティブ・ラーニングが実現できるように，学校司書による教育指導への支援が求められる。

以上のことから，これからの学校司書には校内での役割に加えて，地域社会の社会教育施設などとの連携協力に関する役割が求められる。

学校図書館と地域社会の社会教育施設などとの連携協力の事例は，全国的にもまだ多いとはいえないが，これからの学校図書館は読書センター，学習センター，情報センターとしての3つの機能に加えて，連携センターとしての機能も整備し充実を図ることが必要である〔平久江，2014〕。

これらの4つの機能をこれから併せて実現するためには，前提条件として，学校図書館における施設・設備の整備，人的整備，及び物的整備のできていることが必須である。しかし，2013年11月から12月にかけて実施された全国学校図書館協議会による実態調査の結果によ

表7-9　これからの学校図書館の機能と学校司書の職務

職務 機能	間接的支援	直接的支援	教育指導への支援	教育指導への支援の具体例
読書センター	図書館資料の選定や収集など	読書相談	読書指導	授業のねらいに沿った図書館資料の紹介や提供，学校図書館を活用した授業を行う教員等との打ち合わせ，チーム・ティーチングの一員として授業に参加し，指導的な役割の遂行，児童生徒の自主的な活動に関する助言など
学習センター	参考図書の選定や収集など	学校図書館の利用案内	学校図書館の利用指導，学校図書館を活用した授業への参加	
情報センター	情報機器の導入，整備，管理など	レファレンスサービス，情報検索など	情報活用能力の育成に関する支援	
連携センター	他の学校図書館や公共図書館等との資料の相互貸借など	レフェラルサービス	探究的な学習やアクティブ・ラーニングの支援	

れば，特別支援学校においては，本来100％であるべき学校図書館の設置率が87.6％であった。また，司書教諭の発令率が57.5％であったこと，学校司書の配置率がわずか13.3％であったこと，及び特別支援学校の種別間で学校図書館の蔵書数に大きな差が生じていたことなど，他の校種と比べて特別支援学校は，きわめて厳しい状況におかれていた〔野口，2015〕。障害者差別解消法の施行に伴い，「合理的配慮」の提供が義務化されていることから，また学校図書館として4つの機能の実現をめざしていることから，特別支援学校の学校図書館における今後の改善が求められる。

　表7-9は，これからの学校図書館の機能と学校司書の職務についてまとめたものである。なお，学校司書の職務については，『これからの学校図書館担当職員に求められる役割・職務及びその資質能力の向上方策等について（報告）』に示されている「間接的支援」「直接的支援」及び「教育指導への支援」の3種類を取り上げた〔学校図書館担当職員の役割及びその資質の向上に関する調査研究協力者会議，2014〕。

　連携センターとして，間接的支援に関する学校司書の職務として，他の学校図書館，地域の公共図書館，及び博物館等との資料の相互貸借などを含む連携が考えられる。また，連携センターとして，直接的支援に関する学校司書の職務として，レフェラルサービス（referral service）があげられる。レフェラルサービスとは，利用者からの情報要求に対して，図書館で調査した結果が充分ではなかった場合に，図書館が該当の分野の適切な専門機関に照会して利用者の必要な情報を入手し，提供するサービスのことである。また，そのような専門機関を利用者に紹介するサービスも，レフェラルサービスに含まれる。たとえば，学校司書が博物館に照会して利用者の必要な情報を入手して提供すること，あるいは，博物館に利用者の必要な資料や展示品のあることを確認して，利用者に紹介することなどが考えられる。「百聞は一見に如かず」といわれているように，博物館にある展示品とその展示品に関する解説や資料に目を通すことで，学習者の理解は一段と深まることが考えられる。さらに，連携センターとして，教育指導への支援に関する学校司書の職務として，探究的な学習やアクティブ・ラーニングの支援があげられる。地域社会にある博物館では，各種講座や講習会，展示解説，子どもや家族向けの催し，ワークシートの作成など，さまざまな取り組みが行われている。体験型の学習を子どもたちが自主的に行う上で，これらの取り組みは意義があるといえる。これらの取り組みを学校司書が利用者に紹介することも，間接的ではあるが，探究的な学習やアクティブ・ラーニングの支援につながる。

　学習者が公共図書館や博物館等の複数の社会教育施設を利用して，アクティブに学べるように，学校司書は，日頃からこれらの施設に関心を持ち，これらの施設との連携協力に努め，学習者への適切な情報提供を継続的かつ定期的に行うことが肝要である。

引用参考文献

学校図書館担当職員の役割及びその資質の向上に関する調査研究協力者会議（2014）『これからの学校図書館担当職員に求められる役割・職務及びその資質能力の向上方策等について（報告）』文部科学省

金沢みどり・望月道浩・山本順一・赤星隆子（2001）「シーライ・コンテンツ・モデルとの比較によるアメリカの学校図書館ホームページの評価」『学校図書館学研究』Vol. 3, pp.19 − 27

金沢みどり・望月道浩・山本順一・赤星隆子（2002）「アメリカの学校図書館ホームページにおける Web 版 OPAC の評価」『学校図書館学研究』Vol. 4, pp.35 − 42

金沢みどり（2008）「問題解決におけるクリティカル・シンキングと情報の表現（教育時評 111）」『学校図書館』第 687 号，pp.60 − 61

金沢みどり（2012a）『生涯学習社会における情報活用能力の育成と図書館』学文社

金沢みどり（2012b）「Web 版 OPAC の活用による小学校の新しい教育の方法と技術—情報教育の視点から—」『東洋英和女学院大学教職課程研究年報』第 4 号（2011 年版），pp.2 − 17

金沢みどり（2013）「小学校における新しい教育の方法と技術—小学校図書館 Web サイトの構築と活用を通じて—」『人文・社会科学論集』第 30 号（2012 年度），pp.1 − 26

金沢みどり（2016a）『図書館サービス概論　第 2 版』学文社

金沢みどり（2016b）「学校図書館におけるアクティブ・ラーニングの推進について」『学校図書館』第 794 号，pp.25 − 28

国立国会図書館（2010）「米国の夏休み読書推進プログラム」カレントアウェアネス—E　No. 176, E1078

杉長敬治（2015）「『博物館総合調査』（平成 25 年度）の基本データ集　教育普及活動について」『日本の博物館総合調査：基本データ集』平成 25 〜 27 年度

全国公共図書館協議会（2012）『2011 年度（平成 23 年度）公立図書館における協力貸出・相互貸借と他機関との連携に関する報告書』全国公共図書館協議会

野口武悟（2015）「特別支援学校における学校図書館の現状と展望」『現代の図書館』Vol. 53, No. 3, pp.127 − 133

平久江祐司（2014）「言語活動の充実を支援する学校図書館　地域連携型の学校図書館へ」『現代の図書館』Vol. 52, No. 1, pp.47 − 52

福本徹（2016）「新学習指導要領と学校図書館」『学校図書館』第 794 号，pp.21 − 23

文部科学省（2016）『平成 28 年度「学校図書館の現状に関する調査」結果について』文部科学省児童生徒課

渡邊重夫（2016）「『学び方の学び』を支える学校図書館—アクティブ・ラーニングを豊かにするために」『学校図書館』第 794 号，pp.16 − 18

Dewey, J.（1897）'My Pedagogic Creed', *School Journal*, Vol. 54, No. 3, pp.77 − 80.

Edwards, S.（2015）'Active Learning in the Middle Grades', *Middle School Journal*, Vol. 46, No. 5, pp.26 − 32.

Kanazawa, Midori (2016) *Information Literacy Education in Japanese Libraries for Lifelong Learning*, Nova Science Publishers.

Loertscher, David V., Carol Koechlin, and Sandi Zwaan (2008) *The New School Learning Commons where Learners Win*, Hi Willow Research and Publishing.

Ontario School Library Association (2010) *Together for Learning: School Libraries and the Emergence of the Learning Commons*, Ontario Library Association.

Potter, Tonya and Kara Johnson (2017) 'Two Libraries Working toward Common Goals', *Knowledge Quest*, Vol. 45, No. 5, pp. 22 − 29.

Roman, Susan, Deborah T. Carran and Carole D. Fiore, (2010) *The Dominican Study: Public Library Summer Reading Programs Close the Reading Gap: Final Report*.
(http://gslis.dom.edu/sites/default/files/documents/IMLS_final Report.pdf)(Accessed：2015/11/25)

Tucker, Dana et al. (2015) 'Summer Reading Program Collaboratio：An Outstanding Opportunity for a Public Library, School Library, and University Course Partnership', *Texas Library Journal*, Vol. 91, No. 1, pp.17 − 19.

第2部

学校司書の優れた実践事例

第2部では，小学校，中学校，中高一貫校，高等学校，及び，特別支援学校の学校司書の優れた実践事例を紹介する。

第8章 小学校

1 小学校の図書館は子どもたちも先生も司書もみんな仲間

(1) はじめに

　学校図書館は，理想的には学校の中心に位置し，子どもたちがアクセスしやすいことが望まれる。しかし残念なことに，東京学芸大学附属世田谷小学校（以下，本校）の図書館は3階の端に位置している。10数年前に全館の改修工事があり，少し広くなった。壁は明るい色になり，床はカーペットが敷かれ，無線 LAN 設備や冷暖房設備など快適な図書館となった。しかし図書館の扉が木製のものから鉄の扉に変わった。これは耐震のためであるとのことだが，鉄の重い扉には冷たさを感じる。この時，まずここから工夫しようと思った。鉄の扉についているガラスに絵はがきを切り抜いて貼ってみた。こうすることによって，鉄の冷たさも少しは和らいだのではないかと思われる。このようなことにも，配慮すべきである。学校図書館を子どもたち自身が自分の大切な場所であると思えるように，学校司書は学校図書館の環境を整備することが重要である。

　本校の児童数は622名，各学年3学級の学校である。図書館の利用は図書の時間として各学級1時間（18時間／週）が基本で，その他の開いている時間にも利用されている。蔵書冊数は約18,000冊で，年間貸し出し冊数は2016年度は46,707冊で，年間平均貸し出し冊数は75冊／人である。本校の子どもたちのほとんどが，通学にバスや電車を使っている。高学年のほとんどの子どもたちは通学の際，手に本をもっていることが見受けられる。

(2) 子どもたちの声に耳を傾けることから図書館を整える

① 書架の配置

　学校図書館が子どもたちにとって身近に感じられるようになるだろうかということを，学校司書は常に考えている。これは，学校図書館に限ったことではないが，利用者を誘うためのアプローチをどうするか，この図書館はどう見えるかを利用者の目線で考えようと試みることは大切なことである。

　学校図書館は，魅力的な本が揃っていることが基本である。そのためには，まず利用者のために，どのような本を揃えるべきか，書架をどのように配置するかが，図書館の決め手にな

る。以前，本校に数人の学校司書の方々が見学に来られた。それまで書架は平行に並んで設置されていたが，書架の本が入り口から見えるように設置すると良いというアドバイスをいただいた。利用者が入り口から入った時，すぐに，本たちが主張するからである。そこで，まず実施したことは，今まで直角に配置していた書架を斜めに配置することであった。こうすると，入り口から書架に並んだ本の背表紙がよく見えるようになった。

写真8−1　絵本の書架（面出しができる）

また，子どもの目線に合わせて，本を配架することも大事なことである。とくに，小学校の図書館は1年生から6年生までの幅広い年齢層が利用する。本の種類はもちろん，絵本，幼年文学，ヤングアダルト小説も必要である。児童の目線に合わせて，利用しやすい工夫をする。たとえば，絵本の書架には表紙を見せて展示できる書架があると良い。絵本は薄い本が多いので，背表紙だけでは目立ちにくいし，子どもたちは表紙の絵から，本を選ぶことが多いからである。本校でも絵本が面出しできる書架を使用しているが，一年生はそこに展示されているものを見て，借りることが頻繁に見受けられる。

② 蔵書構築

蔵書は，もちろん基本的な本，及び，授業にかかわる本を教科書や各教科の指導計画に基づき購入していかなくてはならないが，先生が図書館を利用した授業をすることにより，何が足りないかがわかり，その分野の本が着実に充実していく。時には児童書ではない本も必要になってくるし，蔵書に偏りも生じてくる。そこでこのことを意識して，目を配り，それぞれの教科の先生方と相談しながら購入していく必要がある。

教員や児童が授業に関連する本やテーマを探しているとき，対応できる本を見つけることで図書館や司書への信頼感につながる。

蔵書は，図書には限らない。とくに，林間学校に行く地域の情報などは観光資料なども必要である。社会科見学，校外行事，東京都や世田谷区の資料はファイル資料として毎年更新して保存している。

また，雑誌や新聞は図書館に欠かせない資料である。本校では，新聞は『朝日小学生新聞』『毎日小学生新聞』の2紙，雑誌は『月刊NEWSがわかる』『子供の科学』『月刊ジュニアアエラ』ほか全部で6誌を購読している。これらは子どもたちにとって魅力的なもののようで，新刊以外のものは貸出を行っているが，よく利用されている。

③ 分類がわかりやすい書架

初めて利用する図書館で分類表示が遠くからでも一目でわかることは，利用者にとって大事なことである。子どもたちが調べに来たとき，どこにあるかを見つけられるために，わかりやすい書架をつくることを目指している。本校では，天井の梁に分類表示を貼っている。そこを見て，視線を書架に移すとそこにも同じような表示が見える。子どもたちに本がどこにあるか尋ねられた時，天井の梁はカウンターの正面にあるので，子どもたちに司書が説明しやすいという利点がある。

写真8-2　日本十進分類法の表示

④ だれでもわかるサイン

分類のサインはもちろんであるが，低学年でもわかりやすいサインはどうすれば良いかを考えて，本校ではとくに4類の書架には絵をつけている。4類の書架でもとくに48は低学年の利用が多いことと，本がたくさんあることで，他は2桁で分類しているが，ここだけは3桁にしている。たとえば，486（昆虫の書架）には昆虫の絵を，487（魚の書架）には魚の絵を，488（鳥），489（ほ乳類）などにもそれぞれ絵をつけて表示している。

また，サインがわかりやすいように，参考図書の置いてあるところには，参考図書の大きいサインを天井から下げている。

(3) 図書館は育てる力がある

① 図書館オリエンテーション

図書館の本は分類して配架されているということを，年度初めの図書館オリエンテーションでは繰り返し子どもたちに伝えている。図書館オリエンテーションで日本十進分類法というものの存在を示しているが，毎年，少しずつ変化をつけて内容を詳しく話している。たとえば，低学年には類のことを覚えてほしいとの願いから，分類にどのようなものがあるかをパワーポイントで大きい画面を見せながら説明している。高学年には低学年から順々に行ってきたことを踏まえて，日本十進分類法は日本のほとんどの図書館で使われていること，自分が探したい本の分類がわかっていると，どこの図書館でも探せることを伝えている。図書館オリエンテーションが単に分類法についてのみ学習するのではないことを伝えるため，低学年では絵本の読み聞かせを交えて，図書館の利用法を知ってもらおうとしている。たとえば，『としょかんへいくピープちゃん』〔クレシッダ・コーウェル作，評論社〕や，『ビバリーとしょかんへいく』〔アレクサンダー・スタッドラー作，文化出版局〕，『としょかんライオン』〔ミシェル・ヌードセン作，岩崎書店〕などの絵本である。また，高学年には『図書館ねこデューイ』〔ヴィッキー・マイロン著，早川書房〕を紹介して，日本十進分類法ができた経緯を話すこともある。

学校の2万冊近い本が分類して配架されていることで，そのなかから自分が探したいものが見つかり，図書館が子どもたちにより身近な存在になっている。

② 読書ノート

本校の蔵書がコンピュータ管理になった頃，図書館担当の教員たちと相談して読書ノートを作った。これをつくるきっかけとなったのは，子どもたちが自分の読書に関する履歴を尋ねるようになったからである。当初，読書ノートは3年生以上のために作った（後に低学年の子ども向けのものも作り現在に至っている）。これは，読んだ本を振り返って書くということで，毎週図書館で借りる本はもちろんであるが，自分の本や公共図書館で借りた本も書くように促している。このことで，子どもたちに考える力や書く力が身についてきている。これを持続させることができるのは，担任の励ましがあり，みんなで一緒に行うことができるからである。3年生以上は，毎週の図書の時間に書いた物をもってきて見せてくれ

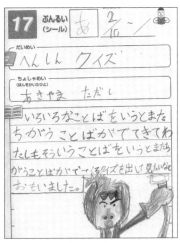

図8-1　2年生の読書ノートから

る。1,2年生は，図書の時間に読み聞かせをした本について一緒に書いてから提出して見せてくれる。それを読んでいると，それぞれの子どもの読書傾向がわかり，学校図書館に無い本を見つけて参考にできることもある。この取り組みを通じて，それぞれの子どもに読書を勧めることも容易になっている。

読書ノートには，書名，著者名を書く欄の他に，分類を書く欄がある。これは，低学年用の読書ノートも同様である。図書館オリエンテーションで紹介した分類が子どものなかに定着することにもなっている。

③ 情報リテラシーの初めの一歩（1,2年生の図鑑）

1年生の1学期が終わる少し前，昆虫図鑑を使って図鑑の使い方を学ばせている。この活動は図書の時間に行っている。「これから図鑑の使い方を一緒に学習します」というと「もってる」「いつも見てる」と男の子たちは口々にいうが，ほとんどの女の子はあまり興味がなさそうである。そこで，男女ペアになって2人で1冊の図鑑を見ながら目次のしくみ，凡例の見かた，索引というように2～3回に分けて行っている。子どもたちは，これから中・高学年になるに従い，図書館を使って調べ学習していくことが多くなる。低学年で丁寧に図鑑を学んだことが生かされるため，数回に分けて繰り返し実施している。こうして情報リテラシーの初歩を育んでいる。

以前，4月に転勤してきた理科の先生と出勤途中に会い，本校では低学年で昆虫図鑑を使って図鑑の使い方を学ばせていること，昆虫図鑑と植物図鑑は20冊ずつあることを話した。それから間もなく，3年生の担任になったこの先生から植物図鑑を使って子どもたちに植物図鑑の使い方を教えてほしいといわれた。この時は急にいわれたこともあって，以前に作ったワークシートを使って植物図鑑について書かせてみた。その結果，低学年で行ったことがしっかり根付いていることがわかった。

(4) 読書の幅を広げるための手だて
① 本の帯作り（4年生）
　低学年から読んだ本を振り返って読書ノートに書くことや，みんなの前で学級で読んだ本の紹介をしている4年生は，1学期の中頃に，本の帯作りの活動を行っている。帯がどんな役割を果たしているかを話すため，新刊書を購入したときに集めておいた本の帯を示しながら説明をしている。その後，本のよさを人に伝えるためには欠かせないあらすじとキャッチコピーを考えるため，ワークシートを用意して書くことを図書館で行っている。もちろん書誌情報を書くことも欠かせない。このように，図書館で活動をする時に，直接帯づくりには使わなくても書誌情報を書くようにしていると，習慣化してくるので，レポートなどを書くときや資料を使うときにも注意して取り組むことができる。

　これは，今まで自分が読んだ本のなかから，ぜひみんなに読んで欲しい本を紹介する目的で帯作りをするという取り組みである。ワークシートに記入をした後，帯は学級や家で作ってもってくることにしている。子どもたちが作った帯付きで本を展示しておくと，次々と借りられていく。

② 本の紹介（岩波少年文庫を読んで：5年生）
　本に出会うには，きっかけがある。そのきっかけのひとつを小学校の時に作り，読書の楽しさを知ってほしいと願っている。出会いにはいろいろあると思うが，みんなで同じ活動をすることから出会うこともある。塾の問題に出てきたものの続きが読みたいといってくることもあれば，教科書に出ていた作者のものはないかと尋ねてくることもある。

　子どもたちに何世代にもわたって読み継がれてきた本のおもしろさを知らせたいという思いから，岩波少年文庫を5年生全員が読んで紹介するという取り組みを行っている。昔から読み継がれている物語が丁寧な翻訳で出版されていることから，岩波少年文庫を使用することにした。それぞれが選んだ本をていねいに読んで紹介カードに書き，それを教室に掲示してもらうという活動である。

　このカードには，読みたくなるようなあらすじを書くことと，おすすめポイントを書くこと

を条件として提示した。

『ふたりのロッテ』〔ケストナー作〕を読んだAさんは「音楽家のおとうさんと，優しいお母さんが離婚した時，ふたごのルイーゼとロッテは別々に引き取られた。ある夏，スイスの林間学校で二人は出会った。そして二人はふたごということに気づき，秘密の計画を立てはじめる。そしてついに，四人にとって一番幸福なときが来る」と書いた。"おすすめのポイント" の欄には「まったく同じ二人が出会う。違いは巻き毛とおさげの一つだけ。ルイーゼがロッテに，ロッテがルイーゼになる。おとうさんがロッテの望みをしっかりと受け止めてくれた。四人が一緒になれる？」と書いた。近年，ケストナーやリンドグレーンなどの本が読まれなくなり，『宝島』〔R. L. スティーヴンスン作〕や『二年間の休暇』〔ジュール・ヴェルヌ作〕もほとんど手にとられなくなった。ところが，この活動の後，ケストナーやリンドグレーンを手にとる子どもたちが多くなった。また，「先生，○○くんがお勧めに書いていた『王への手紙』〔トンケ・ドラフト作〕はある？見つけられなかったから予約して」といってくるようなことが度々あった。

図8-2 岩波少年文庫の紹介

③ ノンフィクションを読もう（6年生）

この活動を始めて6年ぐらいになるだろうか。きっかけはある日6年生の担任の先生がやってきて，「子どもたちは本を読む力はあるけれど，説明文などが苦手なので，ノンフィクションを読ませたいと思う」といわれた。本校にある本のなかから選ぶことにして，50冊を選んだ。それをカテゴリー別にして冊子を作り，夏休み前に配布してもらった。夏休み中に必ず1冊は読んでくることにして，読んだ感想を簡単に書いてくる。子どもたちのなかには数字が好きな子どもがいて，リストアップした本を全部読んできた子どももいた。

(5) 授業にかかわる

① 教科書単元からブックトーク

【理　科】

ある日，理科の授業前に図書館で子どもたちのつぶやきを聞いた。「次，理科なのよね。わからないからやだなあ。」こんなことを聞くと，何とかしなくてはと思い，当時理科の講師に来ていた先生の所に伺い授業の前の10分で，ブックトークをさせてもらいたい旨を話した。そこで，快諾をもらい，天気のブックトークを行った。これは5年生の理科の単元である。授

写真8-3　タブレット型端末を使って図書館で調べる　　写真8-4　図書館で理科の授業

業の後、図書館に授業にかかわる本を別置しておいた。休み時間に来た子どもたちはそれを次々と手に取って話しながら見ていた。このようなことがあって以来、図書館が理科の授業にかかわることが増えてきた。

　3年生の教室を何気なく見た放課後、理科の授業の板書が消されないままになっていた。それを見ておもしろそうなことが始まりそうだなと感じた。そこには大きく「生きものはかせ」と書いてあった。先生の話を聞くと、子どもたちがそれぞれ学校のなかの生きものを継続的に探究して、みんなに発表して知らせたいと、いっているそうである。その日から、次々に子どもたちがやってきた。「これクモだと思うけど、学校にあるクモの本には出ていない」「これは何かの幼虫だと思うけど何だろう」と幼虫を紙コップに入れてきたり、タブレット型端末で写真を撮ってきてツバキの種類を調べていた。幼虫をもってきた子どもは『日本産幼虫図鑑』〔学習研究社、2005〕を1ページずつ見て探していた。この活動を1年間続けた。遠足で行った高尾山でもこのはかせたちは「学校で見たのと同じ種類だと思うけど、大きさが違うな」など図書館の図鑑をもって行って調べていた。

【国語（5年生）】

　1学期のある日、5年生の担任に「子どもたちにエッセイを読ませて、書かせる授業を考えている」といわれ、エッセイそのものを理解するために、読みやすいエッセイはないだろうかと相談された。本校には硬軟いろいろなエッセイがある。ただし、普段は子どもたちは、自分の興味から借りることはほとんどなかった。5年生が興味をもって読めそうな本を数冊先生に渡して読んでもらった。その後、小学生が読めそうなエッセイを集めてみた。5年生になると、かなり読む本に差がでてきている。一般書を好んで読む子どもたちもいる。エッセイも一般書のなかからも選んで購入した。また、以前、6年生がエッセイを書いてまとめた作品も図書館に置いてあったので貸すことにした。それを子どもたちは、作家の書くエッセイより身近な作品に感じてくれた。先生は、岸本葉子著『エッセイ脳－800字から始まる文章読本』〔中央公論新社〕などを参考にして、エッセイとはどのようなもので、何をどのように書くものかと説明されていた。この活動を通じて子どもたちは、いろいろなエッセイを読んで自分たちでも書くようになった。

【生活科（1年生）】

3学期になり、1年生は心身共に小学生らしくなり、読む、書くことがどんどんできるようになってきた。ある日、1年生に『もりのてがみ』〔片山玲子作、福音館書店〕の絵本を紹介した。文章を書くことと絵を描くことが大好きな学級だったので、この絵本の主人公のように"身近なものに手紙を書いてみよう"という活動をしたらおもしろそうだと担任に相談した。この活動を子どもたちも担任も興味をもってくれた。これはなかなかおもしろかったが、1年生ならではの発想であった。

図8-3　1年生が書いた手紙

「ジャングルジムのまえの　おおきなもみの木さまへ。　たいいくのときにあった　わたしです。いつもみんなのことを　みまもってくださって　ありがとうございます。また、たいいくのときにあいましょう」「6がつぐらいに　あったおおきいはねのとりさまへ。　わかんないけど　つるとかいって、まちがっていたらごめんなさい。また6がつぐらいのときに　うえのあかいこうていで　まってるね。6がつぐらいにあなたを　おいかけてたひとだよ。こんどあったら　いっしょにあそんでね」というように、1年生の感性で絵本を受け止めて書いていた。

(6) 先生とコミュニケーションをとるために

① 教員向け図書館ニュースを毎月発行

学校図書館は意識して発信をしていかないと、学校のなかで忘れられてしまいがちである。そこで、教員向けに毎月ニュースを発行している。これは、職員会議で配布するようにしてカラーでビジュアルなものにしている。会議では文字のものが多く配布されるので、合間に目が通せるものをと心掛けている。この図書館ニュースには図書館が授業支援をしたこと、1年生には図鑑の使い方について、3年生には国語辞典の使い方や百科事典の使い方について取り組み、また教科に関連してブックトークを行ったこと、最近購入した参考図書の紹介などを合わせて載せている。

新学期には、『司書の使いかた』という文書を作って、先生のための図書館オリエンテーションの代わりとしている。

② 授業支援に至るまで

「学年通信」はその月の授業の進み具合や社会科見学などを行うことが書かれている。「学級通信」ではその学級が取り組んでいきたいことが書かれている。それらを見ると、授業を支援するための糸口を探ることができる。たとえば、4年生がゴミ焼却場や中央防波堤埋立処分場

の見学に行くことを知った時に，ゴミのブックトークをやらせてほしいとお願いをしたり，小さな展示コーナーを作って関連本を並べておくこともある。学級で取り組んでいこうとしている劇づくりなどを知り，それに参考になる本を提供することもある。また，休み時間や放課後に教室訪問をし，板書を見ると，今どんなことを子どもたちが学んでいるかを知ることができる。子どもたちの話から協力できることを探すこともある。授業支援をするために常に，アンテナを張りめぐらしている。

(7) 6年生に音楽ブックトークをするまで―音楽の先生との協働―

　本校では，専科教諭や学校司書のように学級に所属しない者たちは，給食を職員室で食べている。ある日，食べ終わって音楽の先生と立ち話をしていたところへ6年生の男の子がやってきた。私たちの顔を見ると，ちょっと得意そうに「先生，僕この本を読んでいるんだ」といって『1Q84』〔村上春樹著，新潮社〕を見せに来た。すると音楽の先生が「村上春樹を読むのならジャズを聴かなくちゃね」といった。「村上春樹の本は入れてません」と私がいった。この時，本のなかに流れる音楽を聴きたくなることがあることや，その音楽も知ったら，きっと物語が豊かに心に残るだろうということについて，会話をかわした。そして，音楽が出てくる物語や絵本はたくさんあるから，音楽が流れる物語というテーマで本と音楽を紹介したら面白いだろうということになった。音楽で伝わるものは，何だろうということを考えさせられた。

　このことをきっかけとして，音楽が出てくる物語と絵本のリスト作りをした。そこから，次々と先生と本を読みあった。私も以前読んだ本をもう一度読み返すことを始めた。それと同時に，先生が選んだ音楽を聴いた。絵本を読み聞かせ，物語に出てくる音楽をつなげて聴いてみる。これを「音楽ブックトーク」と名付けた。

　作り上げるのには話し合いを重ねていった。お互いの時間割に合わせて，子どもが下校した後や短い時間での打ち合わせをした。こうして「音楽ブックトーク」はできあがった。

　初めての時には2冊の本と音楽の紹介であった。この時の子どもたちの反応がよかったことから，次々と音楽ブックトークを行っていった。これまでに計4回行った。

図8-4　「音楽ブックトーク」の本をポスターで表示

　「音楽と図書館って相反しませんか？　つまり，音楽は音を出すもので，それと読書や文学，文字とはかけ離れているのでは」といわれるかもしれないが，実は物語のなかに音楽が流れ，主人公になって音楽を聴くと，もっとその物語のおもしろさがわかる。

　この活動を始めた頃の打ち合わせのメモを見ると，「このセッションで子どもに何が残るのか，子どもは何を経験するのか，子どもたちは登場人物になりきれるか？そし

て，何を問いかけるか」「…音楽が聞こえてくるタイミングはどこがベスト？　タイミングじゃなくてベストな意味を決めたい。そこがつかめれば臨機応変にできるのだ」このメモにはこのようなことが書いてあった。

　1学期の終わり頃，6年生に行う音楽ブックトークの最終回の打ち合わせをしていた時，偶然通りかかった保護者の方に，「おもしろいですね。ぜひ，聴きたいなあ」といわれたのが，保護者向けにも音楽ブックトークを行おうという企画のきっかけになった。

　『アヴェ・マリアのヴァイオリン』という実話をもとにした小説を軸に，本や映画の紹介とそこに流れる音楽を聴く。この本は，第1次世界大戦時の，徳島の住民とドイツ人捕虜たちとの交流から実現した話で，その時に日本においてベートーベンの第九が初めて演奏された。また，その時に，作られたヴァイオリンが第2次世界大戦時にアウシュビッツの音楽隊の手によっても演奏されたという。この1台のヴァイオリンがたどった物語である。

　音楽の先生は「第九は，日本でも大晦日に演奏されたりするけれど，ドイツ人にとっての第九は大事な時に演奏されるので，1989年のベルリンの壁崩壊の時にも演奏された」ということを話された。

　これまで音楽の授業で行ってきたことと，図書館で紡いできたことが一緒になることのおもしろさと醍醐味を，子どもと一緒に聴くことによって味わうことができた。

(8) 共に育てる―教員や家庭と学校図書館との連携―

　先生の授業を支援する，または，授業を先生と一緒に行うことは，なかなか簡単にはできないことが多い。もちろん，あまり成功したとはいえないことも多々あった。しかし，先生方が学校図書館を使って一緒に授業をしたこと，学校司書が支援したことがよかったと思われると，それが発展に繋がる。図書館を使ったことで，子どもたちがよく聞いていたとか，子どもたちが授業でよくわかったという体験をすると，次もまた学校司書と一緒に図書館で授業をしようと思うようである。

　そのために，毎月の職員会で『おとなの図書新聞』を配布するようになった。これに，「音楽の時間にブックトークをしました」とか，「2年生が給食のためにソラマメをむいたので，ソラマメのブックトークをしました」「3年生はポプラディアを使って百科事典の使い方の学習をクイズなども交え行いました」「4年生は本の帯の意味を一緒に考え，勧めたい本の帯を作って展示しました」「5年生は，岩波少年文庫をそれぞれが読み，紹介カードを書いて展示しています」「6年生に，『ノンフィクション50冊』の冊子を配布し，意見を書くことをしています」のようなことを載せている。

　児童向けには低学年，中学年，高学年と3種類のニュースを作って毎月発行している。保護者は図書館ニュースを見てくれることで，次第に子どもの本にも興味をもってくれるように

なっている。

　学校図書館は、さまざまな分野について子どもたちが興味をもって取り組み、その成果を展示できる場所である。とくに、小学校は子どもたちが興味をもって取り組んでいくことで、おもしろさを発見できる所だと思う。そのため、図書館は展示や掲示を行い、いつでもフレッシュな図書館にしていたい。「掲示物はいつまでも同じものを貼っておくと、それは風景になってしまうので、まめにかえましょう」と、ある学校図書館の司書にいわれたことがある。このようなことを心に留めてどのような展示にしようか、どのような掲示物を作ろうかと日々考えて取り組んでいる。

〔東京学芸大学附属世田谷小学校司書　吉岡　裕子〕

2　小さな図書館から広がる大きな世界

(1) はじめに

　「おはようございます」「予約の本は、きた？」と、朝から元気な声が聞こえる学校図書館である。登校して朝の会が始まるまでの20分ほどの間に、児童が本の貸出や読書のために来館する。借りるわけではないが、ふらっとやってきて雑談をして教室に戻る児童もいる。ある朝の返却は130冊、貸出は118冊で、50人位が来館している。図書館なのだから静かに、用事がある時は小さな声で話してと指導しているが、それだけの児童と短時間にやりとりしていると、ついつい声も大きくなってしまい、反省することが多い。私は、正規職員の学校司書で30年以上勤務している。フルタイムであるので、児童が朝登校してから放課後まで、学校図書館を開館している。

　千葉県船橋市は、東京への通勤圏で人口62万人を有する中核市である。市立学校は、小学校54校、中学校27校、特別支援学校1校、及び、高等学校1校がある。

　千葉県船橋市立坪井小学校（以下、本校）は、市北部にあり、畑や森が広がるのどかな地域であったが、学区内に私鉄の駅ができてから、宅地開発が進む人口急増地域となっている。2017年度は34学級で、児童数1,100人を超えている。現在、市のICTの研究指定校で、教室に電子黒板があり、1年生からタブレット端末を使っている。2016年度には、お気に入りの本をタブレット端末に記録して電子黒板を使って発表会を行っていた。学校経営方針として、読書指導の充実、及び、朝読書と学校図書館の積極的な活用があげられている。保護者も教育や読書に熱心な方が多く、図書ボランティアが組織されており、朝読書の時間に読み聞かせに入ってくださっている。

　私が本校に着任した2014年度は、学校図書館図書標準[1]を市内小中学校全校で達成するため、蔵書冊数が不足している学校に市から特別予算がついた年であった。本校は市内でもとく

に多く予算がついた学校で，通常予算分と合わせて合計2,807冊を購入した。新しい書架も入った。夏休み中に本の大移動を行ったため，この年だけは，9月に2回目の図書館オリエンテーションを行った。大変な年であったが，新刊書をたくさん受け入れるのは嬉しいことである。図書主任（司書教諭兼務）を始めとして協力的な先生方に恵まれ，図書委員やそのほかにも手伝ってくれる児童がたくさんいて，乗り切ることができた。貸出冊数も年々増え，2015年度から一人当たりの年間平均貸出冊数は110冊を超えるようになった。

(2) 1年の計は図書館オリエンテーションにあり

　進級，入学して新鮮な気持ちがあふれている4月，全学級に図書館オリエンテーションを実施する。学級数が多いので，日課表で組まれる図書館の時間[2]は，1学級1時間割り当てると時間数が足りない。本校では4年生までは学級で割り当て，5年生と6年生は学年単位でそれぞれ2～3時間割り当てている。高学年は，教科学習が多く，日々諸活動に追われているために，学校図書館側から何も働きかけないでいると，来館する機会は減ってしまう。やりくりをして，1学級1時間行う図書館オリエンテーションは貴重な時間となる。

　その内容は，利用方法（開館時間，貸出冊数，貸出期間，貸出方法，図書の分類と排架（配架））[3]や図書館マナー（貸出期間を守る，本を大切にする，静かにする）を指導し，その学年の学習に役立つ本や楽しい物語を紹介する。それぞれの学年に応じて重点を決めて，10分程度で説明する。

　1年生にはパワーポイントによる資料をスクリーンに映して話をする。とくに，図書館マナーに重点を置いている。たとえば，館内では静かにすること，持ち運ぶ時は絵本バッグ（本が入る手提げ袋）に入れること，本は仲間分けして置いてあるので，読み終わった本は正しい場所に戻すことを指導する。みんなも教室で席が決まっているように，本も置くべき場所が決まっていることを理解させる。さらに，どこにあったかわからなくなってしまっても大丈夫，本の背表紙についているシール（図書ラベル）に本の住所が書いてあるのだと説明する。書架を回って，1年生に読んでほしい絵本を何冊か紹介する。幼稚園や保育園で読んでもらったであろうと思われる絵本も紹介すると，ホッとしたような表情を見せる児童もいる。1年生に限らず，なぜか家にある本や知っている本を借りていく児童がいる。パソコンで貸し出すため，借りたい本を選んだら，カウンターの前に並ぶだけで済む。1年生の図書館オリエンテーションは，入学前の図書館体験により理解度の個人差が大きい。幼稚園や保育園に園文庫があったり，公共図書館を利用していたりする児童はすんなり理解するし，まったく経験がない児童は本がたくさんある部屋くらいの理解度の場合もある。最低限，本を勝手に持ち出さない，貸出返却時に必ずパソコンを通すことをわかってくれれば充分である。そして学校司書の顔と名前を覚えてもらう。「わからないことや困ったことがあったら何でも聞いてください」というと，

すぐに質問する児童がいる。あとは図書館利用を重ねるなかで，身に着けていってくれればよいと考える。最後に，借りた本と一緒に，図書館オリエンテーションの内容を書いた保護者向けの図書だよりを持ち帰ってもらう。

本校では，年度末に借りている本をすべて返却してもらい，新年度になってから貸出を再開することにしている。2年生以上の児童たちは，学校司書の話を聞くより，早く本を借りたくてうずうずしていることが多い。しかし，学校司書の側からしてみれば，昨年度までをふり返って利用の際に気をつけてほしいと思うことがあるので，その部分を強調して説明する。本を大切にすることの具体例として，汚損や破損した本を数冊提示し，どうしてこうなってしまったか，何に気をつければこうならないか考えてもらう。また，分類と配架の関係も確認する。本校では3年生から，検索用のパソコンを使用開始にしている。3年生の図書館オリエンテーションで使い方を説明する。その際，本の検索結果に請求記号が表示され，それが本の背表紙のラベルに書いてあることであり，本の置き場所であることを知らせる。児童も，正しい書架に戻すことの大切さを理解する。4年生は国語で請求記号と日本十進分類法，5年生も国語で日本十進分類法を学習する。「国語でも学習しますよ」と補足しながら説明すると少し興味がわくようである。

そして，各学年の学習に関係する本やその学年の子どもたちが登場する物語等を紹介する。面白そうな本，興味がわいた本は図書館オリエンテーション後に，すぐ借りられる。

高学年では，小学校図書館の蔵書では物足りなくなり，別の本に興味が移っている児童もいる。船橋市では図書館がネットワーク化されており，図書物流を使って市内公共図書館や他校図書館の本も借りられる。この学校図書館だけ見ると，1万冊程度の小さな本の部屋でしかないが，実は市内全体の図書館があなたたちの書架なのだと説明すると，少し見方がかわってくるようである。

(3) 船橋市の学校図書館ネットワーク

船橋市では，1998年度から2000年度まで，文部省「学校図書館情報化・活性化推進モデル地域」指定，引き続き2001年度から2003年度まで文部科学省「学校図書館資源共有型モデル地域」指定により，市立小中学校と市立特別支援学校の蔵書のデータベース化，学校図書館等のネットワーク化を行い，図書物流をスタートさせた。

市立小中学校と市立特別支援学校が，同じ図書管理システムを使い予約や相互貸借ができる。物流システムは，毎週水曜日，午前便で各校や市立図書館（4館）から図書資料を集荷し，午後便で配送する流れである。学校数が多いので，5ルートに分けて配送している。市立図書館は，学校とは異なる図書管理システムであるが，トラックの物流ルートに入っているので，学校が借りた市立図書館の本を運んでもらえるようになった。

市立図書館から学校が借りられる本は，学習で活用する本に限られるが，他校図書館からは，所蔵する学校が了承すればどの本でも借りることができる。システムによる貸出手続きは学校司書が行う。教科の学習で活用する本は，教職員からの依頼がほとんどであるが，図書館オリエンテーションでも言っているように，児童もパソコンで他校の本を検索できるので，借りたい本があった場合には学校司書に依頼してくる。

　学校司書については，2005年度小学校全校に，2015年度中学校全校に配置された。1970年代頃から，大規模小学校には正規職員の学校司書（行政職の事務職員）が配置されていたが，児童数が増減するなかで，2005年度には正規職員の学校司書は10名になっていた。文部科学省の指定を受け蔵書のデータベース化やネットワーク化を進めるなかで，やはり全校に学校司書が必要となり，10名の正規職員以外に非常勤ではあるが，学校司書を全校配置することになったのである。

　しかし，この時には中学校への配置ができなかったので，2007年度から2015年度6月に中学校に学校司書が配置されて引き継ぐまで，小学校の学校司書が週1日，中学校に出張し勤務した。2校の学校司書が1校の中学校を担当した。小学校は週1日学校司書がいない状況になったが，中学校には週2日学校司書がいる形になり，中学校図書館の整備を進め，図書物流も活発に行われるようになった。

　中学校への出張は大変であったが，小学校での図書館利用教育について改めて考える良い機会になった。勤務する小学校の卒業生がいる中学校に出張していた時，相変わらず本好きで通ってくる生徒もいたが，小学校でよく借りていたはずなのにまったく見かけない生徒がいることに気づいた。中学校は昼休みが貸出時間のメインであったので，忙しくて来ることができなくなったか，あるいは，本以外のものに興味が移ったかとも考えた。しかし，小学校の間は図書館の時間があるので機械的に借りていただけで，自分の意思で図書館に行こうとまで思う児童が育てられていないのかもしれないと思った。小学校でもっとしっかりと図書館の利活用の基礎を固めなければと感じた。

　中学校への学校司書配置が実現された現在，6年生の卒業が近づいてくる時期には，中学校図書館には小学校図書館よりも本がもっとたくさんあって楽しい所であることを伝え，中学校に入学後も学校図書館に行くように促している。

　学校司書は一人職場なので，迷った時や困った時に相談できる人が必要である。そこで，非常勤職員をグループ分けして，正規職員が相談員となっている。スタッフマニュアル等は正規職員の学校司書が市教育委員会の指導主事の指導のもと作成している。また，利用指導資料等をインターネットで共有している。こうして，学校司書のネットワーク化も進められている。

(4) 日常のなかに本を

　本校では朝読書を毎日行っており，保護者ボランティアが各学年で5回程度，教室に来て読み聞かせをしている。その後の貸出につなげるため，なるべく学校図書館の本を紹介してほしいとお願いし，年に数回ではあるが昼休みに選書のために学校図書館を開放している。

　課題は高学年である。図書館の時間がほとんどないので，学校司書も高学年の教室に行って，本の紹介をすることがある。学級数が多いため，年に1～2回程度でしかないが，興味をもった児童が後で借りに来ることもある。しかし児童も教職員同様日々忙しい。行事や授業に追われており，放課後は塾や稽古事が待っている。スマートフォン等を楽しんでいる児童も少なくない。また，中学年の段階までに長文を読めるようになっていないと，自分は本が読めない，本は嫌いと諦めてしまう児童がいる。逆に本の虫と言えるほど本の世界に入り込み，毎日学校図書館に通い詰める児童もいて，読書に関しては二極化している。その隙間を埋めるべく図書委員会の児童の活躍に期待して，さまざまな方策を練っている。そして，何よりも児童に影響があるのは担任の先生である。担任の先生方が本好きであったり図書館に関心をもっていたりする学級は，児童の貸出冊数も多いのである。担任の先生方に興味をもってもらえるように，研究会に参加したり，研究誌や本を読んだりして勉強している。児童も教職員もいつも読みかけの本をもっている，それも学校図書館の本を，というようにしたいものである。

(5) 本や作品展示を通じて交流が生まれる

　市内には，余裕教室を学校図書館に改造して，絨毯敷きの第2図書室にしている学校もある。しかし本校は，教室に余裕がないので，学校図書館は1.5教室分ほどの広さの特別教室しかない。そこに，学校図書館図書標準に達した蔵書が収められているので，5段の高書架を配置するしかなく，圧迫感は否めず，低学年には上段の本が取り出しにくくなっている。そこで，一番上の段には高学年向きの本を入れるようにしている。気をつけているのは，館内に，死角になる場所を作らないことと，書架と書架の間は，車椅子が通れる幅を確保することである。実際に，怪我をしてしばらく車椅子を使う児童がいた時も，書架の間をめぐって本を選ぶことができた。

　そのようなわけで，児童の目線にあった展示スペースも限ら

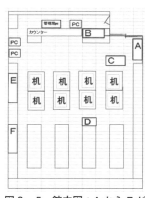

図8-5　館内図：AからFが展示スペース

写真8-5　入口から館内を見たところ。写真手前のブックトラックが館内図のC。机の奥5段書架を背に絵本架（館内図D）

第 8 章 小学校

れているが，来館した児童の目を引くような展示を心掛けている。

① ブックトラック：Ｃと絵本架：Ｄ

　狭い学校図書館にたくさんの児童が来るため，ブックトラックを展示に使って，いつでもどこでも移動できるようにしている。写真の向きのようにしていると，扉を閉めていても扉のガラス越しに展示されている本を見ることができる。先生方の推薦図書や新刊，学年別の推薦図書を置くことが多い。読み聞かせやブックトークをする時は，ブックトラックをもっと端に寄せて，カウンターと机の間に児童を集めるようにしている。Ｄの絵本架には，季節や行事に合わせた絵本を並べている。

写真 8－6　秋の本を展示した絵本架Ｄ

② 学習コーナー：Ｂ

　カウンター上 4 分の 1 ほどを使ったＢの展示コーナーは，学習コーナーにしている。この下部にはカウンターに沿って 2 段書架を置き，百科事典など館内用の調べる本を置いている。この場所は貸出返却のために児童が並ぶ場所なので，必ず目にする場所である。学習に役立つ学校図書館を意識してもらうために，このようなコーナーにしている。毎月，学年だよりをもらい，掲載されている「今月の学習」部分を切り抜いて掲示し，学習に関連する本をピックアップして並べる。総合的な学習等で，学年全体で調べるために依頼された本は，箱に入れて学年

写真 8－7　カウンター上の学習コーナー・今日の新聞

写真 8－8　国語の出典本展示コーナー：Ａ　　　写真 8－9　本の帯や POP の作品展示（5 年生）

に貸し出してしまうことが多いが，依頼されなくても役立ちそうな本を置く。プールの時期には水泳の本，九九を覚える時期にはかけ算の本というように，体育や理科，算数，社会など関連しそうな本を並べておくと，児童だけでなく，先生方も借りて行くことがある。新聞は一般紙3紙を置いている。「今日の本」として新聞記事の切り抜きと関連本を置くこともある。

　Aの展示コーナーは，通常，国語の教科書の出典本を並べ，壁には出典本リストと新聞記事の読み方を掲示している。この場所は，児童の作品の展示場所になることもある。読書クラブや国語の授業で作成した本の帯やPOP，紹介ポスターを本と一緒に並べることもある。

③1年生と2年生の箱を使った本の紹介

　2年生が，算数で箱の学習（立方体や直方体）を学んだ時に，空き箱を使った。その空き箱を利用して，本を紹介した学級があった。ひとつの箱で1冊を紹介した。それぞれの側面に合わせて画用紙を切り，コメントや絵を書いて貼り付けた作品である。担任の先生が研究会に行った時，このような発表作品があったのを思い出して作らせてみたそうである。面白いので，お願いして学校図書館に展示させてもらった。その作品を見た1年生の先生が，展開図を使って本を紹介させることを考えた。1年生では箱に貼り付けるのはむずかしいので，展開図のそれぞれの面に絵を描いたり作者名を書いたりして箱に仕上げた。1年生と2年生の作品交流ができた。

写真8-10　箱を使った本の紹介展示

④図書委員の本の紹介：E

　窓側の絵本を置いている棚の上にEとFの展示コーナーを作っている（図8-5）。図書委員会が，給食の時間の放送で本を紹介するので，紹介した本を展示コーナーに置く。また，書架のちょっとした空間に，図書委員が書いたPOPと本を展示している。図書委員も読書啓蒙のための重要なスタッフである。

　1冊を紹介する展示台は牛乳パックの再利用の工作である。複数冊の展示台は，以前在職していた先生による木製の手作りである。

　こうして作品を展示すると普段あまり来館

写真8-11　図書委員作成POPと放送での紹介本展示

しない児童もやってくる。「やってみたい」「作ってみたい」と言い出す児童もいる。簡単なPOPなどを作ってもらって展示することもある。

第 8 章 小学校

⑤ 本からとびだすおいしいごちそう：栄養教諭とコラボレーション

　給食メニューと本を結びつける企画は，全国各地で行われているようである。本校は食数が多いので調理過程に制約があるが，2016年度は栄養教諭の方から声をかけてくださった。秋の読書祭りの時期に「本からとびだすおいしいごちそう」と題して本の展示に取り組んだ。献立表にもその日のメニューに合わせて考えた書名を書いてくださり，図書委員が，給食時間の放送で，その本を朗読した。学校司書は，給食の配膳後，すぐに写真を撮り印刷，その日の昼休みには，本と一緒に献立の写真を展示した。児童も興味をもってくれた。2017年度以降も引き続き行っていく予定である。

写真 8-12　今日のメニューと本の展示

(6) 先生方の推薦図書展示

　図書主任（司書教諭兼任）は，図書委員会も担当しており，いろいろと相談しながら取り組んでいる。2016年度の秋の読書祭りは先生方の推薦図書を展示しようということになった。本校は，タブレット端末が児童用に40台ある。図書委員が先生方にインタビューに行き，本をもった姿を撮影させてもらい，ポスターに仕上げて図書委員会の掲示板に掲示した。本は，学校図書館に展示した。予想以上に児童が興味を示し，読書祭り終了後，掲示を外そうとしたら，まだ貼っておいてほしいと児童から要望が出たほどである。本もよく読まれた。普段は本や図書館にあまり興味がないと思われていた先生が，掲示が貼りだされた後，図書館の時間に自ら本の紹介をされたこともあった。この企画がよい刺激となったようである。

写真 8-13　図書委員会用掲示板での推薦図書掲示

① 教員のレファレンスから図書館活用をさらに活発にするために

　本校には，読書指導や図書館利用教育に関心の高い先生が多い。低学年の図書館の時間には，たいてい学校司書が読み聞かせや本の紹介を行っているが，担任の先生と交代で行う学級もある。中学年や高学年でビブリオバトル[4]に取り組んだ時は（写真8-14。教室で電子黒板を使ってのビブリオバトル），模範として学校司書と担任の先生で行い，実際にビブリオバトルをしたこともあった。また，アニマシオン[5]も学校司書だけでなく担任の先生

写真 8-14　教室の電子黒板を使ったビブリオバトル

が行うこともある。

　しかし，全員の先生の関心が高いわけではなく，日々忙しく過ごしていて，学校図書館活用まで考えていない先生もいる。そこで，職員用図書便りを毎月発行し，児童の図書館利用の様子や日々行われている学校図書館を使った調べ学習を知らせている。貸出の多い学級の先生には，どんな指導や工夫をしているのかインタビューすることもある。学年だよりを参考にして工夫している学習コーナーの展示も児童向けというだけではなく，先生方へのアピールでもある。こうしたことをきっかけに，先生方と接したり話したりしているうちに，関心を持ち始める先生も出てくる。児童がいない始業前や放課後に先生方と雑談するなかで，図書資料の依頼や新しい企画が生まれることもありうる。

② 図書資料を学習に活用する

　本校は，本を使って調べることに意欲的な児童が多い。学年だよりを読んで，担任の先生に「こんな本を見つけたので借りてきました。」と，学習に関連する本を先取りして借りて行く児童もいる。1年生国語の「はたらくくるま」や3年生社会の「むかしのくらし」，総合の「野菜博士になろう」，4年生総合「リサイクル」，5年生総合「米」「福祉」，6年生の「日光修学旅行」については，関連図書を箱に入れて学年貸出することが多い。本校蔵書で足りない時は，図書物流を活用して他校や公共図書館から借りる。とくに役立ったり調べやすかったりした本は，次の購入計画のためにメモしている。

写真8-15　見本のリーフレット

　2年生国語「生き物のことを調べよう」の単元では，調べたことをLibrary NAVI[6]の変形の4つ折りリーフレットにまとめた（写真8-15は，学校司書が作成した見本）。正式のLibrary NAVIは6つ折りだが，6つ折りは小学生にはむずかしい。大きさも書きやすいように八つ切り画用紙半分の斜め切りにした。

　担任の先生が授業計画を考えていたときに，5年生が総合「米」のまとめを変形のLibrary NAVIで作っていたその作品にヒントを得た。教員がワークシートを作り，学校司書が資料収集やリーフレット作成の支援を行った。

写真8-16　種類別に箱詰めした参考図書

　図書資料は，他校や公共図書館からも借りて集め，調べやすいように昆虫や草花，爬虫類（カメやカナヘビ等），動物（イヌ，ネコ，ハムスター等），鳥等種類別に箱詰めにして分けた（写真8-16）。ある程度集まったのだが，家で飼っている熱帯魚等のなかには，本には載っていないような稀な種類があった。似たような仲間の魚で調べるように言っても，児童が納得できないということもあり，むずかしさを感じた取り組みであった。

4年生国語『一つの花』では、並行読書[7]のため、太平洋戦争の関連図書を学年用に箱に入れて貸し出す前に、導入として学校司書がブックトークをする。以前は、図書資料の紹介だけでブックトークをしたが、児童にしてみれば太平洋戦争ははるか遠い昔話である。戦争を伝えることがむずかしくなっている。そこで、学校司書が自分の親から聞いた戦争体験談を交えて話し、船橋市の戦争中の記録写真が掲載されている本も紹介しながら、戦争を身近に感じられるようにした。

写真8-17 2年生「としょかんたんけん」問題の本掲示

同じく4年生で、国語「読書発表会をしよう」はブックトーク[8]についてである。単元の学習時期をずらし、冬休みに入る前に学校司書がブックトークの模範を示した。児童はブックトークをすることを考えながら冬休み用の本を選んで借りた。1月にブックトークの発表会を行った。ワークシートは、学校司書が研究会で学んだものに、教科書を見ながら本校用に少し手を加えて作成した。児童の発表会を見せてもらうと、学校司書顔負けの発表がたくさんあり、参考になることもある。

2年生では国語で「としょかんたんけん」の単元がある。担任の先生方と相談し、2年生におすすめの本を数冊ピックアップし、本探しゲームを行った。児童には、図書館見取り図を渡し、本を見つけたら、本には触らず（本の場所を動かしてはいけない。まだ見つけていない友達にも教えてはいけない）、黙って見取り図に場所を書くように説明した。

3年生では図鑑の使い方や本の奥付を、4年生では日本十進分類法と請求記号について学習する。それぞれ図書館利用教育として学校司書が児童の支援に入ることがある。

（7）図書館は面白いところ

文部科学省の「学校図書館担当職員の役割及びその資質の向上に関する調査研究協力者会議」から出された『これからの学校図書館担当職員に求められる役割・職務及びその資質能力の向上方策等について（報告）』によると、「学校図書館の意義を達成するため、学校司書は、学校教職員の一員として、司書教諭等と協力しながら、学校図書館の各機能（読書センター・学習センター・情報センター）の向上のため以下の役割を担っている。…学校図書館の管理や運営のみならず、児童生徒や教員に対する間接的支援、直接的支援、教育指導への支援に関する職務を担っていくことが求められている。」とある。

学校司書として利用者である児童や教職員と本や図書館をつなげるため、いろいろと考え、司書教諭と相談しながら取り組んでいる。基本的な考え方として、初任の頃からの思いは「図書館は面白い」ということである。そこにある図書資料（物語が苦手な児童や教職員であっても、楽しめる本は必ずある）、そこで出会う人（児童、教職員、ボランティアなど）、そしてそれらがつながるネットワークが大切である。

図書館では一人でいても誰も不審に思わないし，友達と楽しむこともできる。1冊の本を仲立ちとして，新しい仲間ができる可能性もある。小さな学校図書館から無限の世界が広がっている。面白そうなことを見つけたり考えたりしたら，それを児童や教職員に伝え共有し，一緒に取り組むことで利活用を促し，本好きを増やすことができる。学校図書館を利用するのは，人生のごく短い時期でしかない。学ぶ喜びや知る喜びを実感し，楽しい思い出をたくさん作って，やがては公共図書館のよき利用者になってほしいと願っている。

〔千葉県船橋市立坪井小学校司書　中村　貴子〕

3　楽しく学びを広げる場所に

(1) はじめに

① 学校の中心にある図書館

　東京都杉並区立桃井第五小学校（以下，本校）は杉並区の北西に位置し，西武新宿線沿線の閑静な住宅街にある。校舎はオープン型の造りで，2階と3階の教室に囲まれた多目的スペースが学校図書館になっている。出入り口は3カ所あり，どの教室からもすぐにアクセスできるのが特徴である。3階部分は天窓までの吹き抜けになっていて開放的な雰囲気があり，図書館にいながら教室での子どもたちの様子が伝わってくる。現在の場所に移動してから休み時間に来館する児童が増え，休み時間の貸出が倍増した。また，教員も本を探したり，子どもたちの様子を見に立ち寄ったりする姿が多く見られるようになった。

［基本データ（2016年度）］

クラス数・児童数：20クラス・620人
蔵書冊数：11,943冊
年間貸出冊数：32,712冊
年間予約冊数：633冊
図書館での授業時間：553時間

写真8-18　3階から見た本校図書館の様子

② 杉並区の学校司書制度

　杉並区では学校司書が2009年度から段階的に配置され，2012年度に小学校43校，中学校23校に全校配置された。雇用形態は区のパート職員で，月曜から金曜まで1日6時間（週30時間）の勤務である。区の教育センター内には学校図書館を支援する学校図書館支援担当が設けられ，学校司書からの相談に応じたり，学校司書や司書教諭を対象とした研修を担当している。学校司書への研修は，月1回行われている。テーマは，基本的な業務内容，資料の評価選

定，レファレンス，アニマシオン，ストーリーテリング，パスファインダー，読書会，授業支援，合理的配慮など多岐にわたる。これらの研修時には課題が出されることもあり，学校司書それぞれが勤務校で実践した成果をもとに情報交換し，自校の取り組みに反映させている。

(2) わくわくに出会える学校図書館をつくりたい

① 学校図書館を改造する

　私が2012年6月に着任したとき，学校図書館は普通教室から離れた場所にあった。それ以前に学校司書は配置されていなかったが，図書ボランティアの方々が，休み時間の本の貸出・返却，書架整理を担当していた。しかし，両面から本が入るようになっている高さ180センチの書架が何台もあり見通しが悪かった。また，本が分類番号順に配架されていないことや，準備室面積が広く，開架面積が狭いことが気がかりであった。そこで，以下の点に関して計画書を作成した。

- カウンターから児童の動きが見えるように書架を移動する。
- 本を分類番号順に配架できるよう，蔵書数と書架の棚の数を計算しながらレイアウトを変える。
- 季節やテーマに合わせた展示や，楽しく本を選べるスペースを増やす。
- 準備室を一部開放し，読み聞かせコーナーと絵本や幼年文学のコーナーをつくる

　そして，司書教諭が職員会議で提案し，承認された。レイアウト変更は，夏休みに教員や図書ボランティアの方々の協力により，行うことができた。

② 学校図書館を移動する

　図書館の活動が軌道に乗ってきた2015年秋に，児童数の増加から教室を増やすことになり，学年集会などで使われる多目的スペースであった現在の場所に，図書館が移動することになった。移動先が決まってから，学校司書を含めた図書部の教員と学校事務職員を中心に，書架や本を移動する段取り，スケジュールについて何度も打ち合わせを行った。とくに，書架のレイアウトは固定すると容易に変更できないため，図書部で原案をつくり書架の実寸の用紙を床に置きながら，本が書架に収まるか，書架と書架の間隔に危ないところがないかなど，すべての教員に確認してもらった。また，オープンスペースであったため，各教室から聞こえてくる音をさえぎるための壁やドアの設置，電話やパソコン関係の配線，電源の確保など，図書館として使えるように整備した。とくに出入り口のドアは，暖かい雰囲気にしたかったので木製にし，外からでも中が見通せるように一部分にガラスを入れるようにした。さらに，2カ月間の移動

期間中は，図書の授業や資料提供にできるだけ支障が生じないよう，事前に必要な資料を抜き取り，ブックトラックで教室に運ぶなど，対処した。

現在の図書館は以前より面積が減ったので，本をどう収めるかなどむずかしい部分もあるが，小型のブックトラックを利用して書架数を増やしたり，書架の側面を利用して展示スペースを作るなど，さまざまな工夫をすることで対応している。

③ 学びを広げる蔵書に

学校図書館は，教員や児童が使いたい時にすぐ対応でき，読みたい時に手に取れるよう蔵書がそろっていることが大切である。蔵書がないことで，利用機会を逃す場合もある。しかし，予算は限られていて，必要な本をすべて購入することはできないので，調べ学習や読書指導で必要な資料を優先的に購入するようにしている。とくに，調べ学習の資料は毎年実施する単元を中心に，基本的には一クラスの児童数分を揃えている。また，単元や活動に応じて，多様な資料が必要なのか，それとも複本がたくさん必要なのか教員と相談している。さらに，公共図書館から借りた資料についても，よく使われたものをチェックし，購入の際に参考にしている。子どもたちの課題によっては，専門的な図鑑類，事典類など情報量が多い本でないと調べられないこともあるので，児童書だけではなく，一般書も必要になる。図書資料の他にも小学生新聞を購入し，閲覧後は必要部分を切り取り分類別に情報ファイルを作成し保管する。また，特集記事はテーマ展示に役立てたりしている。パンフレット類はコンパクトに情報がまとめられているので，作成機関に連絡し入手している。

教科書に掲載されている作家の作品や紹介されている本は，読書指導で使われることが多いので優先的に購入している。また，国語の単元に関連する本，テーマ読書で使用される本，読書会で使用される本，及び児童に読んでほしい本として図書部で選んでいる「各学年にすすめる本」については，複本を揃えるようにしている。一方，児童が読みたい本を手渡すことも学校図書館の基本的な役割であるので，児童に人気の本やリクエストがあった本は内容を確認し，購入するようにしている。

(3) 図書の時間を目当てをもって学ぶ時間に

本校では各クラスに毎週1時間の図書の時間が設定され，本を読んだり貸出を行ったりというだけではなく，児童が目当てをもって図書館で学ぶ時間として，さまざまな活動が行われている。どの学年でどのような活動を行うかは後述のように学校図書館活用指導計画にまとめてあり，図書館の使い方や調べ方を学ぶ時間，楽しく本を読むことを学ぶ時間になっている。

図書の時間に学校司書がどう支援するかについては，学級担任と連絡を取り合い決めている。学校司書が2週間ごとに，指導計画をもとに支援する内容を書き込んだ利用予定表を配布

表8-1 教員に配布している利用予定表

する（表8-1参照）。担任はどんな本を読み聞かせ紹介してほしいかや，調べ学習の具体的な内容を書き込み学校司書に返信する。さらに，その予定表をもとに細かい打ち合わせを行っている。

① 図書館の使い方や調べ方を学ぶ

　たくさんある本の中から，どのように自分の読みたい本を探し出すかを小学校で学ぶことは，中学，高校，大学の図書館や公共図書館の使い方を学ぶことにつながる。また，自分の課題を見つけ，必要な情報を探し選ぶ方法を学ぶことは，教科を横断して使うことができるスキルを手に入れることであり，学校司書が積極的に教えることであると考えている。そこで，図書の時間を使って，段階的に図書館の使い方や調べ方を教えている（表8-2参照）。とくに2，3年生は，司書教諭が担任に代わり図書の時間を担当していることもあり，単元に合わせて丁寧に教えている。たとえば，2年国語「かんさつ名人になろう」や生活科「生きものはっけん」の単元に合わせて，昆虫図鑑を使った目次・索引の引き方，凡例の見方を教えている。はじめに「今日は図鑑で虫取りをします」と伝えると，図鑑好きな子どもたちからは「やったー」という声があがる。二人1組で配られた昆虫カードを見て，虫のなかまを考え目次から載ってい

表 8-2　各学年での図書館の使い方，調べ方の指導

1 年	本の借り方・返し方　本の扱い方　本の分け方　予約方法
2 年	図書館の分類（10 分類）　図鑑指導（目次・索引の引き方，凡例の見方）
3 年	図書館の分類（100 分類）　国語辞典の引き方　百科事典の引き方　引用の書き方　テーマの決め方　情報カードの使い方
4 年	図書館システムでの本の検索　奥付と本の情報　地図の使い方　テーマの決め方　出典の書き方
5 年	情報の信頼性　参考図書について　年鑑の使い方　著作権　研究レポートの構成
6 年	参考図書について　資料リストの書き方　研究レポートの構成

るページを探す。さらに，ワークシートに書かれている虫の名前を索引のページから探し虫の大きさを書く。子どもたちは虫の名前が並んでいる索引のページに圧倒されるようで，休み時間も友だちと楽しそうに見ている。この取り組みは毎年度行うので，同じ出版社の昆虫図鑑を二人で1冊使えるように揃えている。また，低学年が一人1冊持って校庭で使えるように，1年生でも使えるポケット版の植物図鑑と昆虫図鑑を1クラス分揃えていて，必要に応じて使い方を教えている。

　3年生では，国語「本を使って調べよう」に合わせて百科事典の引き方を教えている。その際，同じ言葉を国語辞典でも調べさせ，百科事典に書かれている内容との違いを理解してもらい，どのような時に百科事典を使ったらよいかも伝えている。さらに，3年生以上になると，自分で課題を決めて調べることが増えるので，ワークシートを使って，大きなテーマから自分がもっとも調べたい具体的なテーマに絞り込んでいく方法や，情報カードに調べたことを書きとっていく方法も教えている。これらの学習で使用するワークシートは，全国学校図書館協議会による『学校図書館学びかた指導のワークシート』〔全国学校図書館協議会，2007〕や他校の学校司書の実践を参考に，司書教諭と相談しながら作成している。

② 楽しく読むことを学び広げる

1) 自由に本の紹介タイム

　子どもたちは図書の時間に，自分が選んだ本を読むことをとても楽しみにしている。本を読むのが苦手な児童にもいろいろな本と出会ってほしいので，学校司書は読み聞かせや紹介，ブックトーク，フロアワークなどでそのきっかけを作っている。加えて，子どもたち同士で本の面白さを伝え合う活動をたくさんしてはどうだろうと，司書教諭と話をしていた。本を読むというのは個人的な営みであるが，面白いテレビ番組の話をするように，読んで面白かったと周りの人たちに話すことで共感し合えれば，もっと読むことが楽しくなるだろうし，すすんで本を読むようになるだろう。そのような時間を作ってみようと，2年生から4年生の，図書の時間に，読んだ本の紹介タイムを設けた。

　この取り組みでは，話すことや書くことが苦手な児童でも楽しめるように，事前に発表する文章は書かせないで，見せたいページや話したいページに付箋をはり，自由に本の話をしても

らった。はじめに，教員や学校司書が読んだ本について，2分間話をして見せた。その後，子どもたちは，同じテーブルの5,6人で話をする。はじめは話すことができなかった児童も，他の児童が話した内容に参加できると，自分の本についても少しずつ話をするようになっていった。また，友だちに紹介してもらった本は，貸し出されることが多かった。

この活動を発展させて，3年生は読書会も行った。これは国語の単元である「よい聞き手になろう」「読んでかんじたことを発表しよう」に関連づけた活動である。3,4人で同じ絵本を読み，感じたことを読書ノートに書き出したあと，書いたものを発表し合う。子どもたちは，友だちの感想に質問したり，つけ足したりすることで，同じ本を読んでも，似たような考えやまったく違う考えがあることにおもしろさを感じていた。

1年生は2学期になると，本を読むことに慣れて，読んだ本の記録を書き始める。その頃担任から，図書の時間に絵本を紹介し合う活動を毎回やりたいと話があった。そこで，2年生と同じ方法でやってみることにした。紹介したいページに付箋をはり，その部分を見せながら，「わたしがおもしろかったところは，ここで」と話をする。一人が話すと，子どもたちは顔を寄せ合ってその絵本を読んだり，みんなに読んであげたり，「なんで？　どうして？」と会話する姿が見られた。この活動を毎時間行うことで，本を読む，面白さを言葉にして伝える，本の話を聞く，自分も読みたくなる，という読書に関する良いサイクルが定着していったようで，1年生の予約数は他の学年に比べ大変多くなった。

2）『エルマーのぼうけん』でクイズ大会

2年生には，絵本だけでなく幼年文学も読んでほしいと思っている。とくに，ルース・スタイルス・ガネット著『エルマーのぼうけん』〔福音館書店，1963〕は，章ごとにいろいろな動物や道具が出てきて，楽しく読み進めることができるので，あらすじを紹介し一部分を読み聞かせていた。しかし，読み通すことがむずかしい児童も多かった。楽しく読み進める方法はないかと考えていた時，みんなで物語を読み，クイズを出し合うアニマシオンが掲載されている本〔有元秀文『子どもが必ず本好きになる16の方法・実践アニマシオン』合同出版，2006〕を見つけ，やってみることにした。

クイズ大会を行う前に，まず学校司書が数回に分けて前半部分の読み聞かせを行い，後半部分は各自が一人読みをした。一人読みでは，1クラスの人数分の本が必要になり，区内の小学校から借りて対応した。読み終わってから二人1組で相談してクイズをつくり，Aチーム，Bチームに分かれて得点を決めてクイズ合戦を行った。子どもたちは，楽しくクイズをつくったり出された問題に答えたりすることで，物語の細かい部分まで読むようになった。さらに，比較的長い物語を読み通した経験が自信につながったのか，『エルマーのぼうけん』シリーズの貸出が増え，他の幼年文学を読む足がかりにもなった。

3) 異学年での読書交流

　図書の時間の枠を超えて，異学年で読書の交流をすることも楽しい。1年生は3月にクラスでペアをつくり，読み聞かせをし合う活動を行っていたのだが，その活動の前に，読み聞かせのお手本を，2年生がやって見せてはどうだろうと，担任に相談し実施することになった。2年生が本を選ぶ前に，学校司書から，本の選び方について，1年生がおもしろいと思って聞いてくれる本，長すぎずむずかしすぎない本，10分くらいで読み切る本など，数冊を紹介しながら伝えた。本を選んだあと，2年生はすらすらと読めるように，教室や家庭で真剣に練習をして本番に臨んだ。この活動のあと，1年生はクラス内でペアの読み聞かせをしたが，2年生が上手に読んでくれたことに刺激を受け，楽しく読み聞かせができていた。さらに，自信をつけた1年生から，4月の新1年生の「がっこうたんけん」の時に，絵本を読んであげたいという声があがり，2年生になった子どもたちは立派に読み聞かせを行った。

　4年生は3年生に，グループブックトークを行っている。これは，2014年度杉並区教育研究会小学校部会学校図書館部の研究授業で行われた取り組みである。

　学校司書がはじめに，ブックトークとはどういうものかを実演しながら説明し，テーマ選びや本選び，紹介の仕方のアドバイスを行った。子どもたちは3，4人のグループでテーマを決め，各自でつけていた読書の記録を参考にしながら，テーマに合った3年生向きの本を選ぶ。4年生にはいろいろな分類の本を読んでほしいと考えていたので，絵本，ノンフィクション，フィクションのすべてをブックトークに入れるように伝えた。そして，選んだ本をつなぐ言葉や紹介の仕方を話し合いワークシートにまとめ，教室でリハーサルを行った。練習を見に行くと，原稿を懸命に覚え，グループの仲間同士で「声を大きく」とか「本が見えないよ」とかアドバイスし合っていた。3年生は4年生が本を紹介してくれるとあって真剣に聞き，紹介された本もよく読んでいると担任が話してくれた。

　この活動で，さまざまな分類の本にたくさん目を通し読むこと，本の面白さを相手にわかるように伝えること，話し合いながらブックトークを完成させていくことができ，担任も，読む，聞く，書く，伝え合うすべての活動ができるとてもよい取り組みだと言っていた。子どもたちの感想からは，「初めはむずかしそうでできないと思っていたが，みんな上手にできてよかった」という達成感や，「〇〇さんの紹介していた本がおもしろそうだった」など，4年生の読書にも活かせる活動になっていた。その後，この取り組みは4年生が毎年度行うようになり，読書集会でも5，6年の図書委員が行うなど，良い読書の輪が生まれている。

(4) 調べ学習を支援する

① 授業の内容を知るところから

　学校司書は，各教科の単元の導入，展開，発展の各段階で，教員の求めに応じてさまざまな

第 8 章 小学校

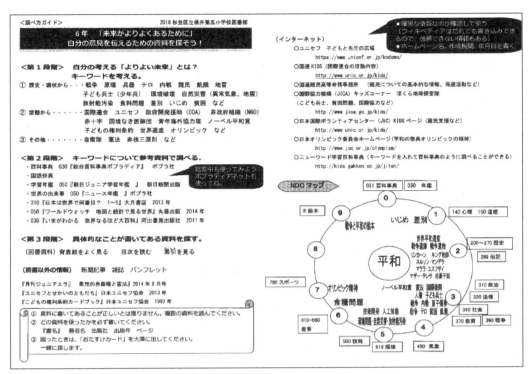

図8-6 6年に配布した調べ方ガイド

支援を行っている。とくに調べ学習を支援する場合は，資料を用意する前に必ず教員と打ち合わせをしている。授業のねらい，資料を使うスケジュール，資料の内容，まとめの方法について確認している。そして，教科書を読み，教員が作成した指導案，学習計画，ワークシートなどを見せてもらい，用意した資料で子どもたちが調べられるのかを，ワークシートに書き込むなどして確認している。また，必要があれば，児童に見てほしいページに付箋をはっている。

資料を提供する時も，できるだけ資料の内容や調べ方について説明したり，高学年にはパスファインダー（情報の調べ方ガイド）や資料リストを配布するようにしている（図8-6参照）。調べるテーマや，資料が見つからない児童には個別にアドバイスしている。調べ学習の後には，児童が付箋を貼った資料を確認し，冊数は適当であったか，内容は適切であったのかを教員に聞いたり，成果物を見せてもらったりすることで振り返りを行っている。

② 教員と調べ学習を考える

教員と学校司書の何気ない会話がもとになって，調べ学習の方法を一緒に考えた事もある。当時，私はアクティブ・ラーニングに興味があり，ダン・ロスステイン，ルース・サンタナ著『たった一つを変えるだけ　クラスも教師も自立する「質問づくり」』〔新評論，2015〕という本

を読んでいて，家庭科専科でもある司書教諭に，能動的に学ぶ調べ学習に興味があると話した。すると，司書教諭もその本を読んでいたことがわかり，6年家庭科「朝食をつくろう」の授業で，「質問づくり」から調べ学習をやってみよう，ということになった。これまでの調べ学習では，「なぜ朝食を食べるのか」について教員から質問をなげかけて調べさせていたのだが，自分の知りたい問いになっていない児童もいた。子どもたちが自発的に質問をつくり，調べていくためにはどうすればよいかを，二人で本を開きながら話し合った。

　まず授業のはじめに，朝食についてのエピソードを教員が話し，朝食についての質問を児童に考えさせた。はじめは質問がはっきりしない児童もいたが，グループディスカッションで，自分の質問がもてるようになった。この時，児童から出された質問リストを見ると，これまでの調べ学習よりも，幅広い質問や疑問が出されていて，多様な分野の資料が必要になった。調べる段階でも，はじめに多くの資料に短時間で目を通す回し読みをしてもらったところ，必要な情報を漏れなく速く探すことができていた。この学習では，いつもは消極的な児童も，自分の本当に知りたい質問であれば主体的に本で調べ，情報カードに書き，まとめることができるのだということに気づかされた。また，発表する段階でも，すべての児童が自分の考えに自信をもって伝えることができていた。

(5) 校内研究（理科）と楽しく連携する

　本校は，2011年度から「『理科だいすき！』―どの子もすすんで学ぶ授業づくり　環境づくり―」と題して，理科の研究に取り組んでいる。「授業づくり」は，理科・生活科の指導方法の確立を目指すもので，学校図書館は調べ学習を支援することで連携している。また「環境づくり」は，児童の学ぶ意欲を高め，問題を解決するための資質向上を目指す環境づくりを，学校図書館の視点で進めていくことで連携している。

表8-3　図書資料を活用した理科・生活科単元

1年	・かぜであそんだよ（おもちゃづくり） ・あきとなかよし ・おもしろいね，ひかりとかげ
2年	・生きものはっけん ・やさいをそだてよう
4年	・人のほねときん肉
5年	・天気の変化 ・人のたんじょう ・水の中の小さな生物
6年	・体のつくりとはたらき ・月と太陽 ・土地のつくりと変化 ・生物と地球環境

① 授業づくりでの図書館活用

　理科では児童が疑問から問題をもち，観察や実験の結果をもとに考察し，解決することを重視した授業が行われる。しかし，実際に観察や実験がむずかしい単元や，授業の内容をもっと深めたい時は，図書資料やWeb情報を使って調べ学習を行っている。低学年の生活科では，季節に応じて生き物を飼ったり，植物を栽培し観察したりする学習が行われ，図鑑や栽培方法，飼育・観察の資料がよく使われる。また，風や光，自然にあるものを利用したものづくりでは，

科学あそびや工作の本がよく使われている（表8-3参照）。

　1年生活科「おもしろいね，ひかりとかげ」の研究授業では，手やいろいろな物で形を作って，スクリーンに映して見せる影絵あそびを行うことになった。担任から，影絵あそびの方法や影のでき方，光と影の本など，児童が参考にできるような資料を探してほしいという依頼があった。遊びやものづくりの資料は，古い本でもイラストがわかりやすく書かれていることが重要であり，図書館の本がとても役に立つ。所蔵している本を確認してから，不足している資料は急いで購入し，公共図書館からも借りて充分な資料を提供することができた。また，影と光をテーマにした絵本を一緒に提供し，図書の時間でも紹介したところ，児童の興味が広がった。資料の返却時には「子どもは太陽の動きまで調べたいというほど，活用することができました」と教員からのうれしいコメントがあった。

　高学年では単元の終わりに調べ学習を行うことが多く，一斉授業の中ではわからなかったこと，もっと知りたいことを資料で調べている。図書館からは，学習が始まった早い段階から資料を提供し，テーマ別の資料だけでなく，事典や理科年表，新聞記事，雑誌なども用意して紹介している。そして，自分の調べたいことを見つけられるように，はじめに短時間で多くの資料の目次に目を通し，資料名とページ番号を記録するよう伝えている。児童が実際に調べ，まとめる時間は2，3時間なので，提供する資料は，項目がはっきり書かれているもの，詳しい記述のあるものが使いやすい。児童の成果物は，図や表，イラストをつかってわかりやすく書かれていることも評価のポイントになるので，写真よりも図やイラストで表現されている資料を多く揃えている。また，よく使う資料は複本購入し理科室に置き，いつでも使えるようにしている。理科で提供する資料については，りかぽん編集委員会『りかぽん　授業で使える理科の本』〔少年写真新聞社，2012〕が単元別に資料を紹介しているので，役に立つ。なお，本校の理科の調べ学習については，りかぽん編集委員会『りかぽんカフェ　授業で使える理科の本　追補』〔少年写真新聞社，2017〕に詳しく書かれている。

② 学びの環境づくりの場としての図書館活用

　ある日の休み時間，1年生が二十日大根の育て方がよくわからないといって，野菜の栽培図鑑を借りていった。本に書いてあったように，出てきた芽を間引き，間隔をあけたところ，収穫量が他のクラスに比べて多くなった。担任は，「子どもたちは，本で調べたからたくさん採れたと言っていた。図書館をとても頼りにしている。」と教えてくれた。この経験で子どもたちは，わからない時は図書館に行って，本で調べて解決すればよいのだということを学んだと思う。一方で，知りたいという疑問や課題をはっきり表わせない児童もいる。普段から知らないことに驚いたり，知っていることをさらに詳しく知りたいと思う，好奇心をもってほしいと，いろいろな仕掛けを作っている。

写真8-19 アゲハチョウの幼虫と本の展示

写真8-20 たねの実物，模型づくりの材料，本の展示

写真8-21 煮干しの解剖

たとえば，本の展示は児童の興味を引くように，生き物や関連する実物を一緒に置くようにしている。春にはアゲハチョウの卵，秋には鈴虫の入った飼育ケースを置き，本を展示し，「チョウになるのはいつ？」などの予想クイズを出し，児童が楽しみながら本を手にするよう工夫をしている。また，岩石や化石の標本，種や木の実は，色も形も個性的で子どもたちに人気があり，展示した本もよく借りられる。化石好きな児童にどこで見つけたのかを聞かれ，教えてあげたこともあった。また，図書館脇のオープンスペースは，＜わくわくランド＞と名付け，自由に本を読んだり試したりできる展示スペースとして活用している。本と一緒に簡単な工作ができるように材料を置いたり，夏休み前には自由研究に関連したコーナーをつくり，東京都立図書館が作成した「自由研究ヒントカード」と関連する本を展示し，貸出したりしている。

夏休みの開館時には，科学あそびができるサイエンスタイムを行っている。毎年，外部の科学イベントに参加して情報を集めたり，研究主任にどんなイベントをやろうか相談したりして決めている。これまで，「チリメンモンスターをさがせ！」「スマホ顕微鏡で見てみよう！」「3Dを見てみよう！」「煮干しの解剖」などを実施してきた。このようなイベントは司書一人で行うのはむずかしいので，具体的な指導については教員や外部講師にお願いし，司書教諭，保護者ボランティア，日直の先生などにもお手伝いいただいている。

（6）学校図書館を育てるために

① 毎日の教育活動で使われるための仕組み—学校図書館活用指導計画

学校図書館では毎日授業が行われていて，よく利用する学年や教科に関係する資料ほど充実し，支援する内容も増えていく。一方，教員と学校司書が協働し充実した取り組みを行っていても，学年全体や学校全体に広がらないことがある。また，教職員の異動によって良い取り組みが引き継がれないことも多い。継続した取り組みを行い学びを定着させるためには，学校図書館を使う意味について学校全体で共通の認識をもち，計画的に活用することが必要である。

学校にはどのような子どもを育てるかという教育目標があり，それを実現するための学校活動の基本計画（以下，基本計画）がある。本校ではこの基本計画のなかに，各学年の各教科で学校図書館をいつ，どう活用するかを体系的にまとめた学校図書館活用指導計画（以下，指導計

画）を入れている。作成にあたっては，杉並区の学校図書館支援担当による「小学校学校図書館活用年間計画例」を参考に，図書部で相談しまとめている。この指導計画ができてから，各学期の初めに活動内容を学年で確認・修正してもらい，学校司書はそれをもとに教員と打ち合わせをし，授業支援をしていけるようになった。さらに，年度末には，学校図書館の利用や活動内容について，よかった点や課題を教員からあげてもらい，改善点があれば図書部で話し合い，次年度の指導計画に盛り込むというサイクルができあがった。

　図書部は校務分掌のなかの組織のひとつで，指導計画の作成・運用や学校図書館についてのさまざまな仕事を担当している。メンバーは司書教諭，低学年担当教員，中学年担当教員，高学年担当教員，学校司書の5人である。学校図書館の仕事を少しずつ分担することで，それぞれの負担が減り，学校司書からの連絡や確認も，低・中・高学年担当の教員から各学級担任に確実に伝わるようになり助かっている。

② 記録の蓄積と共有化

　図書の時間や各教科の単元で，学校司書が支援することは，毎年同じ内容で行われることも多く，支援内容や資料リストを統一した書式で残しておけば，作業の効率化につながる。また，人の異動があっても図書館を使った授業内容が一覧でき，継続した支援をすることができる。そこで，杉並区の学校司書研修で使われている書式を参考に支援の記録を作成し（表8－4参照），使用したパワーポイント，パスファインダー，ワークシート，教員の指導案などと一緒に，教職員が見ることができるパソコンの共有フォルダに蓄積している。この作業は学校司書の支援が適切であったのか改善点を洗い出す機会にもなるし，次に同じような依頼があったときには，記録をもとに先生方と打ち合わせをすることができ，大変役立っている。また，図書館運営や図書委員会に関係するドキュメントファイルも共有フォルダで管理しておき，教職員が必要な時に使えるようにしている。

表8－4　授業支援の記録の項目

・教科，学年　単元名
・実施時期，実施場所
・所要時間
・教員との打ち合わせ内容
・授業の内容
・図書館の支援内容
・振り返り，支援に対する評価
・資料リスト

③ 図書館での活動を発信する

　図書館で毎日繰り広げられている学びや出来事は，積極的に発信しないと管理職や多くの教員には伝わらず，理解も広がらない。本校では4月に，全教員を対象にした図書部主催の学校図書館研修を行い，学校図書館の活用を促している。この研修では，司書教諭が指導計画について説明するとともに，事前に何人かの先生方にお願いして，どの授業でどう図書館を使ったのか，それによりどんな効果があったのかを話してもらっている。学校司書は，前年度の利用統計や授業での活用状況，学校図書館が支援できる内容，利用方法などを，文書としてまとめ

配布し説明している。さらに，先生向けの図書だよりとして「図書館のちらし」を作成し，図書館活動の様子や重要な連絡事項などをまとめ，配布している。

　学校図書館の活動は，学校司書一人でできることは限られている。教職員だけではなくボランティアの方々にも環境整備やおはなし会で協力していただくことにより，さまざまな取り組みを行うことができる。また，このような連携協力が子どもたちを育てることにつながる。

　どの子どもたちにも，楽しく本を読んだり，調べたりしたことを経験して，中学校へ進んでほしい。その先の高校，大学または社会へと続く子どもたちの未来を見据えて，いろいろな立場の人たちと手を携えながら仕事をしていくことが，学校司書としての役割だと思っている。

〔東京都杉並区立桃井第五小学校司書　大澤　倫子〕

4　"ふだん使い"の学校図書館から生まれること
　　―子どもの"わくわく"をつかまえたい！―

(1) 子どもたちは，「？」のかたまり―レファレンスに応える―
① 図書館は，「？」を「！」にするところ

　「きのう，アメリカ大統領がトランプに決まったやん。どう思う？」

　2016年11月8日のアメリカ大統領選挙で，共和党のトランプ候補が勝利を収めたとのニュースが流れた翌日，子どもたちは，図書館でこう尋ねてきた。子どもたちは，テレビやネットで流れたニュースに敏感だ。子どもたちと話をしながら，「それに関して，きょうの新聞にはこんなことが書かれているよ」とさりげなく，資料を紹介する。

　そのあと，すぐに6年生の担任から「新聞を借りたいのですが」との依頼があった。「どうされましたか？」と聞くと，「きのう，トランプが大統領選に勝ったでしょう。そうしたら，子どもたちが，『トランプ大統領になったらどうなるの』って聞くんですよ。ぼくも詳しく知らないから，勉強しようと思って」とのこと。そこで，最新の新聞や関連の記事が載っている『月刊Newsがわかる』（2016年4月号）などの資料を手渡した。

　「地球儀のつくり方を知りたい」と言ってきたのは1年生の女の子。図書館に置いていた地球儀を「わぁ，これなに？」「日本はどこ？」などと質問しながら，興味津々で見ているうちに，自分でつくってみたくなったのだ。何冊かの資料をいっしょに見ながら，そのなかの2冊を嬉しそうに借りていった。「完成したら，クラスで発表しようと思うねん」と言っていたが，ついに3学期の終わりも近づいたころ，「できあがったよ」と得意そうに図書館にもって来てくれた。ビーチボール大の作品に「すごいね！」と思わず拍手した。

　何かわからないことがあれば，図書館にやってくる。それは，子どもたちであれ，先生方であれ同じだ。とくに小学校に勤務していると，子どもたちの旺盛な好奇心に，いつも驚かされ

る。虫や草などをもって来て名前を調べるだけでなく，登校時に見つけたもの，テレビで見たニュース，耳にした話，疑問に思ったことなどを，図書館のカウンターでつぶやく。「龍の図鑑ってあるのかな」「伝説や空想の生きもの図鑑のような本はあるけど」「空想じゃなくて，写真もある本物の龍の図鑑がいいな」「龍って，本当にいるわけではないと思うけど」「えぇっ～！ いないの？！」などという会話をかわしながら，求める本を探していく。

　「隠れ家をつくってみたいんだけど」「"予兆"に関する本ってある？」「アーサー王って本当にいたのかな」「南海トラフについて知りたい」「咳って，どれぐらい飛ぶの？」など，「そんなことが知りたかったのか」と思うことも多い。ただ，その好奇心は，待ったなし。「知りたい」と思って図書館にやってきたときが"そのとき"で，それをはずすと，他の興味に移ってしまう。だから，子どもの疑問やつぶやきは，すぐに資料に結びつけたい。

　幸いにも，学校図書館は子どもたちの一番身近にある図書館だから，"知りたいとき"をつかまえることができる。学校図書館は，この"地の利"を生かすことがなにより大切だ。そこで調べて満足することが，次にまた調べようという意欲につながる。だから，すぐに資料で応えることができるように，私たち学校司書は，蔵書構成を整え，周到に準備する。

　また，図書館が小さいこともメリットになる。1歩図書館に足を踏み入れ，ぐるっと見渡すことができる大きさ。これはつまり，一目で，この世の中の知識すべてが体系的に見渡せるということになるのだ。図書館という知的宇宙の真ん中にいて，自分のまだ知らないことがこんなにあるということが実感できると，わくわくする。そして知識に対して謙虚になれる。学校に図書館があることの大きな意味がここにある。

　随分前になるが，忘れられないレファレンスがある。4年生の女の子がギネスブックを見ていたら，そこに首長族の写真が載っていた。彼女は，「この首輪を取ったらどうなるんだろう。見てみたい」と言ったので，まずは図書館の本をあれこれ調べたのだが，載っていない。そこで，公共図書館に依頼したら，豊中市にはないが，国立民族学博物館のある吹田市の公共図書館なら，博物館が発行している機関誌『季刊民族学』を所蔵していて，そこに記事が載っているということを調べてくれた。取り寄せてもらったら，まさに求めていた記事だった。この雑誌には，首長族の首輪が呪術師によって外された様子と，外した状態でのレントゲン写真も載っていて，首の骨と骨の間が広くなっている様子がはっきりと映っていたのだ。4年生の子といっしょにその本を見て，彼女がとても満足そうだったことを覚えている。

　1冊の本に出会うことで，さらに興味関心を広げていく子どもたちの様子を目の当たりにできるのは，学校図書館ならではである。学校図書館は，「？」(ハテナ？)を「！」(わかった！)にするところ。「子どもの"わくわく"をつかまえたい！」と，いつも強く思っている。

② 豊中市の学校図書館—「とよなかブックプラネット事業」

　勤務する豊中市立豊島小学校は，13クラスあり児童数413人，年間貸出冊数31,541冊（2016年度）。豊中市は，大阪府の北西に位置し，人口は約39万5千人。公立小学校が41校，中学校が18校ある。1993年にはじめて小学校2校，中学校1校に司書が配置されてから，少しずつ配置校を増やしていき，2005年4月に，小中学校59校すべてに学校司書が配置された。

　また，豊中市では，2010年に，浅利敬一郎市長が「読書活動日本一」を政策項目のひとつとして掲げ，それを受け「とよなかブックプラネット事業」が始まった。この事業は，「学校図書館と公共図書館の蔵書を一体的かつ効果的に活用する環境を整備することにより，児童生徒の読書活動を推進し，自ら学ぶ力を育成する」というもの。具体的には，目的が3つある。ひとつ目は，児童・生徒の「自ら考え解決する力」を育成する。2つ目は，児童・生徒が「読書習慣」を身に付けることである。3つ目は，教員の学習指導を支援し，授業の質を高めることである。つまり，子どもたちの育ちに読書は欠かせないので，その環境づくりを整えようということだ。この事業により，2013年4月には，学校図書館のシステム化もかなった。

　豊中市の学校図書館は，「"ふだん使い"の学校図書館」を合言葉に，それぞれの学校の教育方針や実態に合わせて活動している。そうした活動を，この事業が後押しし，公共図書館がより強力に支援することで，学校図書館の機能を高め，さらなる活用を図ろうとしているのだ。学校図書館でいちばん大切なことは，いつでも，ふだんの毎日で役に立つということである。特別の行事やイベントのために学校図書館があるのではない。ふだんの学校生活，ふだんの授業で役に立つために，プライバシーに配慮しつつ，選書，蔵書構成，配架，掲示，広報活動などの日常活動を大切に，利用者のリクエストに応えることと徹底した資料提供を心がけている。

(2) 日々の授業支援のなかで—図書館のできることは広い—
① リテラチャー・サークルやビブリオバトルの手法を使っての支援

　勤務する豊中市立豊島小学校（以下，本校）では，毎年6年生は，広島に修学旅行に行く。「平和学習」の一環であるので，事前学習として，戦争や原爆，広島についての調べ学習を行う。調べ学習の他にも，全校生に平和について考えてもらうために，原爆をテーマとした絵本を各クラスに読み聞かせに行くことになっている。この読み聞かせに際し，担任から「まずは，6年生自身にしっかりと絵本の内容を把握させたいのだが，どうしたらいいか」と相談を受け，"リテラチャー・サークル"の手法を使うことになった。

　リテラチャー・サークル（Literature Circle）とは，仲間うちで同じ本を読み，お互いにどう読んだかを伝えあい，共有する読書活動である。本来は，1冊の本を何度かに分けて読み切るので何時間もかかる実践なのだが，足立幸子氏（新潟大学教育学准教授）を講師としての研修で学んだ

第 8 章 小学校

この手法を担任の先生に伝えたところ、「修学旅行前に読み聞かせする絵本で、その手法を使いたい」とのことであった。そこで本来のやり方とは少し違う形にはなるが、以下のようなやり方で絵本で行うことにした。

①テーマにそった絵本を選定する。36人クラスで修学旅行班が6グループ（1班6人）なので、各グループ用に6種類の絵本を選ぶ。グループごとに同じ本が必要なので、公共図書館や他校に協力を要請する。複本を借りることができるか、冊数を確保できるかどうか確かめながら選書する。
②各グループごとに、一人1冊、同じ絵本を渡す。
③子どもたちは、自分の役割（「思い出し屋」「イラスト屋」「質問屋」「だんらく屋」「ことば屋」）に従って読み、読んだ内容をお互いに披露し、話し合う。

なお、使用した絵本は、『絵本まっ黒なおべんとう』〔児玉辰春、新日本出版社〕、『伸ちゃんのさんりんしゃ』〔児玉辰春、童心社〕、『おりづるの旅　さだこの祈りをのせて』〔うみのしほ、PHP出版社〕、『絵本おこりじぞう』〔山口勇子、金の星社〕、『さがしています』〔アーサー・ビナード、童心社〕、『わたしのヒロシマ』〔森本順子、金の星社〕の6冊である。

読んだ後のグループでの話し合いには、役割シートを用意し、読んで考えたことを、まずシートに書き込み、その後話し合った。つまり、「読む→書く→話し会う」という手順になる。

子どもたちは、役割が決まっているので、その視点で読む努力をする。漫然と読むのではなく、さまざまな場面を丁寧に深く読み進め、より意識して読む姿勢ができた。何より、その後の話し合いで、それぞれの役割にしたがった読み手として発言することで、お互いの読みとった内容について交流することができるというところがよい。こうした体験を重ねることで、すべての役割を統合した「優れた読み手」になることができるのだと感じた。子どもたちも内容をしっかり把握できたことで、自信をもって読み聞かせができたようだ（2015年、2016年実施）。

また、修学旅行後は、広島や戦争について調べたことと、実際に行って体験し感じたことを班ごとに、「平和図鑑」という本の形にまとめた。

写真8－22　豊島小学校図書館内

117

これは，小学6年生が書いた『文房具図鑑』〔山本健太郎，いろは出版〕を読んだ担任が「これだ！」と思い，「こんな風にまとめさせたいんです」とのことで完成したものだ。本を読むことで触発されてできた「平和図鑑」。この成果物は図書館に配架したので，これからも触発される子どもたちが出てくることだろう。

5年生の先生からは，「子どもが色々な本を好きになるために，"ビブリオバトル"をしてみたい」と依頼があった。実践したことはないとのことなので，『ビブリオバトルを楽しもう ゲームで広がる読書の輪』〔粕谷亮美：文，谷口忠大：監修，さ・え・ら書房〕などの本や資料を用意し提供した。相談のうえ，本来のビブリオバトルは本の紹介時間が5分であるが，小学生には長すぎるので，3分というミニビブリオバトルにすることにした。まずは，"図書の時間"[9] に，子どもたちにビブリオバトルの説明をし，どういうものか実際に見てもらうために，担任と司書がやってみた。そして，2冊の本のどちらを読みたくなったのか，挙手してもらいチャンプ本も決めた。

子どもたちには，このようにビブリオバトルをするから，紹介したい本を選んでおくようにと伝えると，さっそくその日から選びはじめた。そうして行った1回目のビブリオバトル。1回目は全員がバトラーになる班大会。そして，2回目は，それぞれの班のチャンプ本で，クラス全体でチャンプ本大会を行った。感想を聞くと「自分の紹介したかったことがわかってもらえたようでうれしかった」「読んでみたいと思った本が多かった」「色々な本を知ることができてよかった」と，楽しかったという子どもが多かった。ふだんおとなしい子が本を熱く語る姿も見ることができた。また，本を通して自分のことを伝え，仲間のことを知ることができたという喜びも感じられ，コミュニケーションをはかるためにも効果的な方法だと感じた。

② テーマを選び，自分で調べてまとめる～ログ・ノートの取り組みを支援

2016年度，4年生の2クラスは，いわゆる自学ノートを"ログ・ノート"という名称で取り組んだ。これは，自分の調べたいこと，勉強したいことを見開き2ページにまとめるというものである。テーマは自由。この取り組みを始めるに当たり，先生からは，「ログ・ノートを始めたいが，何か見本を見せたい。ひとつのテーマを見開き2ページでまとめている本はないか」という依頼があった。そこで，『21世紀こども百科大図解』（小学館）などの本を数冊手渡した。

最初，子どもたちは，何を書いていいのかわからず，漢字の書き取りをしたり，日記のような感想を書くだけの子どももいたようだ。悩んだ担任から「一度，図書館でみんなで一緒にログ・ノートをやってみたい」との依頼があり，順を追って取り組むことにした。ちょうど，4年生は理科で「月と星」の学習をしたところであったので，その関連で「宇宙」を大テーマとして，そのなかから各自テーマを選び，本で調べ，ログ・ノートに書くことにした。担任と相談の上，以下の手順で行うことにした。

> ①大テーマの下調べ
>   大テーマ「宇宙」の関連の本が，図書館では4類（宇宙，太陽，星など）と5類（宇宙船，宇宙での生活など），0類（百科事典）にあることを確認。テーマを決める下調べとしてそれらの本を読んで，全体像や，興味のありかを探る。
> ②小テーマ決め
>   下調べをしたなかから，ワークシート「テーマのたまご」を使い，各自，小テーマを決める（※「テーマのたまご」とは，たまご形の楕円形の二重の円を書いたイメージマップ。外円に大テーマ，中円に小テーマを書くことで，自分の思うテーマをイメージする）。
> ③調べることを疑問の形にする
>   ワークシート「疑問を見つけよう」を使い，真ん中の円に小テーマ（例：月）を，まわりの円には疑問や知りたいこと（例：月はいつできたの？どうやってできたの？どんな気候なの？など，5W1Hに添った疑問形）を書いて，そのなかから自分の調べたいことを決める（※「疑問を見つけよう」とは，中心の円から放射状に6本の線がひかれ，そこに6つの円が描かれたイメージマップ）。
> ④資料を探し，調べる
>   調べるための本を選び，必要なことをメモする。参考にした資料名も記録する。
> ⑤まとめる
>   見開き2ページにまとめる。読んでもらうことを想定して見やすく書く。

　こうして順を追うことで，どのようにテーマを決めればよいのか，何を調べればよいのか，どう調べればよいのかという基本的なことがイメージできていった。大テーマの下調べとして，最初にいろいろな本を読んだことで，「太陽の温度について知りたい」「ブラックホールのことを調べたい」「月はどうやってできたのか」など，調べたいことがみえてきた。もちろん，「なにを調べたらいいと思う？」「こんなことが調べたいけど，どんな本がいいかな」「どう書いたらいいんやろ」などの声があちこちからかかったが，担任と共に学校司書もかかわることができたので，それだけ丁寧に子どもたちに寄り添えた。後日，担任からログ・ノートをみせてもらったが，本で調べたことが見やすくまとめられ，感想も書かれた作品を全員が完成させていた。

　このように，教師は，学習の目標を達成するために，さまざまな意欲的な取り組みをしようとしている。資料を使う学習に関しては，必ず図書館が支援できるはずである。図書館では，それぞれの依頼に応じて，適切な手法と資料を使い支援できるように準備しておくことが必要だ。授業に使ってもらえることで，教師にも図書館のよさを知ってもらい，子どもたちも具体的，実践的に本を使うことで，資料の使い方が上手になっていくことを実感する。

（3）授業との連携

① 単元に添った調べ学習—1年生，2年生の調べ学習

　学校図書館では，前述したように，先生方の授業をさまざまな形で支援するが，基本的に想定しているのは，教科書の単元に添った学習である。

　たとえば，1年生の国語の教科書（東京書籍）では，「のりもののことをしらべよう」という単元で「いろいろなふね」という教材をとりあげている。ここでは，「ほかの本で読んだことをまとめることができる」ということが学習の目標になっているので，当然調べ学習が入ることが想定できる。実際に，2016年度も，1年生のはじめての調べ学習として「のりもの調べ」が，行われた。

　「いろいろなふね」は説明文である。そのなかで，それぞれのふねについて書かれている文章は，すべて，① ふねのなまえ，② やくめ（〜のための），③ あるもの（〜があります），④ すること（〜をします），の順番で書かれている。1年生のあるクラスでは，教科書を学んでいる際に，子どもたちがそのことに気付き，「みんなおんなじやん！」と盛り上がったそうである。こうして学んだことを，発展させて調べ学習で活かすのだ。つまり，実際に本（図鑑も含む）を使って，今度は「自分の好きな乗り物を選び，それについて調べてわかったことをまとめる」という調べ学習である。教科書で学んだようにまとめることがポイントなので，同じような形をとればよい。つまり，① 乗り物の名前，② 役目，③ 特長，④ はたらき，としてまとめることができればよいのだ。逆にいうと，図鑑や本の文章のなかで，「〜のために」と書かれている部分が「役目」について述べている部分で，「〜をします」と書かれている部分が「はたらき」なのだと気付けば，資料をしっかり読み取ることができる。こうして，教室で行った教科書での学びが，図書館での資料を使った学びにしっかりと活かされ，発展としての学びになるのだと，あらためて気付かされた。

　また，2年生では，別の形での発展としての調べ学習を行った。国語の単元「たんぽぽのひみつをみつけよう」，生活科「やさいをそだてよう」で，それぞれ「たんぽぽのひみつ」や「トマトのひみつ」について学んだ2年生。今度は，図書館で「ひみつをみつけよう！」と題して，まずは"図鑑のひみつ"を見つけた後，実際に図鑑『さかなとみずのいきもの』（フレーベル館の図鑑ナチュラ）のなかから興味のあるいきものを選び，そのいきもののひみつを見つけて，絵と文でまとめるということを行った。実践の流れは，以下の通りである。

1）すでに学習した「たんぽぽのひみつ」「トマトのひみつ」を思い出させ，きょうは「図鑑のひみつ」と「水のいきもののひみつ」を見つけることを伝える。
2）図鑑のひみつは，「もくじ」と「さくいん」があること，その使い方を確認する。あわせて，図鑑に書かれている「体長」の意味と測り方を例を示して説明する。図鑑のおもしろさと見方に気付かせる。

3) 図鑑『さかなとみずのいきもの』のなかから，あらかじめ7つを選び，そのなかから選んだひとつのいきものについて，図鑑を使って調べさせる。
4) 用意したワークシートに，見つけたひみつを絵と文でまとめさせる。

　低学年では，しっかりと図鑑の使い方を覚えて日常的に使って欲しい。そのため，調べ学習で実際に使うことで身に付けさせたいのだ。子どもたちは，図鑑で，それぞれがびっくりするようなひみつをみつけることができて，使う楽しさを覚えた。担任からも「図鑑の使い方を覚えることができ，参考資料を書くことの必要性を知ることができた」「事前に『トマトのひみつ』を読んで，どんなことを"ひみつ"といっているのか知ることができていたので，学習に入りやすかった」という感想が寄せられた。ここでも，基礎を学ぶことと発展としての調べ学習が相互に補って定着することを確認できた。何より，自分たちでやってみて"わかる"楽しさを実感できたことが収穫だった。

② **専科での調べ学習**
　専科でもさまざまな単元で図書館は使われる。5年生では，図工で「シーサーをつくろう」という単元がある。担当教諭から，「シーサーのことを詳しくは知らないという児童が多いなか，まず，さまざまな資料で役割などを調べさせたい」という依頼があった。そこで，シーサーをつくる前に「図書館で資料を使って，シーサーの役割やさまざまな表情のシーサーがあることを知り，調べたことをもとに，自分のつくりたいシーサーのアイデア図を書く」という実践を行った。子どもたちは，資料を調べながら，その後，自分たちのアイデアを描きはじめた。担当教諭も「守り神という役割を知った児童は，自分のつくるシーサーにさまざまな願いを込めながら，熱心に制作していた。また，さまざまな顔のシーサーがあることを知ることができたので，概念が固定されずに自由に表情を工夫することができた」と，制作前の調べ学習の成果を実感していた。
　6年生では，家庭科でも図書館を使っての調べ学習が行われた。「まかせてね今日の食事」という単元で，一食分の食事に必要なことを考えるという学習のあと，図書館で資料を使いながら，栄養バランスのよい献立を考え，調理計画をたてるという実践である。図書館に用意した資料には，教科書には載っていないさまざまな料理が，かわいらしいイラストやわかりやすい写真で紹介されている。担当教諭からは「たくさんの資料を活用することで，それぞれの児童のニーズに合わせた調べ学習をすることができた」と評価された。このように，特別なことではないが，教科書にある単元で，楽しく効果的に授業をすすめるために，図書館や図書館の資料，そして学校司書をふつうに活用できるということが大切なのだ。

③ 図書館が授業を支援するために―学校図書館支援表と"とよなかスタンダード"

こうした授業との連携をはかるために，豊中市では，学校図書館を活用した授業例「とよなかスタンダード」を作成した。これは，学校図書館のさらなる活用をはかるために，読書振興課が主導して，活用のモデルプラン（具体例）を示したのだ。

また，これとは別に，学校司書のグループ数人で，国語の教科書の単元に添った「学校図書館支援表」（表8-5参照）もつくった。これは，国語の教科書を読み込み，それぞれの単元で，図書館が「こんな支援ができる」ということを示した表である。学校図書館がふだんの授業のなかで，読み聞かせや本の紹介，ブックトーク，アニマシオンなど，さまざまな形で支援できることを示し，授業と連携する意志を先生方にアピールしたものである。特別な形で「図書館を使う」ということがあるのではない。あくまで，ふだんの授業のなかで，日常的に図書館や資料を使うことで，学習がより効果的になる。そのために図書館は，こんなことができるという

表8-5 「学校図書館支援表」：6年生の国語の単元に添った学校図書館の支援例

6年生	
単元名	活用方法
1. 朗読しよう ・サボテンの花／生きる ・国語のノートの作り方 ・図書館へ行こう ・ずい筆を書こう	関 詩のアニマシオン 利 図書館の本のラベル・請求記号・NDC 利 学術機関について 紹 ずい筆
2. 文章を読んで自分の考えを持とう ・イースター島にはなぜ森林がないのか ・意見を理由のつながりを聞き取ろう ・熟語の構成を考えよう	紹 森，島に関する本／モアイ・イースター島 BT 生態系・環境について 利 漢字辞典の使い方
3. 人物と人物との関係を考えよう ・風切るつばさ	紹 木村祐一の本 BT 友情・友だち
4. 新聞の投書を読んで意見を書こう ・新聞の投書を読み比べよう ・問題を解決するために話し合おう ・本は友達 ・詩を味わおう ・いま始まる新しいいま ・資料を生かして呼びかけよう ・漢文を読んでみよう ・日本の文字に関心を持とう	関 新聞の記事を読み比べる 関 新聞の構成を知る，要約する 紹 宇宙の本 紹 六年生の本だな 紹 詩の本，短歌の本 利 資料の記録をとろう（引用，整理） 利 年鑑の使い方 紹 漢文 漢詩
5. 感動の中心をとらえよう ・海のいのち ・物語を作ろう ・場面に応じた言葉を使おう	紹 海の生き物の本 紹 立松和平の本 BT 海・命
6. 町の未来をえがこう ・町の幸福論 ・言葉の由来に関心を持とう	関 町づくりについて調べて考える 関 豊中について書かれた本，資料（豊中調べ）
7. 本を選んですいせんしよう ・ヒロシマのうた ・句会を開こう ・いにしえの言葉に学ぶ ・言葉は変わる ・出会いにありがとう	紹 平和のお話，戦争のお話 関 俳句，短歌のアニマシオン 紹 古文 関 名言を探そう（名言調べ） 利 言葉の使い方を国語辞典で調べよう
8. 将来の夢や生き方について考えよう ・プロフェッショナルたち ・六年間をふり返って書こう	関 仕事調べ
9. 未来にむかって ・君たちに伝えたいこと／春に	紹 日野原重明の本

注）紹 → 関連資料の紹介，関 → 関連する学習や調べ学習，BT → ブックトーク，利 → 図書館利用教育
出所）2016年度 豊中市学校司書連絡会小学校部会 B班作成

第8章 小学校

ことを知って欲しい。そのことを踏まえて、どんどん意欲的な授業をして欲しいと願っている。

（4）図書館利用教育―楽しんでわくわくして―

① 図鑑の使い方を学ぶ

「わぁー！」「すごーい！」

1年生のクラス全員に『ジュニア学研の図鑑乗りもの』を配り、いっしょに図鑑をひらいたとたん、歓声がおこった。はじめて目にする図鑑のなんて魅力的なこと！「いろいろなふね」の単元の調べ学習に使えるように、図鑑の利用教育は、1年生から行う。そうでなくとも、小学生は図鑑が大好きだ。これを上手に使えることで、本や調べること、図書館も好きになる。

まずは、大きな手作り図鑑を使って、目次と索引の意味と使い方を説明する。その後、各自が図鑑を手に取って、説明されたことを確認しながら、実際に使ってみるのだ。目次を見れば、その本の全体像がわかり、索引を使えば、自分の知りたいことをピンポイントで調べることができる。ページを繰るごとに「ねえねぇ、こんなことが書いてある！」「こんなものも載ってるよ」と、図鑑の使い方を知ることで、子どもたちの知の世界はさらに広がる。

② "NDCのうた"からはじめる図書館利用教育

このようにさまざまな学習で「調べたらわかった！」と感じることができるためには、図書館の資料を上手に使う力が必要だ。正しい情報を知り、調べ、読み取り、考え、発信する。子どもたちがこのような力を身につけるために、"図書の時間"を使って図書館利用教育を行っている。

2016年度に図書館で行った図書館利用教育は、以下の通りである。

表8－6　2016年度に実施した図書館利用教育

内　容	学　年	内　容	学　年
オリエンテーション	全学年	本のなかまわけ、NDCのうた	1～6年
図鑑の目次と索引を知ろう	1年	図鑑の使い方	1～6年
本の分類について	3～6年	国語辞典の使い方	3年
漢字辞典の使い方	4年	奥付の見方	3、4年
新聞の構成を知る、記事の要約	4～6年	資料の記録の仕方	5、6年
著作権を知る	5、6年	年鑑の使い方	4～6年
百科事典の使い方	3～6年	情報の性質を知る	5、6年

出所）2016年度学校図書館活動報告（豊中市立豊島小学校）より

まず、図書館オリエンテーションでは、図書館がいかにおもしろいところかを実感してもらうのだが、そのための第一歩は、本の分類を知ってもらうことだ。図書館に入って、ぐるっと書架を見渡せば、世の中の学ぶべき知識が、目に見える形でそこにある。図書館では、本がどのように分類（仲間わけ）されているのか、NDC（日本十進分類法）について説明する。1年生

から覚えてもらうのが「NDC の歌」である。

> ♪ 0は総記　1哲学　2は歴史　3社会　4は自然　5工学　6は産業　7芸術
> 　　8は言語　9文学　NDC をおぼえましょう！

　これは，1999年に豊中市立新田南小学校の松井一恵司書（当時）と3年生担任が，NDC をメロディに乗せて覚えられないかと相談し，そのクラスの子どもたちと考えた替え歌だ。歌詞を「きらきら星」のメロディーに乗せて歌うのだが，子どもたちはすぐに覚え，楽しそうに歌い出す。この NDC を覚えることで，図書館が体系的に本を集め並べていることを知り，知識の世界を実体化させていることを感じることができる。子どもたちは，本で調べるときに，図書館のこうしたしくみが，とても便利なことを知り，「動物図鑑は，4類やんな」などと言いながら書架に向かい，本を探し出せると「NDC すごい！」と言って喜ぶ。
　高学年には，「図書館指令005」と称して，指令に応えて，その問題を解くことのできる本を見つけてくるゲームも図書館オリエンテーションの一環として行う。これも，NDC 分類が頭に入っていてこそであるし，このゲームを行うことで，NDC への理解もすすむ。
　また，小学校図書館の利用教育で欠かせないのが，図鑑とともに百科事典と年鑑の使い方だ。なぜなら，図書館で出会わないと，まず家で使うということのない本だからだ。「困ったときはポプラディア。数字・統計は年鑑で」と唱えさせて，使うと便利だよと吹き込む。子どもたちも「あっ，こういうときはポプラディアやんな」と言って調べるようになった。
　もうひとつ，大切なのが，調べてわかったことの意味を考えさせたいということである。年鑑の利用教育を行った時，「日本の国土の広さ」を調べてもらった。各自のもっている年鑑は，出版年がバラバラ。そこで「何年の資料では，こう書かれています」という風に発表してもらった。すると，「あれ，数字が違う」という声。次に「あっ，だんだん大きくなっている！」と気付いたのだ。そこで「どうして，だんだん大きくなっていると思う？」と尋ねると，「昔は測り方がいい加減だった」「計測機器が発達していなかった」などの他，「火山が噴火したから」「新しく島ができた」「土地を他の国から返してもらった」「侵略したんかなぁ」の声も。やがて，「あっ，埋め立て地や」と気付いていった。本を読み，そこに書かれていることを読み取るだけでなく，その意味を考えることが大切である。その楽しさを知って欲しいのである。そのために，図書館利用教育は欠かせないのだ。

(5) 公共図書館との連携

　豊中市の学校図書館の大きな特徴は，公共図書館と密接に連携し，大きな支援体制があることである。学校図書館が授業を支援し，子どものリクエストに応え，さまざまな実践を行うこ

とができるのは，公共図書館のバックアップがあればこそである。

　2016年11月に，どのくらいの割合で公共図書館から支援してもらっているのか，調べた数字がある。豊島小では，その時点で調べ学習などで図書館がかかわり，資料を準備していたテーマが7つあった。1年生「のりもの調べ」，2年生「どうぶつ調べ」，5年生「名言調べ」，「沖縄調べ」，5，6年生「お弁当の日のための料理の本」，6年生「町づくり調べ」「1食のメニューづくり（家庭科）」であるが，自校の資料だけでは足りず，それぞれのテーマで公共図書館から借りた冊数は152冊である。沖縄調べでは，他校からも8冊借りていた。

　また，図鑑や百科事典の利用教育ができるのは，それらの資料をセットで借り，一人ひとりに資料を手渡せるからである。百科事典は，ポプラディア（ポプラ社）が，自校に3セットあるが，その他にも公共図書館内にある学校図書館向けの「調べ学習パッキング資料」より3セット借りて実施した。年鑑の利用教育の際には，他校からも借りることで，全員に資料を手渡すことができた。

　こうした公共図書館との連携は，すでに述べた「とよなかブックプラネット事業」により，さらに密接になり，学校図書館を想定した資料の充実も日々なされている。各学校図書館は，地域の公共図書館と日常的に交流し情報交換することで，お互いの仕事を知ることができる。学校図書館が徹底した資料提供を目指すために，公共図書館の支援は欠かせないのだ。

(6) 子どもと本をつなぐということ

　「ここは，わたしの図書館やねん」と，やってきた子どもがいう。「ここがいちばん落ち着くわ」と言ってくれる子もいる。朝の開館前に図書館のドアの前で待ってくれている子，放課後，必ず寄ってくれる子。子どもたちそれぞれが，図書館に求めることは違う。けれども，大切なことは，一人ひとりの要求に応えることだ。そのために，できることは，まず子どもたちが学校にいる時間には，いつでも開いていて，本の貸出やフロアワークはもちろん，リクエストや予約を受け付け，レファレンスにも応える。また利用者にきちんと資料提供できるために，選書や蔵書構成に心配りをする。何より，子どもたちが図書館や本を「楽しい」と思えるように読み聞かせやブックトークの機会をもつなど，さまざまなしかけを工夫したい。

　何年も前のことだが，放課後数人の友だちとやってきて本を読んでいた男の子が，ふと顔をあげてこう言った。「なんか，こういうのを，しあわせの時間…っていうんやろなぁ。」

　知識と楽しさがつまった本は，人類の宝物だ。その本がたくさんある学校図書館は，宝島であり，「しあわせの時間」をつくることができる力をもっている。子どもたちの一番身近にある学校図書館だからこそ，子どもの"わくわく"する瞬間をつかまえて，しっかりと子どもと本をつなぐ役割が果たせると信じている。

〔大阪府豊中市立岡町図書館司書，前 大阪府豊中市立豊島小学校司書　内川　育子〕

注

(1) 学校図書館図書標準とは、文部科学省が平成5年3月に定めた公立義務教育諸学校の学校図書館に整備すべき蔵書の標準冊数のこと（文部科学省資料）。

(2) 図書館の時間とは、学校図書館利用指導のために特設される時間。小学校では、毎週1時間程度を「図書館の時間」として、学級活動あるいは国語のなかに位置付けているところが多い。(日本図書館情報学会用語辞典編集委員会編『図書館情報学用語辞典第4版』丸善出版, 2013)。なお、「図書の時間」と呼んでいる小学校もある。

(3) 排架とは、個々の図書館資料を、請求記号などの所定の配列順序に基づいて、書架上に並べること（『図書館情報学用語辞典第4版』丸善出版）。なお、学校図書館では、「配架」と表記する方が一般的である。

(4) ビブリオバトルとは、人を通して本を知る、本を通して人を知る、おすすめの1冊を持ち寄り、本の魅力を紹介しあう知的書評合戦である（谷口忠大(2003)『ビブリオバトル公式ウェブサイト・文春新書ビブリオバトル―本を知り人を知る書評ゲーム』文藝春秋)。

(5) アニマシオンとは、スペインのジャーナリストであるモンセラ・サルト（Montserrat Sarto, 1919-）が、子どもたちに読書の楽しさを伝えるとともに読む力を引き出すために1970年代から開発した、グループ参加型の読書指導メソッド。(『図書館情報学用語辞典第4版』丸善出版)

(6) ライブラリーナビ (Library NAVI) とは、図書館利用者の手のひらに収まる、じゃばら折り紙の情報ナビゲーターである。用紙を斜めに切って6面の見出しが出るようになっている (Library NAVI、アーカイブHP　http://librarynavi.seesaa.net/)。

(7) 並行読書とは、当該単元の指導のねらいをよりよく実現するために、共通学習材（通常は教科書教材）と関連させて本や文章を読むことを位置付ける指導上の工夫のこと（学習指導要領）。

(8) ブックトークとは、教師や図書館員などが、子どもたちあるいは図書館の一般利用者を対象に、特定のテーマに関する一連の本を、エピソードや、主な登場人物、著作者の紹介、あらすじも含めて、批評や解説を加えながらひとつの流れができるように順序よく紹介したもので、図書の利用を促進しようという目的をもって行う教育活動（『図書館情報学用語辞典第4版』丸善出版）。

(9) "図書の時間"とは、クラスごとに図書館を利用して、図書館の機能を活用した学習を行う時間。豊島小では、1年生～6年生まで各クラス週に1時間"図書の時間"として図書館で授業が行われている。

第9章

中学校

1 学校図書館で学校司書ができること

(1) 学校の中に"使える図書館"をつくる

東京学芸大学附属世田谷中学校（以下，本校）は，生徒数480名，1クラス40名1学年4クラスの男女共学の国立大学附属中学校である。図書館はけっして広くはないが，蔵書は約23,000冊，年間1,000冊の新刊が入り，貸出総数は約10,000冊，タブレット端末や大型ディスプレイなども完備している。戦後間もない時から，学校図書館には専任の司書を配置してきた。現在は，専任学校司書と兼務の司書教諭で学校図書館を運営している。

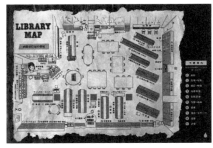

写真9-1 保護者がつくってくれた館内図

家庭や学校にICT機器が浸透し，インターネットから多くの情報を手軽に入手できる時代に，学校図書館はさして必要ではないと考える人たちもいるが，むしろ今だからこそ，学校図書館にできることがあるのではないかと考えている。たとえばデジタル資料にもアクセスできる環境を整えることで，印刷資料とデジタル資料の長所と短所を学べる。デジタル資料は，キーワードを入れればたちどころに，たくさんの情報にアクセスでき，最新の情報も入手できる。しかしあまりに多すぎる情報を，適切なキーワードによって絞り込んでいるのか，そもそもインターネット上の情報はどのように作られているのかを知らずに，情報を取り出してはいないだろうか。そう考えると，教育課程のなかで情報の取り扱い方を学ぶ機会は必要である。一方，印刷資料は，0類の総記から9類の文学に至るまで，すべてその内容によってあるべき場所が定められていることで，図書館は人類の知の歴史を一望できる場所となっている。小学校，中学校，高校と進むにつれ，その一覧は難解度を増してはいくが，それぞれの成長過程にあった言葉で語られた知の海がリアルに広がる場こそ，学校図書館といえる。しかも，小学生から高校生までの成長過程の子どもたちが毎日通う学校という学びの空間にあることを活かさない手はない。

しかし，そのためには学校図書館が使える状態でなければならない。生徒の関心・意欲を引

き出す多様な資料があること、さらにその資料に自分でたどりつけるよう組織化され、検索手段が整えられていること、そしていつでもレファレンスに応じる専任の学校司書がいることが欠かせない。たとえ小さな学校図書館であっても、そこに専任の学校司書がいれば、教員との事前の相談により、必要な資料を図書館のネットワークを使って揃えることも可能である。図書館の施設・設備も授業に活用する前提で、工夫がほどこされる。図書館は使われるほど、蔵書が充実し、学校司書が鍛えられる。

今までは、学校図書館といえば「読書の場」としての役割と、発展学習としての「調べ学習」が主であったように思う。しかしこれからは、読書の場としてだけでなく、通常の授業のなかで、当たり前に使われることを目指したい。「読書」によって知識や教養を得ることはもちろん、情報への向き合い方、情報活用能力の育成にも学校図書館が役立つはずである。課題の設定や課題解決のための必要な情報を自分で探せるようになることの意義は大きい。自分で見つけ出した情報が役に立ったという経験こそが、情報活用能力育成の鍵だと思う。課題に取り組むなかでの、タイムリーな指導やアドバイスが生徒に気づきを促す。授業で"使える図書館"が必要な理由はここにある。

授業での活用を想定し、学びを意識しながらの選書と、中学生というもっとも感受性豊かな時期に彼らが必要とする本を、彼らの声に耳を傾けながら選書し、中学校図書館のコレクションを日々構築していくことが、学校司書が常駐する意味だと思っている。本節では、本校での取り組みについて紹介する。

(2) 生徒の健やかな成長のために

よく学校司書になって日の浅い方から、「どうやって本を選んでいますか？」とか「何を見て本を選んでいるのですか？」と聞かれる。書評が載っている新聞や雑誌に目を通したり、インターネットで出版状況を見たり、大型書店に足を運んだり、ということは普段から心がけてはいるものの、一番の決め手は、その本が自校の蔵書に不足している資料か、あるいは新たな資料として、必要とされそうかという経験からくる勘のようなものである。

本校の特色のひとつとして、図書館が授業でよく使われていることをあげることができる。授業利用が少なかった頃も、図書館は賑わってはいたが、全校生徒とかかわれてはいなかった。授業を持たない学校司書が生徒全員の顔と名前を覚えることはむずかしい。選書も、個人の読書生活を豊かにするものになりがちで、今になってみると9類の文学に偏っていたようにも思われる。授業利用が増えて、それまで来なかった生徒も、図書館にやってくるようになる。この意味は大きい。来なかった生徒の声も聞けるようになるからである。3年の間には、ほぼ顔と名前が一致する。生徒から聞かれることも、多岐にわたるようになる。授業に必要な資料をそろえるなかで、その利用のされ方も見えるようになり、蔵書の質が変わってくる。

利用者のニーズを知るには，カウンターでのコミュニケーションが欠かせない。貸出返却処理から，予約やリクエスト，レファレンス，単なるおしゃべりに至るまで，すべてが選書につながる。本校のように，小さな図書館の良さは，自然に生徒の動きが目に入り，会話が耳に入ってくることかもしれない。基本的にカウンターにいることが多いので，カウンターから見える範囲のところに，展示・掲示や，授業のためのコーナーを作っている。そこで何気なく交わされる友達と

写真9－2　話題の本は一工夫して展示

の会話に，時にさりげなく割り込んだりもする。公共図書館と違って，学校図書館は利用者である生徒との距離が近く，信頼関係を築きやすいことがあげられる。同時に気をつけていることは，誰にとっても公平・公正であることだ。特定の生徒だけを特別扱いはせず，誰にでも提供できるサービスに徹することを自分に課している。

　生徒からのリクエストは，司書にとって悩みの種となるときがある。選書に迷う本のリクエストの扱いに関してである。基本的には，できるだけ生徒のリクエストには応える方針である。中学生にとっての旬の本がない学校図書館が，魅力ある図書館であるはずはない。学校図書館には選び抜かれた良書を置くべきであるという考え方もあるかもしれないが，時代を経て読み継がれてきた本と一緒に，評価の定まらない本を悩みながら提供していくことも，意味があると感じている。学校図書館の設置目的に，"健全な教養の育成"という文言があるため，学校図書館には健全な本を入れなくてはならないと考える向きもあるだろう。しかし，沖縄で図書館学を教える山口真也氏は著書『図書館ノート』〔教育資料出版会，2017〕の中で，「健全」も「教養」も「偏よりがない」「幅広い」という似たような意味をもつ重ね言葉ではないかと指摘している。考え方が偏らず調和のとれた幅広い知識をもつ大人になるためには，さまざまなものの考え方に触れる場所として学校図書館があるといえる。そして，ささやかなことだが，自分が読みたいと思ったものを頭ごなしに否定されない場所であることで，図書館が居心地の良い場所に感じているようにも見受けられる。

　一方で，大人として手渡したい本もたくさん入れていくことで，世界の広さ・深さを伝えたい。授業のなかでそのような本を読む機会を設けてもらい，本が動くのを見るのは嬉しい。本校では2週間に一度変わるカウンター横の大きな展示コーナーに，授業時には関連本がズラリと並ぶ。日替わりで違う授業があると，昨日まで置いてあった本とはまったく違うテーマの本が並ぶ。図書館にはさまざまな教科に役立つ本があることに，実感をともないながら気づいてもらえる。世の中は矛盾に満ち，多様な価値観があることを知り，そのなかで自分がどう折り合いをつけていくのかを学んでいくことこそが，健全な成長なのではないだろうか。

（3）授業デザインに関わる専門職としての学校司書に

　2016年10月に公開された『これからの学校図書館の整備充実について（報告）』で，学校司書の職務として新たに明記されたのが，授業支援と，教員へのサポートである。とくに授業支援に欠かせないのが，教員との事前の打ち合わせである。これまでの経験から，まだ教員のなかで授業案が固まっていない段階で，相談を受けると，双方が納得できる支援ができるように感じている。そのようなかかわり方ができた実践事例をいくつか紹介する。

① 継続した学びのなかで学校図書館を効果的に活用する国語科

　国語科は，言語を扱う教科であり，新学習指導要領のなかでも，読書や図書館についての記述はもっとも多い。また情報を扱うための技能やスキルも国語科が扱うことが多い。そこで情報活用能力の育成も視野に入れ2015年に渡邉裕先生が行った「『批評』を考える」という授業を紹介したい。教科書単元で，「批評」について学んだあとで，和歌についての批評文を書かせたいと，図書館に先生がやってきた。選ぶ和歌の対象を古今・新古今和歌集まで広げるかについて少し相談したが，4月に行った奈良・京都への修学旅行では，旅先で万葉歌碑を見つけてメモするように課題を出していたこともあり，万葉集に絞ることにした。まずは万葉集に関する資料の収集を始めた。万葉集だけに特化した課題をするのは初めてのことなので，必ずしも充分な資料が揃っているとはいえない。資料収集のポイントは，中学生を対象としたわかりやすいものから，一般向けの万葉集や，切り口の変わった万葉集に関する資料を，40人の生徒が使える充分な数を用意することである。このような課題が入った時は，今後も使えそうな資料は購入し，この授業にだけであれば良さそうな本や高価な本は，できるだけ公共図書館の団体貸出制度や，附属間での相互貸借を利用して揃えている。とくに同じ附属の中高図書館には，学習単元に沿った蔵書が揃っているので，使う時期さえ重ならなければ，借りることができるのはとてもありがたい。また，他校で和歌の調べ学習に準備した資料リストも役立つ。

　図書館で授業を行う場合，グループ学習の形態をとることが多い。この時は4人班の10グループとした。ある程度集めた資料を先生と一緒に眺めながら，具体的授業計画と，その時間配分などについて相談をした。万葉集に関しては，約70冊の本を集めることができたので，授業で40人が使うには十分な量となった。まずは図書館で授業を行い，万葉集から一首批評する歌を選ぶことから始めた。生徒は図書館のカウンター前の展示コーナーやワゴンに入ったさまざまな本を手にとり，自分の感性に訴えてくる一首を選んでいた。授業時間だけでは決められず，昼休

写真9－3　『日本国語大辞典』を使って調べる

第9章 中学校

みや放課後，本を見にくる生徒が少なくなかったのも印象的であった。始めから万葉集に興味・関心がある中学生は少数派だが，いろいろな本を置くことで，何かしらの意欲が引き出されることはよくある。それが本の良さでもある。次は選んだ和歌の解釈を調べることになる。そこで，先生と相談して各班分用意したのが，『万葉集事典』〔中西進編，講談社文庫，1985〕である。このような専門事典の使い方を学ぶよい機会となった。普段なかなか使われない『日本国語大辞典』(小学館) の存在も伝える。生徒はとにかく自分が選んだ歌の解釈が載っている本を探そうとする。もちろん有名な歌を選び，解説が難なく見つかる場合もあるが，そうとも限らない。無駄に時間を費やすよりは，自分の知識といろいろな資料を総動員して，自分なりの解説を試みることにも意味がある。

　授業では，感想と批評の違いについて学び，多くの批評文を実際に読んでみる。まったく同じ批評文はないので，自分はどの立場に立つのかを，それはなぜなのかを，根拠を明確にしながら論じることを生徒に求めた。その途中で，グループの中でお互いに説明しあったり，意見をいいあったりしながら，互いに交流し論点を整理していった。

　一連の授業が行われている間は，万葉集関係の本の展示を続けていたため，課題のために生徒がよく図書館を訪れ，資料に関しての質問や，もやもやした問いを司書に聞いてくることも多かった。司書の側も授業者の意図を理解できていたので，適切な対応ができたのではないかと思う。

　この授業の一部を，初めて校内での研究授業として行ったため，他教科の先生方にも，図書館の資料を使った学びを実際に見てもらうよい機会となった。このような学びは，資料さえ用意すればすぐできるわけではない。それまでに継続した取り組みがあればこそという部分も理解してもらえたことが大きな成果である。

② 音楽の授業で知的財産権を考える

　本校の音楽科の原口直先生は，日頃から知的財産権に強い関心をもっている。音楽科として，著作権や知的財産権についての授業をしたいと相談を受けた。著作権や知的財産権に関しては，学校図書館も積極的にかかわらなくてはならないテーマといえる。まずは，中学生が読める著作権・知的財産権についての資料を集めることから始めた。公共図書館や附属学校から借りて，使えそうな資料は複本で揃えた。著作権に関しては無料でもらえるパンフレット『生徒のための著作権教室』を申し込み，1クラス分送ってもらった。先生は，新しい資料のなかから気になった

写真9－4　知的財産権に関する資料

131

ものを借り，司書である私も，幾つかの資料に目を通し，著作権や知的財産権についての認識を新たにした。著作権に関しては，著作権侵害にならないように何に気をつけるべきかという視点からの本も多い。しかし，『すべてのJ-POPはパクリである〔現代ポップス論考〕』〔マキタスポーツ，扶桑社，2014〕という挑発的なタイトルをつけてはいるが，模倣やコピーが文化を育てていることを伝える本の存在も重要である。また最近飛躍的に伸びている定額制の音楽配信サービスは，音楽業界のしくみや著作権の考え方を揺るがす大きな流れでもあり，今後どのように授業のなかに取り入れていくかも新たな課題といえる。

授業の対象学年は中学3年生，授業は50分授業が2コマ続く100分で行うという。前半は，中学生に人気の音楽CDの売り上げがどのようにシェアされているか，音楽CDの製作・流通・販売にはどれだけの人がかかわっているかを理解してもらう。続けて，日頃何気なく行っている行為が著作権に触れているかどうかの質問に答える。全問正解者は少ない。

後半は，各班に配布した著作権に関する冊子と，新聞の切り抜き，班1台のタブレット型端末，展示コーナーに用意した著作権や知的財産権に関する本を自由に手に取り，知的財産権について今どんな問題が起こっているかを調べてもらう。20分というわずかな時間だが，3年生にもなるとその短い時間で必要な情報を探し出すことができるようになっていることに驚く。お互いの調べたことを班のなかで共有し，短いながら知的財産権についての各自の意見をまとめさせた。

学習指導要領のなかでは，音楽に関する知的財産権について，必要に応じて触れるようにすることとある。中学生にとって身近な音楽から，知的財産権について考える機会をもつことは，とても有意義だと感じた。創作した人へのリスペクトと共に，創作活動が模倣活動なしにはあり得ないという，矛盾にも気づいてほしい。

この授業は，知的財産権に関心を持つ方々が参観にみえたが，多くの使える資料のあること，及び，短時間で必要な情報を探し出し，自分の意見をまとめている生徒の姿に驚いていた。今後も，新たな資料を蔵書に加えながら，授業支援をしていきたい。

③ 本質的で根源的な問いを考える社会科パフォーマンス課題

2016年度の社会科の非常勤講師，津山直樹先生は，授業カリキュラムデザインとパフォーマンス課題の評価を研究テーマにしている。学校図書館による授業支援も当然とうけとめ，授業が始まると，前期のカリキュラム計画をもって図書館に来館され，今後のおおよその予定を伺うことができた。その結果，1年の世界地理では，多文化マップづくり（自分で調査する駅を決め，その周辺の多文化の事柄がどれぐらいあるかをフィールドワーク調査しマップにする実践）や移民に関する意見文を書く課題にあわせた展示という形で支援を行った。後期になり2年の日本地理では，多文化共生をキーワードにしたパフォーマンス課題を，英語科とコラボレーションするので，図書館として支援してほしいという依頼を受けた。

第 9 章 中学校

　先生が注目したのは，ピクトグラム（pictogram：絵文字）だ。少し前になるが，2020年のオリンピック開催に向けて，ピクトグラムを一部ではあるが世界標準に変更する話題や，そもそもピクトグラムが1964年の東京オリンピックのために，日本で生まれたものであることが，新聞にとりあげられていたという。今回は日本に住む外国籍の子どもたちに役立つピクトグラムをつくるところまでを社会科で作ったピクトグラムについて英語でプレゼンし，さらにシナリオをつくってスキットを演じるまでを英語科で，最後に多文化共生とはどういうことかを社会科で問うという流れである。

写真9-5　放課後資料を探しに来た生徒

　さっそくピクトグラムに関する新聞記事を，新聞データベースで検索して，先生に手渡した。課題のために，日本に住む外国人の子どもたちの様子がわかる資料や，ユニバーサルデザイン・ピクトグラムの資料を中心に準備した。また，外国籍の子どもが占める割合の推移グラフや，自治体が出している外国籍の子どもたちの教育に関する冊子なども用意した。

　単元の最初の時間は図書館で行った。前半は先生が課題についての説明をし，後半には司書が，用意した資料を分類に沿って紹介をし，インターネットも含めた情報活用の際に気をつけることについて話をした。資料はこの課題の提出期限まで丸テーブルに展示し，貸出やコピーも可とした。授業計画の段階からかかわり，7時間目の英語と8時間目の社会科の授業を見学させてもらったことで，授業の全体像が司書にもよく見えた。

　特筆すべきは，3者での振り返りの話し合いを持ったことである。授業をするにあたり，社会科としては，日本に暮らす外国籍の子どもたちの助けになるように考えたピクトグラムを，英語で伝える側になることで，思いを日本語でうまく伝えられないマイノリティ（外国籍）の子どもの立場に立ってみることができること。英語科としては，教科書で求められるスキットではなく，実際の社会的文脈では自分の英語が伝わらないこともあるという体験そのものに価値を見出せること。図書館としては，教科横断的な学び自体に魅力を感じたのはもちろん，生徒のモチベーションが，単独の教科の単元よりも上がり，資料を活用しようという意欲も上がることを期待した。

　実際にこの授業を行い，社会科としては，8時間目の「あなたにとって多文化共生とはなにか」という問いに対し，「『共生』はむずかしいことだが，それをわかったうえで自分にできることをやりたい」というように，実感をともなう深い思考が読み取れたことは大きな収穫であった。英語のスキットも，生徒は楽しく取り組んでいた。反省点としては，3時間目までに英語の授業に耐えうるピクトグラムが出来上がっていない生徒が少なからずいて，4時間目で，

133

もう一度課題の設定を確認する作業が必要であったことが，英語科から指摘された。図書館側からは，資料を借りたり，確認に来ている生徒は半数に満たなかったことから，もう1時間，ピクトグラムを作成する時間を図書館でとれれば，良かったと感じた。しかし，それらを差し引いても，教科横断的な授業の今後の可能性を強く感じる試みであった。

新学習指導要領で求められている主体的，対話的な深い学びにシフトしていくのであれば，学校図書館は，資料提供，児童生徒へのレファレンスなどの授業内外での支援に加え，カリキュラムデザインをする場面でも支援できるのではないだろうか。学びの場としての司書のいる学校図書館の必要性がより高まる。そしてなにより，今回のように授業のあとで教員と振り返りの時間をもつことの大切さを痛感した。これからも，教員と学校司書が，当たり前に授業について話し合うことができる関係を築いていきたい。

(4) 学校全体で育む情報活用能力

図書館で，生徒を見ていて気になるのは，読むことをとても面倒に感じる生徒が増えていることである。キーワードひとつで情報を見つけ出せる簡易さに比べて，本の場合は，そもそもどの本が使えるのかがわからず，使えそうな本を見つけても，今度はどこにその情報が載っているかを探さなければならず，さらに，そのまま書き写すわけではなく，理解しながら要約しなければならない。そのうえ，必ず複数の資料にあたるよう教員から指示がでる。このことが，力をつけるための，学びそのものなのだが，読むことに苦手意識のある生徒には，とてもハードルが高い作業である。

しかし，主体的な学びも，対話的な学びも，その結果としての深い学びも，読んで考えることとは切り離せない。好きな本を読む時間も大切にしてほしいが，好きな本だけでは世界が広がらないし，読むためのスキルも身に付かない。そこで国語科の先生と一緒に，毎月の読書課題を設定することにした。「4類の本を読む」とか「お仕事小説を読む」とか「ノンフィクションを読む」というように，縛りはあるが読む本は自由に選べるようにし，探すのが面倒な生徒のために課題本コーナーをつくっている。館内見取り図や，分類表も入れられる読書・情報ファイルを全員が持ち，読んだ本を記録する名刺サイズの読書カードを図書館に置いている。強制ではないが，生徒には3年間で100冊読もうと呼びかけている。

このような日常的な読書を推進するとともに，情報活用能力の育成が大きな課題だと感じている。デジタル・アナログにかかわらず，玉石混淆（交）の情報から，生徒が自分にとって必要な情報を取捨選択できる力を育てていくには，もっとも身近な学校図書館が役立つはずである。

写真9-6　情報カードは読書・情報ファイルにストック

そこで，現在は情報を活用するうえで必要なスキルの可視化に取り組んでいる。具体的には，学校図書館を活用した授業を行った際に学習したスキルを，ホワイトボードに貼り，教員が新たに学校図書館での授業や情報を扱う課題を出す時に，参考にしてもらえるようにする。国語科を中心に据えながら，他教科の学びや，総合学習・特別活動・行事とも関連づけ，学校全体で情報を活用する力を育てていきたい。この表を国語科教諭・司書教諭・学校司書で分析し，情報活用能力の育成に，学校司書がかかわれる部分を明らかにすることも目指している。

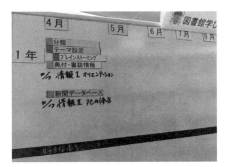

写真9-7　図書館での学びをホワイトボードに記録

忙しい学校現場で，年間指導計画のなかにあらかじめ，図書館活用を盛り込むことはむずかしいし，決めたからやらねばならないという意識にもなりがちなようである。学校図書館に常駐の司書がいる良さは，教師の「今」に寄り添えることである。

（5）ともに学びあう豊かな空間に

本校はとても賑やかな学校図書館である。静寂を求められがちな図書館のイメージからは程遠いのだが，これからの学校図書館は，共に学び合う空間として機能していくことが求められている。

図書館は単に本が置かれている部屋ではない。それぞれの学校の児童生徒と教職員のニーズにあった蔵書と，さまざまな情報にアクセスできるネットワーク環境を備えることで，小さな図書館は，「どこでもドア」に変わる。知識の森の道案内の司書がいることで，知りたいことがあれば，その糸口が必ず見つかる場所になる。

それぞれの疑問や課題をもち，あるいは目的もなく集える場所が，学校図書館である。とくに思春期真っ只中の中学生は，自分のなかに言葉にならない思いをたくさん抱えているように思われる。たくさんの本のなかには，必ず自分が必要とする本があるはずで，それを自分で見つけてほしいと思う。本は，静かに読み手を待っている。

またある時は，1冊の本をめぐり，あるいはひとつのテーマを深めるために，意見を交わし合う。クラスメイトの発言に，新たな視点に気づかされることもあるだろう。また，学びを深めていくためには，教師のかかわり方はとても重要である。

学校図書館が，豊かな学びの空間になるためには，

写真9-8　図書館での国語の授業

多様な蔵書がもたらす自由な空気と，本のもつ教育力に加え，そこを使って面白い授業をしたいと考える先生がいることが必須条件である。そしてもちろん，知的好奇心旺盛の子どもたちの存在は欠かせない。私たち司書は，そのための学びの空間をつくり，支援していくことが仕事といえる。

　学校司書という仕事は楽しい。なぜなら，目の前に手渡したい本と手渡したい相手がいて，本と人をつなぐことができるからである。しかも，そこに強制力がないのがまた良い。「私たちは，自分を育てる義務がある」というのは，現都留文科大学学長・福田誠治先生の講演で伺った言葉だが，まさに自分を育てるために，自分で必要な情報を選びとっていってほしい。彼らが迷った時の水先案内人になれるよう，研鑽を積んでいくことが，学校司書という仕事には求められている。

〔東京学芸大学附属世田谷中学校司書　村上　恭子〕

2 図書館は安心して本のことを話せる場所―知を分かち合い，読書の喜びを共有する図書館を目指して―

(1) はじめに

　学校図書館は，何人かの本好きな生徒のために存在するのではなく，全校生徒，全教職員のためのものである。全校生徒が学校図書館の利用法を知り，学校図書館の恩恵を受ける状況にすることが学校司書の職務であると心に深く刻んでいる。校内に学校図書館が存在し，資料が豊富で，学校司書がいるだけで利用が促進されるかといえば，残念ながらそうではない。学校図書館（司書教諭や学校司書）からの強い働きかけがなければ，活発に利用されることはないのである。常に，利用者（教職員と生徒）への教育課程の展開に合わせた働きかけが必要なのである。それ故に環境整備，資料整備だけにとどまらず，利用促進を働きかける毎日である。私は，2015年4月からお茶の水女子大学附属中学校（以下，本校）に勤務している。専任の学校司書だが，非常勤職員である。これまでの2年間の具体的な取り組みを，読書支援，学習支援，連携という観点で以下に述べる。

【基本データ（2016年度）】

クラス数：12クラス
生徒数：約350人（男女比　1：2）
蔵書数：約2万冊
貸出規則：5冊2週間
年間生徒一人当たり貸出冊数：26冊

(2) 読書支援

　学校という教育機関のなかにある図書館には、長く読み継がれてきた物語、思春期をうまく生き抜く知恵が得られる物語を中心に本を揃えたいと考えている。たとえ、メディアに大きく取り上げられない本であっても、生徒の心の琴線に響く本を薦めていきたい。生徒から見れば、本がたくさんある場所ということで、図書館と書店との区別はつかないかもしれない。しかし、学校図書館のよさは、出版から数年経過してしまい書店の棚にはもう置かれていない良質な本が書架にあるということである。歴代の司書たちが連綿とつくりあげてきた蔵書を大切にして、そこから生徒に読書を薦めている。

① ブックカフェ（読書会）で読書の喜びを共有する
【実現するまで】

　本校には、読書が好きな生徒が一定数いる。2割くらいの生徒が、日常的に読書をしているようである。私は、カウンターへ返却にきた生徒に「この本はどうだった？」と尋ねるようにしている。中学生に嫌がられない程度にコミュニケーションをとり、気軽に本について話せる関係をつくれるよう気を配っている。生徒個人と本について語りあうことがあるが、「面白かった」という生徒の思いを他の生徒と共有することで、読書の輪がさらに広がっ

写真9－9　2016年6月、ブックカフェ

ていくのではないかと考えている。2015年の夏休み前に全校生徒に配布したリーフレット「夏読」（後述）に、『海の島』〔アニカ・トール著、菱木晃子訳、新宿書房、2006〕を載せたところ、読書好きな10人くらいの生徒の間で読まれた。約300ページの厚い本にもかかわらず1冊目を読んだ後、3冊の続編に手を伸ばす生徒が多かった。かねがね、私は、この本について中学生と語り合いたいと思っていた。読後の生徒の感想にも手ごたえを感じていたので、千載一遇のチャンス、思い切って2015年の秋の読書週間のイベントのひとつとして読書会を計画した。実施にあたって読書会の名称を「ブックカフェ」と名付けた。飲み物を提供するわけではないのだが、まるでカフェでくつろぐように、本についてワイワイ話して読書の喜びを共有してほしいと願ったからである。事前準備として司書仲間3人に協力してもらい、この本で「大人のブックカフェ」を実施し予行練習をした。企画をした時点で生徒の参加者は、この本を読了していたが、読書会当日のために本を参加者人数分集める必要があった。複数の公共図書館を廻りやっと用意することができた。

【当　日】

　参加者は7人、会場は図書館の一角（8個の閲覧机のうちのひとつを使用）、放課後の40分間

をあてた。ブックカフェの後，部活動に赴く生徒も多かった。学校司書が司会を担当した。ブックカフェでは，時代背景，あらすじ，登場人物を確認したあと，一番好きな登場人物，疑問に思った点，ステフィ（主人公）はどのように変化したかについて話し合った。参加した生徒は，最初，島の生活を頑なに拒んでいた主人公が，周囲に溶け込み自分の居場所を見つけていく姿に成長を感じていた。読書会は初めて体験した生徒ばかりであったが，読んで感じたことを，気負いなく自分の言葉で話してくれた。自分の体験と重ねて読んだ生徒もいた。ブックカフェ終了後のアンケートには，「他の人と同じところに共感したり，でも違う意見もあって，すごく面白かった」「自分が感じたことを周りが受け入れてくれるところが，とても楽しかった」「読みが深まった，また読書会をやってみたい」とあり，全員の生徒がまたブックカフェに参加したいと記していた。ブックカフェの直後に，続編を借りたり予約する生徒や，次のブックカフェの本を推薦する生徒がいて，読書の喜びを共有することに手ごたえを感じた。

【ブックカフェの後，ベストリーダーに】

　ブックカフェの後も，ブックカフェに参加した生徒が周囲に薦めて，『海の島』は多くの生徒に読まれた。もともと，この本を複本で所蔵していたこともあり，『海の島』が2015年度のベストリーダー（一番借りられた本）になったのは，嬉しい結果であった。図書委員会担当教員の薦めがあり，その後も読書会を年に3回のペースで継続している（表9－1）。

　これまで6回のブックカフェの参加者は，1年生から3年生までさまざまであった。やはり，上級生の発言には，1年生が気づかないようなするどい指摘があり，深い読みをしていると感じる。学年を超えた交流ができることは，生徒にとってのメリットが大きい。

表9－1　ブックカフェ実施状況

	時　期	読んだ本	参加人数
1	2015年11月	アニカ・トール著，菱木晃子訳（2006）『海の島』新宿書房	7人
2	2016年1月	三浦しをん（2011）『舟を編む』光文社	3人
3	2016年3月	オトフリート・プロイスラー著，中村浩三訳（1980）『クラバート』偕成社	3人
4	2016年6月	ロイス・ローリー著，島津やよい訳（2010）『ギヴァー　記憶を注ぐ者』新評論	7人
5	2016年11月	伊藤遊（1998）『鬼の橋』福音館書店	2人
6	2017年3月	ナタリー・バビット著，小野和子訳（1989）『時をさまようタック』評論社	6人

【課　題】

　参加者が少ない回があることが課題である。4～6人集まると話も弾むのだが，学校行事や部活動との兼ね合いで参加することがむずかしいようである。参加を申し込んでいても，直前になってキャンセルされることが多々あった。しかし，2人のみの参加で『鬼の橋』のブックカフェを実施した際に，参加者に参加人数が少ないことについてどう思うか尋ねたところ，「参加者が少なくたっていいじゃない。このブックカフェは安心して本のことを話せる場だ。」と2人ともまったく気にしていなかった。本を深く読み，他者の意見を尊重して聞き，多様な意

見に触発され新しい発見をする。一人よりも複数で読んだほうが，豊かな読書を体験できる。参加人数にこだわらず，こうした読書会の本質を忘れずに継続していきたいと考えている。

ブックカフェの課題本の選定についても試行錯誤している。現在は，学校司書が話し合いが深まるような本を選んでいる。初回の『海の島』だけは読者が多いという現状があり，充実した内容の本であったので読書会の課題本に選んだのである。しかし，読者がいない時点で，課題本を選定してから，参加者を募集することにむずかしさを感じている。課題本を決めてから読書会までの間に，本を読んでもらわなければならないからである。実施日2カ月くらい前に課題本を告知し，多くの生徒に読んでもらう工夫が必要である。

【図書委員によるブックカフェへ発展】

ブックカフェの実施が5回を超え定着してきた2017年2月，図書委員が担当するブックカフェが行われることになった。読書週間の取り組みとして全校生徒にアンケートを実施した。その結果，一番人気の作家に選ばれた有川浩の『図書館戦争』〔有川浩著，メディアワークス，2006〕を課題本としたブックカフェの実施が図書委員から提案され，実施の運びとなった。当日の司会進行役を図書委員が担当し，感想を共有していた。司書は，後方支援に徹し，参加者9人分（司会を含む）の本を用意した。

【1年国語科での取り組み】

2017年2月に本校の教員が1年国語の授業でブックカフェ（読書会）を実施した。13タイトルの本を新たに5～20冊準備し，生徒はそのなかから読みたい本を選び，同じ本を選んだクラスメイトと2人～6人のグループをつくり本について語り合った。授業中に2時間ひたすら読む時間を確保し，ブックカフェに2時間充てた。学校司書は，課題本の選定や，話し合いのテーマ設定などを支援し，ブックカフェの時間も話し合いのサポートをした。生徒は，大変楽しくブックカフェを体験していた。

2016年度最後のブックカフェ『時をさまようタック』は，この単元が終わった直後に行われた。単元の最後に，司書が「読書会の課題本から広がる読書」というテーマで本の紹介をしたのだが，放課後のブックカフェの課題本も紹介した。その結果，それまで参加したことのない生徒がブックカフェ『時をさまようタック』に参加した。授業の嬉しい成果であった。

② ブックトークで本を紹介する

中学校では，学校司書がクラス単位の生徒に向けて本を紹介する機会は，きわめて少ないのが現状である。数少ない機会を逃さず，たとえ短い時間でも直接生で本を紹介することを，大切にしていきたいと考えている。ブックトーク[1]は，学校においてとても効果的な読書喚起の手法である。教員からブックトークの依頼があった場合には，準備の期間が短くても断らずに引き受けることをモットーにしている。数日のうちに複数のクラスで同じテーマでブック

トークをする場合は，配布リストには実際に紹介するよりも多くの本を載せている。4クラスにブックトークが終わるまで本を貸し出さないのではなく，ブックトークの直後から貸出を可とし，紹介した本が貸し出された場合，次のクラスではリストに載せた別の本を紹介することにしている。

【図書館オリエンテーションで】

　本校では，1年生向けに毎年4月に図書館オリエンテーションが行われている。クラスごとに図書館にやってきて，40分間図書館の利用法について耳を傾けてくれる。その図書館オリエンテーションの時間に，ほんの3冊を紹介するミニブックトークを盛り込んでいる。1年生は，図書館オリエンテーションで利用券を初めて手にする。せっかく1年生全員が図書館に来館したのだから，少なくとも1冊は手に取ってほしいと願っている。そこで，図書館オリエンテーションの最後に，館内を自由に閲覧し本を借りる時間を10分間だけ確保している。ブックトーク後，館内に展示コーナーをつくったが，ブックトークで紹介した本が借りられないと意気消沈したこともあった。その後，しばらくしてから「学校では1冊しか所蔵していないので，公共図書館で借りて読みました」と話してくれた生徒が2人いた。ブックトークをした直後に借りられなくても，生徒の記憶に残り，手に取られる可能性があるのだと気づいた出来事であった。司書自身が，すぐに効果を期待せず，長い眼で見るように心掛けていきたいものである。

ミニブックトークの例
テーマ／中学生
　梨木香歩（1996）『西の魔女が死んだ』小学館，（2001）新潮文庫
　佐川光晴（2013）『おれのおばさん』集英社
ロイス・ローリー著，島津やよい訳（2010）『ギヴァー　記憶を注ぐ者』新評論
※中学校生活が始まったばかりの1年生に，主人公が中学生くらいの年齢である本を紹介した。自分と違う境遇の他者にも思いを馳せてほしいという願いをこめた。

【国語の授業で】

　2016年4月，5月に1年生国語の授業で，ブックトークを依頼された。「辞書の紹介」と「主人公はこんな人」というテーマであった。後者は，主人公の心情の変化を読み取るという単元の後で，同じように主人公の心情の変化が描かれている小説を紹介してほしいという依頼であった。紹介した本のリストを配り，ブックトーク後は展示コーナーをつくった。この学年は，国語の時間の最初の10分間を読書の時間にあてていて，授業での図書館利用が多かったので，授業からしばらくたってからブックトークで紹介した本が借りられることが多かった。

テーマ／ようこそ辞書の世界へ

飯田朝子（2004）『数え方の辞典』小学館

三浦しをん（2011）『舟を編む』光文社

飯間浩明（2013）『辞書を編む』光文社新書

サンキュータツオ（2013）『学校では教えてくれない！国語辞典の遊び方』角川学芸出版

おかべたかし文，山出高士写真（2013）『目でみることば』東京書籍

テーマ／主人公はこんな人

R. J. パラシオ著，中井はるの訳（2015）『ワンダー』ほるぷ出版

E. L. カニグズバーグ著，松永ふみ子訳（2000）『クローディアの秘密』岩波書店

長薗安浩（2008）『あたらしい図鑑』ゴブリン書房

岩城けい（2015）『Masato』集英社

村上しいこ（2014）『ダッシュ！』講談社

---

③ リーフレットを作成して本を紹介する

【夏読・冬読】

　夏休みや冬休みの長期休業前に，全校生徒対象に本の紹介リーフレット（読書案内）を配布している。学校司書のお薦めの本を8冊程度掲載したリーフレットで，名付けて「夏読」「冬読」である。少しでも，毎日多くの配布物を手にしている生徒の目に留まるように，カラー上質紙に印刷し，3つ折りにして提供している。展示コーナーもつくるが，1冊ずつしか所蔵していないので，すぐに借りられてなくなってしまうことが悩みである。本校では公共図書館を利用している生徒が多いので，リーフレットに載っている本を公共図書館で借りることもあるのではと期待している。

　夏休みや冬休み前に，国語教員に授業中に20分くらい図書館に来館し，生徒が本を借りる時間をもてないか打診している。赴任初年度は1年生にだけ打診したのだが，快諾の上，さらに本を紹介することもできた。本校の図書館は，昼休みや放課後，大勢の生徒で賑わっているが，来館するメンバーは生徒がほぼ固定しているように感じられる。館内に展示をいくらつくっても，図書館に来てくれなければ生徒がそれに触れることはない。授業で図書館を使うということは，その学年の生徒全員が来館するということである。長期休業前に授業で図書館を利用することで，普段図書館に来ない生徒が本に触れる絶好の機会となる。授業の20分のうち10分を本の紹介にあて，残りの10分で貸出手続きをするという流れにしている。夏休み前，冬休み前であれば，普段の忙しい時と違って「本でも読んでみようかな」という心の余裕もあ

るようで，貸出手続きをする生徒は多い。

　終戦から70年の節目の年だった2015年の夏休み前には，「戦後70年」のテーマで本のリストをつくり，全校生徒に配布し，展示コーナーもつくった。ちょうど1年社会科で「第二次世界大戦に関する本，映画，テレビをみて感想を書く」という課題がでていた。社会科教員に，戦後70年のリストと，展示コーナーをつくることを告げ，教員のお薦め本をリサーチしてリストに加えた。夏休み前に，国語の授業で来館した1年生の生徒がリストの『あのころはフリードリヒがいた』〔ハンス・ペーター・リヒター著，上田真而子訳，岩波少年文庫，2000〕に気付き，「この本読んだことがあります」と話しかけてくれた。私が「続編がありますよ」と伝えると，それを借りたことが心に残っている。また，『木槿の咲く庭』（リンダ・スー・パーク著，柳田由紀子訳，新潮社，2006）を借りて読んだ生徒が，「よい本を紹介してくださってありがとうございました」と一言添えて返してくれたことは忘れられない。

【先生のイチオシ本】

　学校の読書文化を，学校図書館だけでなく，全教職員と一緒につくっていきたいという願いが私にはある。図書委員や学校司書がお薦めする本は全校生徒に発信していたが，教員が薦める本は発信できていなかった。そこで，2015年11月の読書週間の企画として「先生のイチオシ本」を集め，リーフレットにして発行し全員に配布することにした。図書委員が教員に推薦図書の原稿依頼文を手渡し，原稿の回収も担当したところ，校長はじめ全員の教員から原稿が集まった。学校司書は原稿のレイアウトと印刷を担当しただけである。図書館に所蔵していない本はすぐに発注して，全員のイチオシ本が自校の図書館に揃うよう手配した。もちろん展示コーナー，掲示物も作成した。1年目は，中学生が読めそうな本を選ぶ教員が多かったが，2年目の2016年にはそれぞれの教科色が濃い本が集まった。配布後，教員のお薦めのコメントをじっくり読みふける生徒の姿や，教員が図書館にやってきて展示の様子を見る姿，生徒と教員が本について話す姿が見られた。また，部活動の顧問の教員のイチオシ本が気になる生徒もいた。ある男子生徒は「こんな時（読書週間）でもないと本を読まないから」と言って，先生のイチオシ本の展示コーナーから数冊選んで本を借りて行った。疲れが吹き飛ぶ瞬間であった。本校には，文化創造部というイラストや文学にいそしむ部活動がある。「先生のイチオシ本」のリーフレット表紙イラストは，文化創造部に依頼している。ささやかではあるが，部員が活躍できる場になっている。図書館からは，こうしてさまざまなリーフレットを発行しているが，2016年度は図書委員から「リーフレットをつくりたい」という声が自発的にあがり，図

写真9－10　さまざまなリーフレット

書委員による図書委員お薦めの本のリーフレット作成に発展した。

④ 館内に学校司書のお薦めの本や外国の作家の展示コーナーをつくる

　文学好きの生徒は，どちらかと言えば日本の作家が好きなようだ。ヤングアダルト向けの外国の骨太の作品があってもなかなか手に取らない。そこで，外国の作家コーナーの展示をつくって薦めていきたいと考えた。今までに，E. L. カニグズバーグ，ロバート・ウェストール，アストリッド・リンドグレーン，及び，フィリパ・ピアスの作品を展示した。

　また，本校の読書好きな生徒は，「お薦めの本，ありませんか」と聞いてくれることがある。そんな時に，さっと本を差し出せるように学校司書のお薦めのコーナーをつくった。多くの本に埋もれていて目立たず地味だけれども中身はよい本を，生徒に手渡していきたいと考えている。昼休みや放課後には，学校司書はなるべくカウンター近くにいて，生徒が学校司書に気軽に声をかけ易い状況にしている。リクエストカードや予約カードだけで生徒の要望を聞くのではなく，顔の見えるコミュニケーションを大切にしている。

(3) 学習，及び自主研究支援

　本校では約四十年に渡って，2, 3年生が「自主研究」に取り組んでいる。「自主研究」とは，生徒が自らの力で課題を見つけ研究計画をたて，探究しまとめる個人による研究活動である。年間約30時間の授業時間を充てている。研究の基礎段階では，学校図書館の資料が役に立つ。

　これまでの学校図書館の支援は，生徒のテーマ一覧から必要とされそうな資料を購入したり，生徒の資料相談に応じることであった。資料提供は支援の中心であるが，学校図書館ができることは他にもあるのではないかと考えた。学校図書館が自主研究に効果的にかかわるために，試行錯誤しながら現在，以下の4点に取り組んでいる。

写真9−11　自主研究のための掲示物

① レファレンスカードの配布

　自主研究のある昼休みは，資料を借りる生徒で図書館は賑わっている。図書館で本を探しても資料が見つけられない生徒もいる。そこで，レファレンスカードを全員に配布し，資料相談したいことを記入できるようにした。レファレンスカードは図書館に常備している。

② 授業中に教室を巡回して，生徒から直接レファレンスを受ける

　自主研究の授業中に各教室を巡回して，生徒が学校司書に直接資料相談ができるようにしている。学校司書が巡回中に，教員が，「司書に相談したいことはないか」と生徒に質問を促し

てくれることもある。

③ 2年生へ第2回図書館オリエンテーションを実施（2016年4月から）

　図書館オリエンテーションを1年生で1回（40分）実施して終了ではなく，2年生の4月にもう一度，自主研究を意識した図書館オリエンテーションを行うことで，図書館と自主研究を近づけたいと考えた。その際に強調したのは，蔵書の検索方法（2016年3月から新システム）とお茶の水女子大学附属図書館のデータベース（新聞記事など）の利用法である。2017年度からは，テーマに関連した本を探すワークショップを取り入れている。

④ 自主研究のコーナー設置

　図書館入り口近くに「自主研究・学習法コーナー」を設け，過去10年間の研究収録集を置いている。さらに，探究的な学習の方法論，パワーポイントのつくり方などの本を一緒に集めている。

　本校では，自主研究だけではなく，教科や総合的な学習などで図書館活用が多く，図書館を活用する授業は年々増加している。たとえば，国語では，ビブリオバトル，ポップ作成，ブックカフェなどの読書単元だけではなく，説明文を書く題材を図書館で探したり，俳句や短歌の鑑賞文をさまざまな資料を参考にして書く授業もある。理科では動物の特性や竜巻発生のしくみ，竜巻からの身の守り方を調べている。社会科では世界の気候と暮らしの関係や，日本の地域の特色を調べてまとめるなどの授業が行われている。教員から授業の依頼があった際は，学習内容の他に学習形態は個人か班か，ウェブ情報を使うか，まとめる形態は何か，場所は図書館か教室かなどをインタビューしている。

　デジタル情報（ウェブ情報やお茶の水女子大学附属図書館の新聞記事，ジャパンナレッジなどのデータベース）と紙媒体の情報を併用できるところが，図書館のよいところである。デジタル情報へは持参したタブレットと図書館内のパソコン3台からアクセスできる。授業で図書館利用の予定が入ると，自校の蔵書を調査し資料が足りない場合は，購入が間にあえばすぐに発注している。こうしてさまざまな教科単元で図書館が使われることにより，蔵書の見直しにつながり，教育課程の展開に寄与できる蔵書が構築されていくと実感している。

（4）教員との連携と協働

　私が赴任した2015年度は，図書委員会担当の教員が，週に1回，学校司書と話し合う時間を設定してくれた。二人でさまざまなことを話し合うことで，レイアウトの大幅な変更や自主研究へのかかわりなど，図書館運営をさらに推進することができた。校内に図書館のことに詳しい相談できる教員がいるということは，本当に心強いことであった。

　一方，学校司書が全教職員と良好なコミュニケーションを取ることが，学校図書館の利用の

促進につながると考え，情報の発信と受信に留意している。

　学校司書から教員への情報発信として，年度始めには，「よりよい司書の使い方」（東京学芸大学附属世田谷小学校，学校司書，吉岡裕子氏先行実践）という文書を配布し，遠慮せず依頼してほしいと伝えている。また，2カ月に1回程度の頻度で「先生方への図書館だより」を発行している。学校図書館で行われた授業や，学校図書館での生徒の様子，授業に関する展示などを掲載している。教育実習生向けの図書館案内も発行しており，2015年度には実習生が学校図書館を使った授業を行った。こうした情報発信が，教員との協働の糸口になっている。

　一方，情報を受信するために，「年間授業計画」「学年だより」には必ず目を通している。年間授業計画に，図書館に関連する記載があれば，教員に時期やテーマなどを尋ねて備えている。学校司書が教育課程を把握していれば，授業展開に合わせた資料を購入し，授業が始まれば展示コーナーをつくって教員に知らせることができる。早めに授業の予定がわかれば，授業に関連するブックリストを作成している。授業中に教室前の廊下を通る時は，現在どんな授業が進行中か黒板を見て情報をキャッチしている。そうした甲斐があって，学校図書館に展示をつくってほしいという依頼も多く寄せられるようになった。たとえ，その授業で学校図書館を使うことがなくても，授業に関連する展示があると，授業と学校図書館を連動させることができる。学校図書館は，休み時間に読書好きな生徒が来館するだけの場所ではなく，教育課程の展開に寄与する施設なのである。また，職員室に学校司書の机はないが，出勤時と退勤時，昼食時に職員室に学校司書が顔をだすことで，コミュニケーションの充実を図り，忙しい教員から口頭で依頼をうける機会が増えるように努めている。生徒の様子や本について話すことが，教員との関係づくりの第一歩であると考える。

　長期休業前には各学年，教科の課題を調査して，展示コーナーづくりに役立てている。学校司書が教員に「どんな課題を予定しているのですか」と尋ねることによって，教員に学校図書館も役に立ちそうだなと思ってもらえる。課題に直結した展示の本は借りられることが多い。学校司書が尋ねる前に「課題をだすので，図書館に展示をつくってほしい」という教員からの依頼が増えている。

【おわりに】

　このように，学校司書は，教育課程や学校生活，生徒の読書に，学校図書館はどう貢献できるかを常に考えている。しかし，学校司書一人が孤軍奮闘しても利用が促進されるわけではない。学校図書館に関心をもってもらい，理解してもらえるような校内のコミュニケーションづくりを大切にしていきたい。これからも教員と協働しつつ，図書委員会の生徒と一緒に楽しみながら，知を分かち合い，読書の喜びを共有する図書館を目指して，日々小さなイノベーションを重ねていくつもりである。

〔お茶の水女子大学附属中学校司書　奥山　文子〕

3 学校図書館から広げる豊かな心と学びの力
― 昭和中学校での実践から ―

(1) 学校図書館でできること

　中学校で学校司書を15年勤めてきた。現在は小学校に異動して4年目となるが，勤務当初から中学校の職員会議で「学校は教育目標を具現化するための組織体である」という言葉をよく耳にしてきた。学校司書もその組織体の一員として，学校図書館での活動や授業により，生徒に豊かな心と学びの力をつけてもらいたいと願い，日々活動してきた。そして，現在もそのように自負して活動している。

　しかし，学校図書館の活性化は学校司書一人の力だけでは実現できない。司書教諭はもとより，研究主任や学年主任の知恵と働きかけにより，チームとしての学校図書館を先生方にPRし，連携を促していきたいと考えてきた。平成24・25年当時「チーム　THE　学校図書館」と銘打って校長，教頭，教務主任，研究主任，司書教諭，図書館担当，学校司書（袖ケ浦市では読書指導員）がそのスタッフとなり，教科担任や学級担任に向けて，学校図書館で何ができるのかを知ってもらうために行ってきた千葉県袖ケ浦市立昭和中学校（以下，昭和中学校）での実践事例を紹介する。

① 新任・転任教職員のための学校図書館オリエンテーション

　私の在職時，昭和中学校では4月当初新任，転任教職員を迎えた日に学校内を案内するのが恒例となっていた。その際に学校図書館に立ち寄ってもらい新任，転任の教職員に向けた学校図書館オリエンテーションを行った。司書教諭，図書館担当教職員，研究主任，前年度学校図書館を活用してくれた先生方に参加してもらった。学校図書館で行った授業や諸活動を紹介するとともに，他市から異動してきた教職員には，袖ケ浦市で行っている図書流通システム（授業や読書に必要な図書資料を公共図書館や他校から貸借できるシステム）の紹介などを行った。さらに，学校図書館が授業のサポートをすることができることをアピールして，授業プラ

写真9-12　新任，転任職員への学校図書館オリエンテーション

写真9-13　学校図書館活用推進委員会風景

ンに学校図書館の活用を入れてもらえるように働きかけてきた。

② 学校図書館活用推進委員会

学校図書館活用推進委員会のメンバーは校長，教頭，教務主任，研究主任，司書教諭，図書館担当，学校司書で構成されている。司書教諭と学校司書とで事前に相談したうえで，新年度の図書館運営計画を司書教諭が作成し推進委員会にはかり意見を交換し，司書教諭により職員会議で提案される。研究主任，司書教諭，学校司書が中心となる推進委員会の実際の活動は，選書会議を行いその年度の購入計画を確認することや，その年度の重点課題を話し合い，教科の年間計画を立てる際に学校図書館活用の予定を記入する等のルールづくりを行うことである。

4月の教科部会（教科ごとに教員が集まって検討する会）では自分の担当した学年でどのような連携が有効であったかを話してもらい，それを参考にして，教科担任に学校図書館を活用した授業の予定を書きこんでもらった。司書教諭が取りまとめたものを，学校司書の私が一覧表にして先生方に配布していた。年度末には実際に行われた結果をまとめて報告してきた。このことにより，図書流通システム活用の見通し（いつごろどんな本が必要で借りる手はずを整えるのか）や新規購入図書の選書（授業に必要な本を優先的に購入する）に役立てることができた。

③ 学校図書館活用報告会

毎年3月末の職員会議で，学校図書館活用報告会を開催してきた。学校司書は学校図書館で行われた連携授業や，諸活動についてサポートをし，記録や授業風景の写真も撮影している。そこで，パワーポイントを使いその年度の学校図書館活用の記録を作成し，そのパワーポイントをもとに，実際に授業を行ってくれた先生にどのような授業であったか，どのような点が役に立ったか等について話をしてもらった。中学校では教科担任制であるので，他教科ではどのような学校図書館の活用がされているかを知る機会はほとんどない。そのため，興味深く話を聞いてもらい参考にしてもらえた。

写真9－14　司書教諭による活動紹介

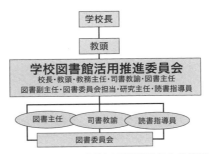

図9－1　学校図書館活用推進委員会組織図

（2）豊かな心を育む読書活動

① 朝の読書タイムでの「Enjoy お話会」の開催

　袖ケ浦市の公共図書館の司書とお話会ボランティアを招いて，「Enjoy お話会」を開催している。図書委員会主催の形で，毎年5月と12月の2回，朝の読書タイムの10分間に，各クラスにて，世界の昔話のストーリーテリング（素話：本を見ないで覚えたお話を生徒の顔を見ながら語る）をお願いしている。語り手の誘導や司会，プログラムの準備等は図書委員が行っている。袖ケ浦市では公共図書館でのお話会をはじめ，保育園，幼稚園，小学校へ出向いてのお話会が盛んに行われているが，中学校ではなかなかその機会が得られなかった。朝の読書タイムという10分間を活用して，公共図書館の司書やお話会ボランティアの熟練した素話を聞く機会が設けられたのは，語り手たちの理解と協力のおかげである。生徒たちは小さいころ聞いたお話を再び聞き，「こういうことだったんだね」と，中学生になってはじめて理解できたことなどを発見して楽しんでいる。

写真9－15　「Enjoy お話会」の様子

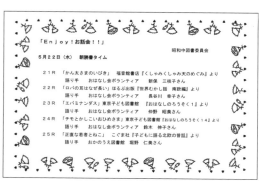
図9－2　お話会　プログラム

② 展示・掲示の工夫

　学校図書館内の展示や掲示は，季節感を感じるものや行事に関連した展示や，授業と連携して関連資料を紹介するもの，話題の本や情報の紹介などさまざまなものが考えられる。展示や掲示とともに，生徒たちに本を手に取ってもらうようにと心がけている。

　図書委員会の活動としておすすめ本の紹介や新着本の紹介のポスター作成は，年2回は図書委員に担当してもらう。同世代の生徒が選んだ本やおすすめ本の紹介文などは，多くの生徒たちの関心を呼ぶものとなっている。

　また学校図書館で行った授業の作品を掲示すること

写真9－16　音楽と連携して歌舞伎の紹介

写真9−17　図書委員による本のポスター　　写真9−18　学校図書館で行った授業作品紹介

も大切にしている。今まで美術で1年生が調べた「焼き物」，家庭科で1年生が行った「快適に住まう工夫」，社会で3年生が調べた「くらしの移り変わり」などの作品を，学校図書館近くのスペースに掲示してきた。これらを見ることによって，自分たちもいずれ学習する事柄に触れ，よい作品にするための工夫などを学び，授業への期待をもってほしいとの願いからだ。

③ ブックトークで読書へ誘う

　本を手に取ってもらうための手法として，さまざまな場面でブックトークを行ってきた。まず入学したばかりの1年生には，学校図書館オリエンテーションを行った後で，「友だち」をテーマにブックトークで数冊の本を紹介し，最後に「学校図書館の本たちもあなたの友だちになりたいと願っています」と締めくくり読書への誘いを行っている。

　図書委員会主催の図書集会では，図書委員によるブックトーク「学校って楽しい」「アンラッキー」「違いを豊かさに」などのシナリオを生徒とともに作成し，図書委員に演じてもらう。

　また授業の導入として1年生国語「ベンチ」〔ハンス・ペーター・リヒター著，上田真而子訳『あのころはフリードリヒがいた』岩波少年文庫，1977〕の学習をする前に，「命の重さ」をテーマにブックトークを行った。その後一人1冊ホロコーストに関連した本を読み，感想を読書ノートに書き込んだが，熱心に読書し真剣に感想を書き込む姿が見られた。

　3年国語では『ウミガメと少年』(野坂昭如)を学ぶ前に，語りつごう「戦争と沖縄」をテーマにブックトークを行った。授業前に代表の生徒に袖ケ浦市立郷土博物館からお借りした軍服，ゲートル，軍靴を着装してもらった。学校図書館内には，半円形にイスを配置して，中央の机には戦争展示品を並べ，いつもとは違うセッティングをしておいた。授業が始まると，学校司書の私がナビゲーター役になり，戦争時の展示品の紹介や，本と本をつなぐ進行役を行い，国語科教諭に紹介する本の朗読をお願いして授業をすすめた。

　また，千人針やたすきを女子生徒にもたせ，生徒たちの間をまわってもらい，当時の中学生が残した遺書を男子生徒に読んでもらった。単に聞くばかりではなく，生徒たちに参加してもらいながら，戦争が他人ごとではなく一人ひとりが真剣に考えて向き合わなければならないこ

第2部　学校司書の優れた実践事例

表9－2　平成25年度　授業との連携の記録

昭和中学校図書館 2013.4～2014.3

	1年生	2年生	3年生	図書委員会　他活動
前期	○国語　図書館オリエンテーション　利用案内・NDC 紹介・分類を知る・ブックトーク ○国語　「ベンチ」ブックトーク・読書ノート ○美術　デッサン　昆虫標本・動物剥製・図鑑を見て描く ○国語　国語辞典の使い方 ○社会　鼻欠古墳を知ろう　袖ケ浦市郷土博物館館長による特別授業 ○学級活動　クラスの学級目標決定　辞書活用 ○国語　調べ学習レポート　ガイダンス ○国語　英和和英辞典 ○道徳　ブータンから学ぶ ○国語　読書川柳　作成	○学級活動　目標の言葉を辞書で探す　クラス掲示　参考本 ○国語　方言班別調べ・発表会 ○自然体験学習　事前調べ　新聞作成・学習班作成 ○家庭科　献立を考える ○国語　調べ学習レポート　ガイダンス ○総合　レポート発表会　準備 レポート発表会　クラス内発表 レポート発表会　学年→全校発表 ○英語　英和和英辞典 ○道徳　ブータンから学ぶ	○学級活動　目標の言葉を辞書で探す　クラス掲示　参考本 ○総合　修学旅行　京都事前事後学習・掲示物、新聞作成 ○美術　木箱　デザイン　花・動物・植物などの写真を参考にする ○美術　仏像調べ 資料提供 ○美術　篆刻 資料提供	朝の読書用　貸出 図書委員用　クラス10冊（毎月） 新規購入図書 リクエスト受付集計 4/23子ども読書の日紹介 Enjoy!!　お話会!! 5/21　5/22　5/23 サン・ジョルディの日掲示 沖縄慰霊の日紹介 すすき絵本タイム 朝の読書タイムチェック 図書委員長と読書指導員による各クラスのチェック 夏休み読書案内　掲示 新着部掲示おすすめ本ポスター
後期	○総合　レポート発表会　準備 レポート発表会　クラス内発表 レポート発表会　学年→全校発表 ○社会　世界の国を調べる ○家庭科　快適に住まう工夫 住まいについて　班ごとに調べて発表会 ○道徳　ブータンから学ぶ ○総合　職業調べ ○理科　地震・噴火 ○数学　平均値 ○道徳　ブックトーク「みんな一緒に」石井更幸さんに学ぶ	○若竹学級　作品制作　かぐやひめ ○英語　国のルールを調べ、紹介する ○家庭科　消費生活と環境 ○美術　比較デザイン ○国語　擬態語と擬声語 ○道徳　他者理解「てるちゃんのかお」 国際理解「世界がもし100人の村だったら」 ○保健体育　感染症　調べてまとめて発表会 ○技術科　情報モラル	○英語　A Mother's Lullaby ○国語　「かあさんのうた」朗読　原爆パネル資料提供 ○国語　無言館の青春　VTR 提供 ○国語　万葉集・古今集・新古今集を調べる 資料提供 ○若竹　手話　手話ダンス ビデオ・資料提供　手話ダンス講師紹介 ○社会　新聞記事から学ぶ 毎日新聞ワークシート提供	歌舞伎紹介 調べる学習賞コンクール 作品出品 寄贈本　受付週間 10/29～11/1 リーディングマラソン 10/30～11/8 Enjoy!　お話会!! 12/10　12/11　12/12 朝日中学生ウィークリー活用 試験対策（数学・英語）情報提供 3年生受験対策・面接情報 教科書の作家　作品紹介 数学・数学に関する本紹介

となのだと思えるようなブックトークを行った。

　授業が終わると展示品に見入る生徒や，「おじいちゃんは兵隊に行ったよ」などと話してくれる生徒も多くいて，調べ学習のテーマに戦争を選ぶ生徒も数多くみられた。国語科教諭からは，「ブックトークをしてからの授業は，生徒の理解が深まって大変進めやすいです」「私はこんな授業をするために教師になったのです」という言葉をもらうことができた。

(3) 学びの力を育む連携授業
① 9教科での活用紹介

　教科の授業での調べ学習は，短い時間で調べ，用意されたワークシートにまとめることが，多くなっている。学校図書館では，必要な資料をそろえ提供し，ブックリストも作成し提供する。生徒に配布するワークシートには感想や自分の意見を書く欄や参考文献を書き込む欄をつくることなどを，教科担当と学校司書とで相談し準備をしている。

　また生徒たちが作成したワークシートをクラス人数分印刷して冊子にまとめ，共通資料とすることも多い。一人が調べた内容はA4用紙1枚の内容でも，クラス全員分の作品としてまとめると1冊の立派なレポートとなるからである。

　授業内で発表会を開いて，短い持ち時間で調べたことや感想などを発表する活動も多く行われており，思考力，判断力はもちろん，表現力の育成に役立っている。

　さらに，多くの教科授業を学校図書館で行うことで，学校図書館に興味がない生徒も図書館に誘うことができ，展示や掲示に興味をもたせ，本を借りる機会が増えている。

② 図書館を使った調べ学習　レポート作成から全校発表会へ

　教科の授業で取り組む調べ学習は，テーマが限定されており，班での活動であることが多く，通常は調べる時間や発表の時間も短時間で取り組んでいる。そこで総合的な学習の時間を活用して，課題を自分で設定し，時間をかけて調べ，取材や実験をし，自分なりの工夫をした作品にまとめる探究的な学習（袖ケ浦市主催「図書館を使った調べる学習コンクール」に向けた調べ学習レポート作成と全校発表会）を，1，2学年の生徒全員が体験できるようにしている。

　まず夏休み前に2時間を使ってガイダンスを行う。テーマ設定の相談，資料探し，取材の仕方，作品のまとめ方などを授業者と学校司書で説明する。レポート作成は夏休み中の活動が中心になるが，袖ケ浦市教育委員会が主催する調べ学習相談会（各分野の専門家を招き相談にのってもらう）への参加をすすめ，公共図書館や，学校図書館開館日の利用なども促している。

　平成23年度からは提出されたレポート作品をもとに，レポート発表会にも取り組んでいる。作成したレポートをもとに一人3分の持ち時間で発表する。皆に役立つ情報を2つ入れて，資料はどこを見せると効果的かなどのアドバイスを受けた後，原稿作成，発表練習を行い，学級

表9-3 学校図書館を使った調べ学習レポート作り・発表会 日程表

月 日	第1学年	第2学年	第3学年
7月 国語授業 1h	調べ学習ガイダンス ・図書館を使ったレポートとは ・良いレポートから学ぶ ・ウェビング		国語科にて ・夏休みの課題 説明
7月 国語授業 1h	テーマ決め ・教科担任作成のテーマ選びの参考シートを配布し、自分の興味のあるテーマを選ぶ参考にする ・テーマが決定した生徒の資料を公共図書館から取り寄せて、貸し出す		
8月 夏休み	学校図書館開館日や公共図書館を利用して、各自のテーマのレポート作りを行う		
9月2日	レポートを提出（学級担任に提出） ・担任がチェックした後、読書指導員がレポートをチェックする。 ・市コンクールに出品する作品を選出し生徒へ返却する。 ・改善点を指示して後日提出させる（各学年 5作品程度）		国語科 レポート提出 ・国語科担任がチェックした後、読書指導員がチェックする ・5作品を選び、生徒へ返却 ・再提出した作品を、市コンクールへ提出
9月18日〜 9月20日	発表代表の生徒を選出し（学年2名程度）、プレゼンの準備（放課後図書館にて）をする		
9月27日 総 合 1年 1h 2年 1h	プレゼンテーションガイダンス（武道場・多目的室） ・発表会のガイダンス・代表生徒の発表を聞く ・その後教室にもどり発表台本を書く ・発表の仕方と準備 ・原稿作りのポイント ・声の大きさ ・間のあけ方 ・資料提示の仕方 原稿は9月30日までの宿題とする		
9月30日	台本原稿提出（未提出者は残って作成した後提出する）		
10月1日 10月2日 10月3日 10月4日	この間、学びタイムにおいて発表の練習を行う ・学級担任による原稿チェックを行う		
10月7日 10月8日 10月9日 10月10日 総 合 1h×4日間 (1, 2年とも)	クラス内発表会（総合4時間） ・学年発表会の代表者を選出する ・1人の持ち時間 3分×10人 で4時間でクラス全員が発表を終える ・全員が評価を行い、代表生徒を選出する		
10月17日 総 合 1年 1h 2年 1h	学年発表会 ・1, 2年生とも総合にて 審査員には校長・教頭先生にも依頼する ・学年で各クラスの代表の発表を聞き、学年代表を決める		
10月18日〜	放課後図書館にて 代表者の発表練習		
10月26日	文化祭にて 調べ学習レポート発表会 ・1年生代表2名、2年生代表2名		

発表会を実施する。クラスで高評価を受けた生徒がさらに練習の準備を行い，学年発表会に臨む。学年代表になった生徒は，学校図書館でさらに原稿や発表の指導を受け，文化祭で生徒や保護者の前で発表を行っている。

③ 学びを充実させるための工夫

　学校司書としての喜びは，授業で図書資料や学校司書が活用されることにより，授業の向上に役立ち，生徒に力をつけることができた時である。教科の授業では，先生から依頼を受けた資料を必要なだけ揃えて提供し，授業の終了後，提供した資料を確認し返却することが基本的な仕事である。しかし，依頼の内容やテーマによって，資料が揃わない場合には，新聞記事等を一部印刷し独自の資料を作成し生徒に配布する場合もある。調べ学習の授業に対応し，本のリストを作成し生徒に配布する。必要な資料を短時間で探せるように工夫をし，よい発表をするためのアドバイスをすることも多い。

　そして公共機関から，必要なパンフレットを収集し，授業に役立てるように工夫もしている。学校図書館に届く雑誌（『Newton』『MOE』『Newsがわかる』）については，雑誌目次索引（記事内容のわかる目次部分をコピーしてファイルしたもの）を作成し，過去の雑誌記事も素早く検索し，提供できるよう心掛けてきた。

　さらに学校を支援する公共機関との連携の窓口にもなり，公共図書館から図書流通システムを活用して図書資料を集める。学校図書館支援センターより資料や教材を借りる。袖ケ浦市郷土博物館と連携して資料を借り，学芸員を招いての授業を企画・提案することも，重要な役割である。次に，具体的な連携について紹介する。

(4) 公共図書館や郷土博物館との連携

① 図書委員による公共図書館での展示

　日頃は図書流通システムにより，多くの本を提供してもらうことで公共図書館と連携をしているが，平成24・25年は袖ケ浦市立中央図書館から依頼を受け，昭和中学校図書委員会が中央図書館内のヤングアダルトコーナー（以下，YAコーナー）と児童コーナーの展示を担当した。

　まず図書委員の数人と中央図書館へ行き，展示する場所や大きさなどをチェックした。次にYAコーナーから，中学校の学校図書館には所蔵していない本を選んで借り，図書委員に貸し出し読んでもらった。次に，読んだ本のおすすめポップを校内で作成する。展示する時期も考慮して夏休み中に展示の時は，海や山をイメージして掲示物を作成した。実際の作業は，部活のない放課後を活用して中学校内と中央図書館で行った。

　展示期間中のYAコーナーと児童コーナーは大変な人気で，図書委員たちの作成した掲示やポップを見てたくさんの本が借りられた。展示期間終了後は，学校図書館近くのスペースに

同じ展示を行い，学校図書館にない図書を紹介し公共図書館へも足を運ぶようにPRした。

平成25年以降も中央図書館からの依頼を受け，昭和中学校図書委員会の生徒たちが，工夫した展示を行い，公共図書館との連携を深めている。

写真9-19　中央図書館での作業風景　　写真9-20　掲示されたポップ　　写真9-21　児童コーナーでの掲示

② 地元の博物館と連携授業をコーディネートする

　昭和中学校は敷地内に鼻欠遺跡を有しており，校舎建設の際，発掘調査をして出土された土器や鉄製品が地元の袖ケ浦市郷土博物館に展示され，保管されている。校舎の入り口には，鼻欠遺跡を紹介する看板も設置されている。そこで1年生の社会科の授業で「鼻欠遺跡・古墳を学ぶ」特別授業を提案し，企画した。これは，博物館学芸員を招き，校舎から歩いて100mほどのところにある「円墳」に出かけ実際に見学し，現地では横穴式石室や古墳のつくり方，周囲の土地との関係などの説明を聞く。その後，学校図書館に戻り，古墳より出土された土器を見て，土師器・須恵器の時代背景，つくり方の違いなどの説明を聞き，実際に触ってみる。さらに，レプリカの鏡や直刀などを見るという授業である。

　社会科の授業の1時間を使って，1年の全クラスがこの授業を受けている。生徒たちは教科書で学んだ古墳が自分たちのすぐそばにあることに驚き，専門家である学芸員から，詳しい説明を聞くことで，考古学への興味関心を深めている。そのことは，何人もの生徒が授業終了後も残って学芸員に質問し，古墳や遺跡に関連した図書資料が読まれたことでも感じられた。

　この授業では，学校司書が社会科担当教諭に鼻欠古墳の存在や，博物館学芸員を招いての授業が可能であることを提案し，教諭からの依頼を受けて，博物館との連絡調整を行い，生徒に配布する資料の作成・準備，学校図書館内での関連図書の展示や紹介を行った。学校の敷地内に遺跡があることや古墳から鉄製の釣り針が出土していることも大変珍しいことである。昭和中学校に入学した生徒にはこれを一度は学び，自分の生活する地域に誇りをもって卒業してほしいと考えている。博物館との特別授業が今後も続くことを願っている。

　また袖ケ浦市郷土博物館には体験学習の支援や，各自のテーマで研究や作業を行っているボランティアの市民学芸員がいる。市民学芸員の手による自主企画展も毎年行われている。市内

を5つの地域に分けて研究調査し紹介した平成24年度の企画展「こんなに素敵な袖ケ浦」も充実した内容で好評であった。

部活動や塾などで放課後や休日も忙しい中学生は，残念ながら博物館を訪れる機会は少ない。そこで博物館での企画展終了後に，昭和中学校の学区である昭和・奈良輪地区を調査研究し紹介している市民学芸員を招き，企画展の際に博物館に展示した品や掲示物をお借りして，学校図書館に展示や掲示を行い生徒たちに紹介した。

図書委員が聞き手となって市民学芸員に，健康祈願のためにワラでつくったタコを木につるす風習などについて説明してもらった。また多くの生徒が参加しているお囃子が市の文化財に指定されていることや，地元の神社にある帆立貝式古墳についてもクイズを入れながら紹介した。これらは掲示するだけではなく，ビデオ撮影しておき，お昼の放送で流してもらい，図書委員の活躍の機会にもなった。またこの活動で，日ごろ知られていない市民学芸員の存在や活動を生徒たちに紹介することもできた。

写真9−22　円墳を見学

写真9−23　出土された土器などを観察

(5) まとめ

平成24・25年度を中心に学校図書館の活動を紹介してきた。振り返ってみると，学校図書館が活用されることを喜びに，レファレンスに誠実に応えることを心がけてきた。多くの先生方や生徒たちが学校図書館を活用してくれたことで，学校図書館も学校司書の私も成長することができたと感謝している。そして袖ケ浦市立中央図書館，長浦おかのうえ図書館や袖ケ浦市郷土博物館，学校図書館支援センター等の機関からサポートを受け，保護者を中心とした学校図書館支援ボランティアにも支えられ，学校図書館が学校での学びの中心に位置することができる。まさに学校司書一人の力は小さいが多くの人々や機関を巻き込むことで，さまざまな実践が残せたのではないかと胸がいっぱいになる。今後も地元の歴史や文化を学び学校司書の専門性を高めて，生徒に学ぶ喜びと達成感を感じさせる支援を行っていきたい。

〔千葉県袖ケ浦市立昭和小学校司書，前 千葉県袖ケ浦市立昭和中学校司書　和田　幸子〕

4 学校司書ならではの学びへの支援

(1) はじめに

　鳥取市は非常勤（2002年度までは週24時間・現在は週29時間）ではあるが，1996年6月より小学校に専任・専門司書を順次配置し，2002年度に市内の全小中学校に学校図書館司書（当時の職名）を1校に1名配置した。平成の大合併後の2005年には2校兼務や3校兼務もあったが，兼務が解消され現在に至っている。私は1999年から16年間小学校司書として，大規模校，中規模校，及び小規模校に勤務し，新築による校舎移転2回，耐震補強工事1回，図書館システムデータベース化作業3校，2校兼務などさまざまな経験を経て，2015年度に中学校へ異動となった。

　鳥取市の学校司書の配置は，家庭文庫や読み聞かせボランティアなど，市民の熱心な活動の成果として実現した。そのようなことから，ほぼ100％実施されている朝読書の時間に，小学校ではボランティアによる読み聞かせなどが現在でも行われている。しかし，学校司書が果たす役割への現場のニーズは，学習指導要領の改訂に合わせ，読書活動から学習に沿ったものに変わり，小学校における「図書の時間」の在り方や，ボランティアによる「おはなし会」などの時間確保については，その必要性も含め今後の課題である。

　2014年に「学校図書館法」が改正され，その後は，学校司書の果たすべき役割として，読書支援などに加えて，学習支援が，各種の報告書などに明確に提示されている。新人中学校司書として，失敗を恐れず自分にできる精いっぱいを出し切ること，それが，先生や生徒の信頼を得る第一歩であると信じて，日々の職務に励んできた。

(2) 毎日の積み重ね

① 書架を整える

　学校図書館のもっとも大切な使命のひとつは，学習支援である。レファレンスなどを受けたとき，その場に適切な資料があり，すぐ手渡せることが重要である。そのためには蔵書を把握し，購入図書は分野の偏りなく網羅する必要がある。鳥取県鳥取市立河原中学校（以下，本校）は2011年に新築され，図書館もきれいに整備されている。それでも，1日に1度は奥に差し込まれた本を手前に揃えるなどしながら，館内の書架を点検している。書架を整えながら，蔵書の動きや廃棄すべき本などの把握に努めることにより，ここに書架見出しを増やしたほうが良い

写真9-24　棚ごとに増設した分類表示（7芸術と8言語は前任者作。780スポーツは遠藤作成）

第9章 中学校

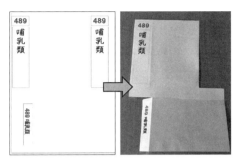
写真9-25 書架見出し作成過程

写真9-26 左右からみた書架見出し

など，生徒の動線に合わせた効果的な配架が見えてくる。生徒や学校のニーズに合うローカルルールを整えつつ，生涯学習を視野に入れNDC（日本十進分類法）による配架を行っている。

また，本の配置をわかりやすくするために書架の分類表示の種類を増やし，書架見出しは左右と正面の3方向から見えるものを作成している。写真9-25のようにA4用紙に印刷し，右端の縦書き部分を切り取り左裏面に張り，ラミネート加工したものを書架に挿している。

しかし，本の背表紙を羅列したままでは生徒の手に取られにくい。そこで，材料費をかけず簡単で効果的な工夫として，1枚の段ボール板を折り曲げて面展台（鳥取城北高等学校　加藤晴美学校司書考案をアレンジ）を手作りしている（写真9-27）。棚の奥行や展示したい本の厚みに合わせて切り込みを入れ，折り曲げて手前と底の部分を接着している。

実際の展示

展示前の面展台

写真9-27

② 生徒との会話から

生徒の知的好奇心を喚起しようと考え，図書館入口の壁面に「知っ得」コーナーを作り，その月に生まれた歴史上の人物と，熟字訓など漢字の読みをクイズ形式で紹介している。このコーナーは，休憩時間に人物事典を開きながら「この顔が先生のタイプですか」とか，プリン

157

写真9-28 知っ得コーナー

トを差し出され「今度の基礎力テストだけど読める？」といった生徒との会話がきっかけで生まれたものである。

漢字の読みは、高校入試の過去問題から出題している。図書館ドアの左に設置した誕生月の歴史人物クイズは、遠目からでも変化がわかるよう、日本人と外国人が交互になるように出題している。それと同時に、学習内容や地域の催しなどにも関連させるように心がけている。たとえば9月に杉田玄白に関するクイズを貼っていたら、隣の教室からタイムリーに「解体新書

図9-3 返却期限票

を…」と社会科授業の声が聞こえてきた。また10月は、鳥取県立博物館での「日本におけるキュビズム―ピカソ・インパクト」開催に合わせて、パブロ・ピカソを題材にした。

中学生は、クイズが大好きである。貼りかえると「あっ、変わっている」と数名で集まり解いている。ときには「先生、ピカソの名前（洗礼名）言える？」などと、私が作ったクイズのヒントである長い洗礼名を問いかけてくる。

また、基礎学力定着の助けになればと、貸出の際にわたす返却期限票には、古語、理科用語、国際組織の略称など（大阪府豊中市立第一中学校　今野千束学校司書先行実践）を、1カ月を目安に教科やジャンルを変えて作成し印刷している（図9-3）。鳥取市立国府中学校下地千恵子司書と共同制作することで、多くの種類を提供できている。「テストに出るかも」というと、返却期限票を集め単語帳のように活用している生徒もいる。

③ 季節や行事を意識して

伝統行事である節分・七夕・中秋の名月や、防災の日・県民の日のいわれなどを、クイズや解説でコーナー展示している。たとえば七夕では、七夕伝説、天の川、夏の大三角、七夕の由来、短冊の色や飾りの意味を掲示した。織姫（ベガ）と彦星（アルタイル）の距離16光年を、ジャンボジェット機やウサイン・ボルトが走っていくと何年かかるか試算したものも掲示したところ「1光年って確か1秒間に地球を、…」「ボルト、…」などと男子生徒が興味深く見ていた。

また、季節感を演出するための工夫として「図書館植物園」と名づけて、自宅にある身近な植物を週替わりで飾っている。これには、植物名・科名・花言葉のほか、「花びらに見えるがガクである」「秋の七草の一つである」などを一言書き添えている。中学生の関心は、感触の面白いラムズイヤーなどよりも、ヒトツバタゴ（なんじゃもんじゃの木）やフリージア、レモ

第 9 章 中 学 校

写真9-29　図書館植物園

表9-4　2016年に展示した植物一覧

月	植　物　名		月	植　物　名	
4	スズラン	ナルコユリ	10	ホトトギス	サンユウカ
	ヤマボウシ	オウバイ		フジバカマ	シュウメイギク
5	アマチャ	アンネのバラ	11	サザンカ	チャ
	ブルースター	ヒトツバタゴ		アブチロン	ムラサキシキブ
6	トケイソウ	アナベル	12	ワビスケ	ツルウメモドキ
	ラムズイヤー	チェストベリー		ウメモドキ	クリスマスホーリー
7	リアトリス	ヤブカンゾウ	1	センリョウ	スイセン
	カワラナデシコ	ピペリカム		ヤブツバキ	ハクバイ
8	キバナコスモス	キキョウ	2	トサミズキ	ロウバイ
	ツルバキア	ルリマツリ		ボケ	フクジュソウ
9	ダンギク	キンモクセイ	3	スノーフレーク	フリージア
	アゲラタム	ミズヒキ		トキワマンサク	ジンチョウゲ

ンユーカリなど匂いのするものに寄せられた。また，アンネ・フランクにちなんだバラを飾った時には，国語教諭が授業で話題にされたおかげで，男女を問わず多くの生徒がバラ目的に来館し『アンネの日記』も貸し出された。

また，卒業シーズンには県内の高等学校司書からお祝いのメッセージが届けられるので，一覧に印刷して卒業生に配布し，館内にも掲示をしている。

速報性も意識し，2016年10月21日に鳥取県中部地震が発生したときには，すぐに新聞の号外を使った簡易掲示物を作り，その後「その時どう動く？」と防災対策のコーナー展示へと発展させた。

(3) 図書館オリエンテーション

本校では，4月初旬に行われる全校オリエンテーションのなかに，約10分間の図書館オリエンテーションが組み込まれている。ここでは，利用案内と館内配置図のプリントを配布し説明している。

以前フロアワークをしていて，本の場所を聞かれ分類番号を伝えても書架に行けない生徒がいることに気づいた。小学校でも学習しているが，本の場所を示す分類番号は定着しづらい。しかし，図書館を活用する能力を身に付けることは，課題解決や生きる力の基盤になると考える。そのため，NDC（日本十進分類法）の指導は機会をとらえて繰り返し行うことが望ましい。そこで早速，分類のLibrary NAVIを作り，1年生の学校探検のなかにわずかな時間ではあるが，1クラスずつ図書館オリエンテーションを組み込んでもらい分類指導を行った。

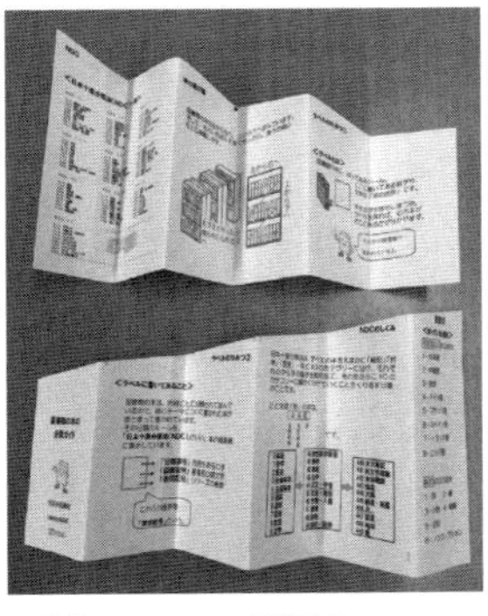

写真9-30　分類のLibrary NAVI（椙山女学園大学図書館，名古屋市立図書館より画像を参照のうえ作図）

159

(4) 学びへの支援の具体例

① 1年：国語「私が選んだこの一冊」

　この単元では，生徒がそれぞれ自分で選んだ一冊でPOPを作って紹介する。しかし，POPを知らない生徒もいたので，生徒が知っていそうな「新発売！」「お買得！」などの実例をあげてスライドで提示した。そして，本のPOPを作るうえで欠かせないコツを，言葉・文字・イラスト・カタチ・色使いの5つにしぼり，鳥取県教育委員会が実施している「本でつなぐわたしたちの未来プロジェクト　中学生ポップコンテスト」の入賞作品，出版社の作品を見せながら具体的に説明した。

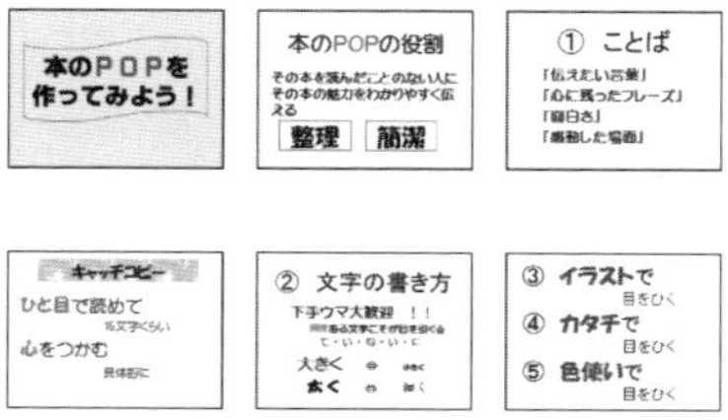

図9-4　使用したスライドの抜粋

② 1年：国語「百人一首」（3年間継続学習している）

　百人一首を覚えるための様式を作り提供している。きっかけは，小学校司書をしていたときに遊びに来た卒業生の「百人一首大会があったけど，勝つのは小学校で覚えてきている○○小学校からの子ばっかり」というつぶやきであった。そこで当時の勤務小学校でも，百人一首を覚えさせて送り出したいと思った。同校では「暗唱チャレンジ」として毎月詩などを暗唱して，担任など数名の先生にチェックしてもらう取り組みをしていたので，そこに組み入れて活用してもらった。図9-5のように，五色百人一首のうち青色20首をまず用意し，覚え次第色ごとに20首ずつ増やせるようにした。異動後の小学校でも続け，児童と家族の努力もあって「鳥取県かるた大会」で2位と3位に入賞する快挙をあげることもできた。歌の上部に五色の番号だけではなく，百人一首の歌番号も入れているので，中学校の学習でもそのままチェックリストとして活用できる。

③ 2年：国語「新しい短歌のために」

　教科担任に「そろそろ短歌の学習だと思うので，短歌集を用意しましょうか」ともちかけた。すると，「『新しい短歌のために』を学習後，テーマを定めて文章を読みとり自分の考えをまとめる活動として，短歌のライナーノーツ（解説冊子）を作らせたい。しかし，短歌を準備するのが大変だ」という相談を受けた。そこで，教諭の示したオノマトペ・季節・青春・色などのテーマをもとに，短歌50首（司書があらかじめ選んだ65首から教諭が50首を選定）を一覧できるリーフレットを作り，ライナーノーツの様式を提案した。ライナーノーツはA4用紙2枚を少しずらして綴じた8ページ構成にし，テーマごとに選んだ短歌の批評文を2点と，お気に入りの詩歌での批評文1点を書けるようにした。また，裏面には短歌づくりワンポイントアド

第9章 中学校

チェック表　おぼえたらチェックしよう！

20	19	18	17	16	15	14	13	12	11	10	9	8	7	6	5	4	3	2	1
40	39	38	37	36	35	34	33	32	31	30	29	28	27	26	25	24	23	22	21
60	59	58	57	56	55	54	53	52	51	50	49	48	47	46	45	44	43	42	41
80	79	78	77	76	75	74	73	72	71	70	69	68	67	66	65	64	63	62	61
100	99	98	97	96	95	94	93	92	91	90	89	88	87	86	85	84	83	82	81

〈 〉は歌番号です。

〈3〉1 足曳の　山鳥の尾の　しだり尾の　長々し夜を　独りかも寝む

〈30〉2 有明の　つれなく見えし　別れより　暁ばかり　憂きものはなし

〈69〉3 嵐吹く　三室の山の　もみぢ葉は　龍田の川の　錦なりけり

〈5〉4 奥山に　紅葉踏み分け　鳴く鹿の　声聞く時ぞ　秋は悲しき

〈31〉5 朝ぼらけ　有明の月と　見るまでに　吉野の里に　降れる白雪

〈70〉6 寂しさに　宿を立ち出でて　ながむれば　いづこも同じ　秋の夕暮れ

〈6〉7 鵲の　渡せる橋に　置く霜の　白きを見れば　夜ぞ更けにける

〈74〉8 憂かりける　人を初瀬の　山おろしよ　はげしかれとは　祈らぬものを

〈12〉9 君がため　惜しからざりし　命さへ　永くもがなと　思ひけるかな

〈57〉10 巡り逢ひて　見しやそれとも　わかぬ間に　雲がくれにし　夜半の月かな

〈76〉11 和田の原　漕ぎ出でて見れば　久方の　雲ゐにまがふ　沖つ白波

〈14〉12 陸奥の　信夫もぢずり　誰故に　乱れそめにし　我ならなくに

〈61〉13 いにしへの　奈良の都の　八重桜　けふ九重に　匂ひぬるかな

〈91〉14 きりぎりす　鳴くや霜夜の　さむしろに　衣かたしき　独りかも寝む

〈24〉15 この度は　ぬさも取りあへず　手向山　紅葉の錦　神のまにまに

〈62〉16 夜をこめて　鳥の空音は　はかるとも　世に逢坂の　関は許さじ

〈100〉17 百敷や　古き軒端の　しのぶにも　なほあまりある　昔なりけり

〈75〉18 契りおきし　させもが露を　命にて　あはれ今年の　秋もいぬめり

〈82〉19 思ひ佗び　さても命は　あるものを　憂きにたへぬは　涙なりけり

図9-5　百人一首チェック表

バイスや自作の短歌を書く欄などを用意した。

　学習の単元で図書館資料を使ってもらうため，この短歌の学習単元で学校司書は，短歌集を数多く集めて提供しがちである。しかし，一歩踏み込んで授業者がどんな授業にしたいのかを理解すれば，ただ冊数を揃えて並べるだけでは授業者のニーズを満たしていないことは明らかである。今回は膨大な短歌のなかから生徒が自由に選ぶのではない。テーマを意識して用意した短歌一覧と国語資料集に限定し，生徒それぞれがテーマを決めて短歌を選び解説文を書く学習活動である。範囲を限定することで短歌を選ぶ時間が大幅に短縮でき，短時間でより密度の濃い授業が可能になった。そこで，授業者のねらいを把握する重要性と，資料は数多くそろえることよりも内容重視であること，すなわち量よりも質が大切であることを痛感した。

　また，学習の最後に生徒が詠んだ短歌を「鳥取文芸」に応募したところ，優秀学校賞を受賞できたという，うれしい成果もあった。

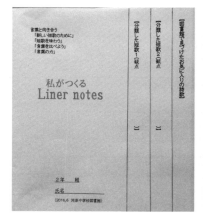
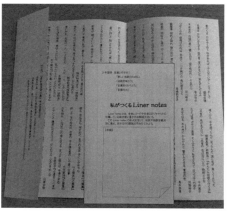

写真9-31　ライナーノーツと短歌一覧リーフレット

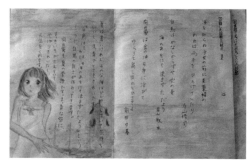

写真9-32　テーマ「夏」で作成した，左は女子生徒，右は男子生徒の作品

④ 2年：国語『旅する絵描き―パリからの手紙』

　伊勢英子著であるこの作品は，画家が訪れたパリを手紙形式で紹介している。教科書には，出てくる建物や植物などが注釈と小さな地図とで解説されているが，それだけで情景を思い描くのはなかなかむずかしい。理解を深めるには，実際にパリの街を歩くことができれば一番だと思うが，そうもいかない。それでも，自分自身が主人公になったような気持ちで，作品の世界を味わってほしいと考えた。そのため，より詳細な地図を使い訪れた場所に印をつけ，建物や植物などの写真を入れたファイル帳を作った。きっかけは，生徒に「先生，イチイって知っている？」と問われたことであった。学習が終わった後もファイル帳をしばらく教室に置いてもらったら，生徒はよく見ていたとのことであった。作成が単元終了間近になってしまったが，単元導入時にスライドで提示しておけば，もっと効果的であったと思われる。残念ながら2016年以降の教科書にこの単元はないが，学習支援は1回やって終わりではない。ブラッシュアップして，いつでも提供できるように用意しておきたい。

⑤ 2年：国語「著作権について知る」

　著作権は発達段階に応じ，その都度向き合うべき重要なテーマである。しかし，生徒自身の身近にありながら，著作権への意識は低い。夏休みの自由研究をまとめる時に気を付けてほしい出典や引用に関すること，修学旅行に行った時に気を付けたい写真撮影のマナー，音楽CDなどの複製の注意点などを例に，スライドを使いクイズ方式で指導した。

写真9-33　著作権のクイズに回答している様子

⑥ 2年：総合「世界の子どもたち」（修学旅行の事前学習）

　修学旅行の行き先のひとつであるユニセフハウスの事前学習として，日本ユニセフ協会より講師を招いた。その時に「世界の子どもたちの現状を調べさせたいので，資料をそろえてほしい」との依頼を受けた。即座に提案し，調べ方の道案内となるパスファインダーを作り，導入指導を行った。

　最初に『みんなのチャンス』〔石井光太，少年写真新聞社，2014〕の読み聞かせをした。そして作成したパスファインダーの流れに沿って，「ユニセフ」を例にウェビングでキーワードを示し，情報カードの書き方からまとめ方まで説明した。小学校司書の時代から調べ学習の導入時には，必ず目次・索引の使い方を，百科事典を使って繰り返し指導している。今回も索引を引くことで，キーワードが広がることを実際に示し，生徒がこれから調べる課題にどのようなキーワードが考えられるかを提示した。文化祭等の行事と重なり調べる時間は充分ではなかったが，図書館内に公共図書館からの借用本も加えてコーナーを作ったので，生徒は合間の時間をうまく活用して効率よく調べていた。その際に生徒は0類の書架へも行き，百科事典もよく活用していた。

　また高等学校司書から，「多くの高校生が，要約して書くことを苦手にしている」と聞いた

パスファインダー

「ユニセフ」コーナー展示

写真9-34

ことがある。調べたことを情報カードに記入する習慣は，要約の練習に有効である。情報カードは鎌田方式〔鎌田和宏『情報リテラシーを育てる授業づくり』少年写真新聞社，2016〕を参考に，調べた内容だけを書くのではなく感想やきっかけも書くように指導した。導入で読み聞かせをした『みんなのチャンス』は，その後の学習にも影響を与えたようで「2030年こんな鳥取市にしたい！～私たちのチャンス～」という形でまとめられている。

⑦ 3年：技術家庭「保育実習」

生徒はまず，実習前に地域の読み聞かせボランティアグループによる実演とレクチャーを受けている。そこで学校司書は，実習本番に向けて読み聞かせに適した絵本をそろえ，より具体的な選書の留意点，集団と少人数への読み聞かせの違い，本の持ち方など実演を交えて指導した。また，グループで行うパネルシアターを準備し実演指導をした。

写真9－35　読み聞かせ実演指導

⑧ 言語活動（委員会イベント）

学習指導要領にも豊かな言語感覚が求められているので，読書週間のイベントとして全校で謎かけを考えてみた。

お題は「図書館」「読書」とした。

・読書とかけて，河原市民プールととく
　　そのこころは，どちらも奥が深いです
・図書館とかけて，楽譜ととく
　　そのこころは，小説・小節がたくさん
・読書とかけて，美術ととく
　　そのこころは，どちらも想像・創造するでしょう
・読書とかけて，親子げんかととく
　　そのこころは，どちらも感動・勘当がつきものです

など，中学生らしい作品が集まった。

また，男子生徒が「オレ，お題が初恋ならこんなのを考えた」と顔を赤くしてこっそり教えてくれるのも，中学校司書ならではの醍醐味である。

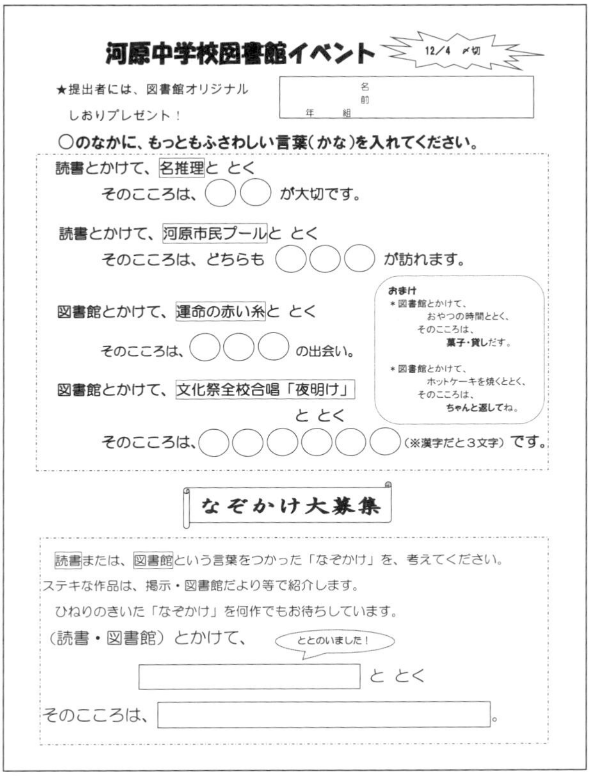
河原中学校図書館イベント　12/4 〆切

★提出者には、図書館オリジナル
しおりプレゼント！

名前
年　組

○のなかに、もっともふさわしい言葉（かな）を入れてください。

読書とかけて、名推理と　とく
そのこころは、○○が大切です。

読書とかけて、河原市民プールと　とく
そのこころは、どちらも○○○が訪れます。

図書館とかけて、運命の赤い糸と　とく
そのこころは、○○○の出会い。

図書館とかけて、文化祭全校合唱「夜明け」
と　とく
そのこころは、○○○○○○（※漢字だと３文字）です。

おまけ
＊図書館とかけて、
おやつの時間ととく、
そのこころは、
菓子・貸しだす。

＊図書館とかけて、
ホットケーキを焼くととく、
そのこころは、
ちゃんと返してね。

なぞかけ大募集

読書または、図書館という言葉をつかった「なぞかけ」を、考えてください。
ステキな作品は、掲示・図書館だより等で紹介します。
ひねりのきいた「なぞかけ」を何作でもお待ちしています。
（読書・図書館）とかけて、　ととのいました！
　　　と　とく
そのこころは、　　　。

図９－６　謎かけのプリント

(5) 読書支援

① 委員会のおすすめ本

本校では昼休みの貸出を，文化委員が２名ずつ１週間交代で行っている。当番期間中に各自１枚のペースで，おすすめ本を紹介するPOPを作っている。POPは，あらかじめ記入用紙（学校図書館問題研究会・熊本支部考案をアレンジ）を準備している。生徒が紹介する図書は人気で，ほぼいつも貸出中である。

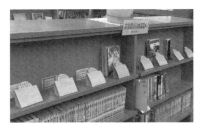

写真９－36　委員会のおすすめ本コーナー

② 図書館だよりでの図書紹介

毎月発行している図書館だより（A4両面印刷）は，表面に図書館での生徒の様子や連絡などを，裏面に新着図書をピックアップして紹介している。新着図書には貸出や予約が入り，紹介した図書の問い合わせもあり，図書館だよりの広報誌としての役割を実感している。

③ 入試頻出作家のコーナー展示

写真9-37　入試頻出作家のコーナー

入試頻出作家の作品を積極的に読ませたいという3年生担当の国語科教諭の思いを知った。そこで図書館内にコーナーを作り，授業のなかでもふれてもらうことにした。すると，まはら三桃が人気で「桃がつく人の本が借りたい」「作者がひらがなの人の本はどこですか」などと，うろ覚えながら普段あまり図書館に来ない生徒も借りに来た。

④ 単元に沿った並行読書の推奨

小学校司書の時代に，新見南吉の『ごんぎつね』や，宮沢賢治の『注文の多い料理店』などの単元で，並行読書を推進する8ページ程度の小冊子を作り授業を支援してきた。中学校では

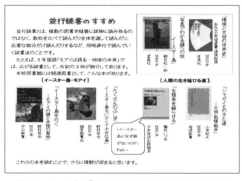

図9-7　2年『モアイは語る』での紹介図書

教材文で出題する定期考査の問題は解けるが，初見の文章を問題としたテストでは正答率が低くなると聞いた。単元で学んだことを活用して，読み取る力をつけるためには，比べて読むことのできる並行読書を加えると効果的である。情報を比べることで判断力や見通しが持て，深く考える力が育てられるので，説明文の学習時期には，並行読書のコーナーを作っている。

(6) まとめ

報告・連絡・相談は，組織で働く上で必須である。一人職である学校司書にとって，報告・連絡とは，仕事内容を可視化することだと考えている。そのためには，やっていることを発信することが欠かせない。しかし，私の日ごろの実践がこれで充分であると思っているわけではない。いつも，これでよいのだろうか，他の学校司書ならもっと違うアプローチがあるのではないかと感じながら手探りで進めている。そのため，教科担当から依頼を受けたら，あるいはこちらからの提案に成功したら，できる限り管理職の先生方などに授業を参観してもらい，感想や助言を求めるようにしている。すると，たとえば著作権の授業の時に，「生徒はダウンロードが主流なので，CDをダビングするといわれてもあまりピンときていないようだった」などと，こちらが気づいていない生徒の反応を知ることもできる。

学習関連資料をあちこちから借り受けて大量に並べると，一見見ごたえもあり達成感もあ

る。しかし，学習指導要領の年間配当時数が増え，行事等もあり授業時間数の確保は困難である。これからの学校司書に求められていることは山盛りの資料提供ではなく，授業者のねらいをつかみピンポイントで適切な資料を提供することである。そのために，学校司書は教科書を読み込んでおく必要がある。また，質の良い支援を行うためには，教諭・生徒とのコミュニケーションに努めることが肝要である。

学校図書館や学校司書を活用した授業は，まだまだ手探りの状況である。実践したことは記録に残し，毎年使われるものはいつでも提案できるように確立しておきたい。なぜならば，子どもは成長を止めて待っていてくれるわけではなく，スピード勝負であるからである。小学校司書の時代は朝依頼を受け，その日の授業でブックトークや資料提供を行うこともしばしばであった。そのためには，自校で完結できる蔵書構築が欠かせない。前述の短歌実践でも昼に相談を受け，その日の放課後にはライナーノーツの様式と，短歌一覧のリーフレットの試作を作り提案した。そこから担当教諭と打ち合わせをしながら，授業に間に合うように完成させた。

今年はできなくても来年こそはという意気込みで，利用が見込まれる単元などは，いつでも対応できるように自分の引き出しを増やしていくことが大切である。もちろん学校図書館は，より良い教育環境を提供するために全教科・全領域をサポートするが，私を含め多くの学校司書は非常勤なので時間確保がむずかしい。しかし，継続と積み重ねが大切なので，欲張らず自分にできることから着実に進めていきたい。

学びは真似からとよくいわれる。私は今まで，多くの学校司書の実践を自分なりに取り入れてきた。また，生徒との会話などにアンテナを張りめぐらし，関心や興味をリサーチして掲示や授業支援につなげていった。中学校司書としての私の実践が，これからの学校図書館における学びへの支援の参考になれば幸いである。

〔前 鳥取県鳥取市立河原中学校司書　遠藤　孝子〕

5　利用を増やす―蔵書構築と改修を中心に―

(1) はじめに

大阪府豊中市は，大阪市の北に隣接する人口約40万人のベッドタウンで，2012年に中核市に移行した。豊中市立第一中学校（以下，本校）は，市域の中部に位置し，名前のとおり市内でもっとも長い歴史をもつ中学校のひとつである。2017年度の学級数は，特別支援学級5学級を含む20学級で，生徒数は574人，図書購入費は86万円，消耗品費（雑誌・新聞を含む）は約8万円である。

豊中市の学校司書配置は1993年度に小学校2校・中学校1校で始まり，順次配置校が増え，2005年度に41小学校・18中学校への全校配置が完了した。当初は非常勤嘱託職員であったが，

現在の身分は任期付短時間職員である。また，最初の配置から一貫して一人1校専任であり，司書資格を応募要件にしている。

　私が学校司書として多くのことを学んだ研究団体，学校図書館問題研究会の活動方針のひとつに，「児童・生徒一人当たり年間貸出冊数を上げていきましょう」という項目がある。貸出冊数には，その図書館の活動方針，取り組みや活性化具合など，さまざまな要素が反映されるということであろう。そこで本節では，貸出を増やすために私が学校司書として取り組んできた「蔵書と貸出の分析」「蔵書構築」「本と利用者をつなぐ仕事」「学校図書館の改修やレイアウト」についてまとめる。

(2) 蔵書と貸出の分析

　読書支援，学習支援，情報活用能力の育成支援，レファレンスといった，学校図書館の機能を果たすためには，しっかりした蔵書が必要である。その時その場に資料があって，すぐ手渡せることが必要となるからである。図書は，発注から納品までに時間がかかるので，必要になってから買うのでは遅いのである。また，学校司書が同時に対応できる人数は限られているが，蔵書はいつでもその図書館の姿勢を雄弁に語ってくれる。「利用者の要求を受け止めているか」「どういう図書館を目指しているか」その答えが蔵書に表れている。必要な時に必要な図書が即座にさっと出てくることや，予約・リクエスト（以下，予約）した図書がきちんと提供されることの積み重ねで，図書館への信頼度が増し，それがさらに利用を呼ぶのである。このことを肝に銘じて，蔵書構築をすすめていく必要がある。

　本校には，1998年から学校司書が配置され，図書購入費が100万円を超える年もあったので，私の着任時（2011）には基本的な図書がそろっていたが，蔵書のアンバランスさが漠然と感じられた。2003年の，市の財政難による図書購入費の減額が影響しているように思われた。

　予算が充分にあれば，予約に応えることはもちろん，「必要な図書」以外に「必要になるかもしれない図書」「あったほうがよい図書」もあらかじめ購入できる。しかし，予算が充分になければ，「必要な図書」の購入で精一杯になってしまう。あるいは，「必要な図書」さえも満足には購入できなくなる。限りある予算のなかで「何を選ぶ（買う）か」ということは，「何を選ばない（買わない）か」ということと同じなのである。そこで，本校の蔵書や購入図書の分類別の比率，貸出の傾向を調べて，分析を行った。分析する際に参考にしたのは表9-5の基準である。

表9-5　「学校図書館メディア基準」（全国学校図書館協議会，2000）

分類	0	1	2	3	4	5	6	7	8	9	合計
冊数比率（％）	6	3	17	10	15	6	5	8	5	25	100

注）中学校部分だけを抜粋。絵本，まんがは，主題をもとに，分類する

次に，本校の蔵書や利用の実態を分析したものが表9－6～表9－9である。絵本・まんがについては，科学絵本や学習まんが等の0～8類に分類できるものはできるだけ0～8類に入れ，それ以外のものは以下の表では9類に含めている。また，四捨五入の影響で，各分類の比率の合計が100％にならない表もあるが，合計は100％としている。

表9－6　本校蔵書の分類別比率（2016年度末）

分　類	0	1	2	3	4	5	6	7	8	9	合　計
冊数比率（％）	2	2	9	9	9	5	2	11	3	48	100

表9－7　本校の購入図書の分類別比率（2011～16年度）

分　類	0	1	2	3	4	5	6	7	8	9	合　計
冊数比率（％）	2	2	6	9	13	8	2	13	3	43	100

表9－8　本校の2016年度の貸出の分類別比率と蔵書回転率

分　類	0	1	2	3	4	5	6	7	8	9	合　計
比率（％）	2	2	3	2	4	2	1	9	2	72	100
蔵書回転率	1.1	1.0	0.3	0.2	0.3	0.3	0.5	0.7	0.6	1.3	0.9

注）貸出冊数／所蔵冊数で算出

表9－9　本校の年間貸出冊数（生徒）と生徒一人当たり貸出冊数の推移

年　度	2008	2009	2010	2011	2012	2013	2014	2015	2016
貸出冊数	5,464	4,817	6,325	7,321	8,834	9,713	8,711	10,723	12,471
一人当たり	8.4	7.5	9.8	10.9	13.1	14.2	13.3	16.8	20.3

　まず，蔵書全体に占める9類の比率の高さが気になった（表9－6）。年度ごとにさかのぼって検証してみると，9類の購入比率が80％近い年度もあった。そこで，9類は45％前後を目標にして，抑え気味に選書するよう心がけた。9類を多く購入している年度があるということは，0～8類で足りない分野が必ず生じているはずである。その穴をさがし出し，埋めていくことが最初の課題であった。とくに美術，家庭，体育は毎年必ず授業での利用があるので，4類，5類，7類の強化に努めた（表9－7）。その結果，生徒一人当たりの年間貸出冊数は徐々に回復していき，2012年度には10年ぶりに13冊を超え，2016年度には20冊を超えるまでになった（表9－9）。

　表9－8を見ると9類の貸出比率は確かに高いが，それに比べて蔵書回転率は突出しているとはいえない。「借りられていく本は9類が多いから，9類の購入が多くなっても仕方がない」という意見を聞くことがあるが，分析してみるとそうとはいえない。0～8類の図書の購入冊数がそもそも少ないと，魅力的な本もそれだけ少なくなり，貸出も少なくなるという悪循環に陥っているのではなかろうか。

　ただし，表9－5のように9類の蔵書構成比率を25％に抑えることは，非常にむずかしいと考えられる。充分な図書購入予算がないと実現できないのではないだろうか。それでも，「9類が多すぎるのではないか」という問題意識は常にもっておき，データを分析して，選書の方

針を修正していく必要がある。

　自分の勤務校の蔵書構成や，購入図書の分類別比率がわからないという場合もあるだろうが，現状把握がきちんとできていなければ，改善に向けて戦略を立てることも，誰かにアドバイスを求めることもできない。まずは数字で把握することが大切である。

（3）児童生徒や教職員の役に立つ蔵書をつくるために

　なぜ9類の購入が多くなってしまうのか，私なりに考えてみた。

　まず，「図書館」「読書」というと，すぐに9類（小説）に結びつける傾向にあることである。世の中にはフィクションの苦手な人も相当数いる。それは，好みや得手不得手の問題であり，「読書好き＝文学（フィクション）好き」という固定観念は捨ててかからねばならない。次に，大学において司書資格を取得できる学部の多くが文系に属しているため，司書自身が理系分野に疎い傾向があることである。

　これらのことを自覚した上で「児童生徒や教職員の役に立つ蔵書」とはどのような蔵書であるかを考え，選書していく必要がある。以下に，常に心がけていることを，具体的に列挙する。

【常に「自身の苦手な分野」に目を向ける】

　人間は，自分が関心をもっていない物事には鈍感になるそうである。苦手な分野の本に対するアンテナの感度をより高くし，選書するよう心がけている。自分が文系だから理系の本，女性だから男子向けの本，小説が好きだからノンフィクションの本という具合である。逆に，自分自身の好きな分野・関心のある分野については，多く選ばないように注意している。

【レファレンスや展示に必要と思われる図書も少しずつそろえる】

　図書予算が十分にないと，「必要な本」を買うので精一杯になってしまい，「必要になるかもしれない本」を買うことができなくなる。しかし，レファレンスは唐突なことが多いし，ニュースで話題になった事柄に関してタイムリーに展示をしたいこともある。そのような場合，レファレンスを受けてから，もしくはニュースになってから，図書を購入していたのでは間に合わない。その時その場に図書が必要なのである。日頃から，大きな視点で蔵書を見直し，蔵書の穴をつぶしていくよう努めている。

【書店に足を運ぶ】

　潤沢とはいえない図書予算を有効に活用するため，できるだけ現物を見てから購入している。図表の数や色づかい，文字の大きさやフォント，本校の生徒にとってわかりやすいかどうかなど，現物を見て初めてわかることは多い。また，世の中のトレンドや人気本を知るためにも，書店を活用している。

【予約制度を確立する】

　利用者からの要求に応えるためには，予約制度の確立が欠かせない。制度があるというこ

とは，予約の機会が全員に平等に保障されているということである。当然のことであるが，「制度がある」というためには，予約について専用の「用紙」が用意されている（もしくはOPAC，Web サイト等で直接予約可能である）必要がある。以前，ある公共図書館で「予約の紙はどこですか」と尋ねたら「決まった用紙はありませんが，言ってもらえれば…」と言われ，絶句したことがある。用紙がない，ということが，その図書館の予約に対する姿勢を如実に物語っていると感じたからである。

　ただし，「予約するほどではない（でもあったら読みたい）」という利用者も多い。そういう利用者の声をどれだけ拾えるかが，司書の腕の見せ所でもある。「○○の本ないの？」と聞かれた場合はもちろんのこと，生徒のつぶやきや生徒同士の雑談からひそかにヒントをもらうこともよくある。

【延滞者への督促をきちんと行う】

　予約者が多い図書の場合は仕方がないが，「予約したのに一向に順番が来ない」というのでは，図書館への信頼は損なわれる。督促状を出すという業務を，定期的な業務のひとつに入れて，予約の図書の回転率を上げている。

【適正な廃棄を行う】

　学校図書館の本務は「資料の保存」ではない。購入した分だけ廃棄しなければ書架の容量が足りなくなる。図書がぎっしりと詰め込まれた書架は利用者にも司書にも使いづらく，図書も傷みやすい。また，科学技術は日進月歩しており，世界情勢も刻一刻と変化する。古い情報の図書を書架に残していることは，学校図書館の目指す方向とは逆なのである。そこで，蔵書点検の時を中心に書架全体を見直し，適正な廃棄を行っている。

（4）本と利用者をつなぐ

　本と利用者をつなぐ仕事は，学校図書館に人がいなければ絶対にできない仕事である。ここに学校司書の存在価値がある。

【図書館オリエンテーション（教職員向け・生徒向け）】

　毎年4月1日に，転任・新任教職員に向けて図書館オリエンテーションを行っている。前年度の職員会議で，実施についての了承を得ているのでスムーズである。図書館オリエンテーションは学校図書館でおこない，資料として実物を用意するようにしている。たとえば，前年度に図書館を利用して行われた授業のプリントやブックリスト，学校図書館支援ライブラリー（豊中市立図書館内）から取り寄せた教員向け図書10冊などである。そして，最後には書架を見て回る時間を確保する。本校の図書館にどんな本があるか，ゆっくり見てもらえる貴重な機会となっている。

　生徒へは，全学年に図書館オリエンテーションを実施するのが理想であるが，本校では1年

生のみの実施となっている。図書館でのマナーや図書の並び方については，小学校で学んできているので，できるだけ「図書館は楽しくて，居心地がよくて，役に立つところ」というアピールに重点を置きたいと考えている。

【プライバシーの保護】

　学校図書館も図書館であるから，利用者のプライバシーに配慮している。豊中市の学校図書館で採用している図書管理システムでは，返却後は貸出記録が残らないので，安心である。また，予約図書到着の連絡や延滞者への督促では，書名を出さないように注意し，このことを教職員向け・生徒向けどちらの図書館オリエンテーションでもはっきりと伝えている。

【フロアワーク】

　フロアワークは，人がいる図書館ならではのサービスである。カウンターのなかにいる時よりも生徒から話しかけられやすい。また，貸出はされないがよく閲覧されている図書などの利用状況を知るには，フロアワークが欠かせない。

【読書のきっかけづくり】

　中学校には小学校のように「図書の時間」がないので，頻繁に機会はもてないが，朝読書の本選びの時など機会をとらえて読み聞かせやブックトークに取り組んでいる。

　ニュースに関する図書，今月の学習に関する図書，テレビドラマや映画になっている図書など，テーマ展示をすると，よく手に取られる。ポイントは，こまめな更新である。東京学芸大学附属世田谷中学校司書の村上恭子氏の実践を参考に，「今日のクイズ」のボードを作成した。毎日チェックしに来る生徒が何人もいて，効果の大きさに驚いている。

　また，図書を購入している予算は市民の税金であるということに留意し，購入図書は全点を図書館だよりで紹介している。本校の図書予算では，年間600冊以上の図書を購入することになるので，年間20号以上の図書館だよりを発行している。おおむね片面を図書館からのお知らせと9類の新着図書紹介，もう片面を0〜8類の新着図書紹介として，ひとつの号に，できるだけ分類がまんべんなく入るように心がけている。

　行事としては，国語科教員と連携し，2017年度はビブリオバトルに取り組む予定である。また，毎学期末に，図書館で購入している雑誌のふろくと，掲示の終わった映画のチラシのプレゼント抽選会をしている。応募するには図書館クイズに答える必要があり，得点が高いほうが有利になるというしくみである。クイズでは，「入口を入ってすぐ左のオレンジのブックトラックにはどんな本があるか」（答え：国語の教科書で紹介されている本），「図書館にある新聞の名前」など，生徒に知ってもらいたいことを問題にするようにしている。また，「図書館にあったらいいなと思う本」という問題（採点はしないことを明記）は，予約カードには表れない潜在的なニーズをつかむのに非常に役立っている。

【授業への支援】

　教員から授業での利用の相談があれば，さまざまなサポートを提供している。たとえば，家庭科で郷土料理を調べた時は，教員が生徒に調べさせようと選んだ料理のリストをもらい，本校・他校・公共図書館から図書を集めて検討して，図書が少ない料理はやめて豊富にある料理にしてはどうかと提案した。逆に，図書館で集めた図書を事前に見た教員が，授業のねらいやワークシートを変更することもあった。また，ワークシートを事前に見て，参考文献を書く欄をあらかじめつくっておいてほしいとこちらから依頼したこともあった。

(5) 学校図書館の改修やレイアウト

　本校では，耐震性を高めるため，2013年度から2015年度にかけて校舎の全面建て替えが行われた。新しい図書館の設計に際して，留意した点を以下にまとめる。

写真9-38　昼休みの様子

【位置や面積】

　位置は利用者が来館しやすいところがよい。必ずしも1階である必要はなく，できるだけ普通教室から最短距離で行ける場所がよい。本校の場合，普通教室は南校舎の2～4階，図書館は北校舎の3階で，2つの校舎は渡り廊下ではなく通常の廊下でつながっている。したがって，どの学年にもおおむね平等な位置にあるといえる。また，北向きなので，直射日光が学習を妨げない，本の背表紙が日焼けしにくい，などのメリットがある。

　面積は充分とはいえないが，校舎全体の面積には制約があるので，図書館だけが突出した面積を確保することはむずかしい。しかし，文部科学省の定める標準冊数が収めきれるように要望するなど，主張はしていくべきである。

【書　架】

　まず奥行きであるが，カタログ等で見ると，奥行きが深すぎるものが多い。本の奥行きは百科事典でも21cmしかない。絵本架などの特殊なものを除けば，奥行き（内寸）は21cmでよいということである。最初の設計では，内寸25cmになっていたので，何度も交渉して21cmにしてもらった。移転から1年半経つが，奥行きが浅くて困ったことは一度もない。

　次に書架の幅については，市販のもののほとんどは90cm幅でつくられている。しかし，90cmもあると，本がよく倒れる。ブックエンドを使うと，本を書架に戻しにくくなる。そこで，約45cm幅で設計してもらった。

　また棚板は，可動式のほうが便利である。「大きめの本は最下段」などということにすると，

利用者が混乱する。そうならないように，A4判が6段入るように設計してもらった。30cmを超えるような大型本は別置せざるを得ないが，それ以外の図書は，例外なく分類順に並べることができて快適である。

　反省点は，書架の配置を考える時に，どこにどの分類の本を置くのかということもあらかじめ細かく計画しておいたほうがよかった，ということである。9類を入れる書架は，1段の高さ・奥行きとともにもう少しコンパクトにできたはずであると反省している。

【書　庫】

　開架書架に古ぼけた本が並んでいると，新しい本まで埋もれてしまい，魅力を発揮できなくなる。店舗に必ずバックヤードがあるように，書庫がないと図書館は運営しづらい。そこで，書庫の設置を要望した。書庫には，幅90cmで8段の耐震書架が15台設置された。

　2014年，校舎移転のため仮設図書館に移った際，広い部屋がなく，閲覧室には従来の約半分の図書しか置けなかった。置かれている図書の冊数は半減したにもかかわらず，生徒にその時，「本，増えたな」と言われたことを鮮明に覚えている。活きのいい本の割合が増えれば，実際には減っていても利用者は図書が増えたように感じるということである。書庫を有効に活用して，閲覧室を魅力的に維持したいと考えている。

【床　材】

　床の色は図書館内でもっとも面積が大きく，図書館の印象を左右する。素材について，カーペットは衛生面の問題（ダニ，嘔吐等への対応のむずかしさ）から最初に除外した。フローリングにすると，椅子の出し入れの際の音が気になるので，木目調のクッションフロアはどうかと業者に相談したところ，「重い家具を動かした時に跡が残るので，レイアウトの変更がむずかしくなる」とアドバイスがあり，フローリングに決定した。椅子の音については，脚の裏にフェルトを貼ることで対応した。

【ドア，カーテン】

　閉館中も，通りすがりに館内の楽しげな様子が見えるように，ドアには大きな窓をつけた。ドアのすぐ横の壁も，開閉できない窓にしておけば，よりよかったと思う。

　カーテンは，床の次に面積の大きな部分である。業者の提案はパステルグリーンで，落ち着いた雰囲気にはなるが，寒々しく感じた。そこで目にやさしい，暖色系パステルカラーを要望したが，他の教室との兼ね合いでクリーム色になった。本の背表紙が日焼けすることを防ぐため，遮光カーテンを要望し，これは叶えられた。

【レイアウトの工夫】

　大規模な改修が入らなくても，できることはいろいろとある。利用者の目線に立ってみて「入口からの見通しはよいか」「配架はわかりやすいか」「生徒の動線がうまくさばけているか」など，チェックが必要である。私は新しい学校に着任するといつでも，しばらくは模様替えを

繰り返して，図書館を使いやすく改善している。

(6) まとめ

　以上のような実践に取り組むためには，さまざまな問題点に気づかせてくれる人や情報とのつながりが欠かせない。私は大学で司書資格を取得する際，講師として授業を担当されていた塩見昇氏から「図書館員ならまずは日本図書館協会に入ること。できれば日本図書館研究会にも入ることです」と言われて両方に入会した。学校図書館で働くようになって，学校図書館問題研究会や学校図書館を考える会・近畿（2014年解散。以下，近畿）にも入会した。白山市立松任中学校（当時は松任市立）に勤務していた時，近畿の北村幸子氏を講師に招いて学習会を開催した。当時，公立小中学校への学校司書配置は全国的に見てもとても少数であった。私たち松任市の学校司書は日々の職務で悩むことがあっても相談相手がおらず，先進的な取り組みの話を聞きたかったのである。そう述べた私に対し，北村氏は「私は今，とても腹が立ちました。あなたたちは何の仕事をしているのですか？　学校図書館は，わからないことや知らないことを本によって解決する場ではないのですか？　そこで働く者なら，わからないことや悩みがあれば，まず本を読むなり，研究団体の会報を読むなりするべきではないですか」と厳しく助言された。本当にその通りだと，恥ずかしく思った。学校司書は多くの場合一人職場で，実践の現状は実にさまざまである。待遇が不十分なことも多く，勤務時間内にできることに限界があるとも思う。それでも学校司書であるからには，常に学ぶ姿勢が求められるのである。そうでなくては児童生徒に「自ら学ぼう」「自分の頭で考えよう」という資格はないのである。

　また，学ぼうとする姿勢だけではなく，学んだことを勤務先で実践に活かすことも欠かせない。どれだけよい学びをしても，実践しなければ意味がないのである。「いつかしよう」ではいつまで経っても始められないので，「できるだけ早く」実践に活かすことを私は心がけてきた。一人の子どもがひとつの学校に通う期間はとても短い。その間に，できる限りのサービスを生徒に提供したいと強く思っている。

〔大阪府豊中市立第一中学校司書　今野　千束〕

注

(1) 特定のテーマに関する本を紹介すること。
　　参照：東京子ども図書館編（2016）『ブックトークのきほん』東京子ども図書館

第10章 中高一貫校

1 「学び方の学び」を支える
―併設型中高一貫校における授業支援―

(1) はじめに

長野県諏訪清陵高等学校・附属中学校(以下,本校)は,高校は開校120年の伝統校で,地域の進学校である。また,2002年からスーパーサイエンスハイスクール(以下,SSH)に指定され,2016年度は指定から外れたが,2017年度から再指定されている。なお,スーパーサイエンスハイスクールとは,国際的な科学技術系人材の育成を目指して,科学技術・理数教育に重点を置く高等学校のことであり,文部科学省が指定している。中学校は2014年に長野県2番目の県立中学校として開校し,2016年度に3学年がそろい,2017年度には初めて附属中学校の卒業生が高校へ進学した。併設型中高一貫校であるので,中高は同じ敷地内にあり,校舎も渡り廊下でつながっている。図書館は中学生,高校生が一緒に使い,中学棟には別に図書コーナーがある。学校司書は1名であり,中高の兼務の発令がされている。

【基本データ(2016年度)】

生徒数:中学校　240人／高校　721人
クラス数:中学校　6クラス／高校　18クラス
蔵書数:42,208冊
年間受け入れ冊数:1,281冊／雑誌　17タイトル／新聞　5紙
貸出数:21,197冊(1日平均貸出数　97.2冊)
年間生徒1人当たり貸出数:中学生　74.1冊／高校生　4.1冊
予約・リクエスト数:1,016件
相互貸借:1,009冊
図書館での授業時数:中学校　106時間／高校　190時間

本校の図書館利用は,高校の場合は「社会と情報」での利用がほとんどである。中学校は「国語」「社会」「理科」「英語」「技術」「家庭科」で使われており,中高合わせて2016年度は296

時間の利用があった。この他に資料を用意し，教室で調べ学習が行われることもあった。本校の授業時間は中高ともに65分授業，1日5コマなので，この利用時間数はかなり多いものといえる。ここではそのなかでもとくに図書館のかかわりが深い授業について述べる。

(2) 高校の探究的な学習

以前から，高校2年生の文系「情報」の時間に，ゼミ形式で7講座からひとつ選択する形の授業が，また，理系は「情報地理」が4講座展開で行われていた。どちらも授業時間は週1時間であった。そのなかでは調べ学習と教科「情報」の内容を扱うということになっていたが，実際には担当者に内容は任されている状況であった。

2012年度に，担当になった地歴公民科の教諭から授業内容について相談があった。その教諭は2年生理系の「情報地理」の4講座と，文系「情報」の社会分野選択の担当であった。

理系の「情報地理」については，打ち合わせをするなかで，毎月4題のテーマを示し，生徒はそのなかから2題を選択してレポートを作成することになった。教諭からは事前に課題テーマの相談があり，関連する資料を用意した。授業中は生徒に資料の紹介などの対応をした。2回目の課題以降は，生徒が今月の課題について調べることと並行して，教諭が生徒一人ずつを呼び，前月のレポートについて添削したものを元に指導を行っていった。毎月160人分のレポートの添削が1年間続いたのである。生徒は1年間で20本のレポートを作成したが，担当教諭によると，レポートの作成を重ねることでレポートの質が上がっていったということである。

文系の「情報」の社会分野選択者については，探究的な学習を行ってはどうかという提案を，私から担当教諭に行った。私は学校図書館問題研究会の会員であり，毎年開かれる全国大会には参加している。そのなかの実践報告や分科会で探究的な学習がテーマになっていることがあり，授業支援について学ぶことが多かった。その経験を生かしたワークシートを利用した探究的な学習は教諭の賛同を得られ，実施することとなった。前年度，「情報」家庭科分野選択では調べ学習が行われたので，社会分野では探究的な学習を行うことを話すと，家庭科も一緒に行いたいということになった。社会科選択者11名，家庭科選択者6名，合計17名で探究的な学習が図書館で始まったのである。

その年は，『問いをつくるスパイラル』〔日本図書館協会，2011〕や『6ステップで学ぶ中学生・高校生のための探究学習スキルワーク』〔桑田，2012〕のワークシートを使いながら，手探りで進める状態であった。しかし逆に手探りであったことで，担当者の打ち合わせはよく行われた。授業の2日前には毎回，1時間をかけて打ち合わせ会をもち，授業で使うワークシートや内容について検討を行った。内容は，年間を大きく3つに分け，第1期は環境問題についてテーマを設定してレポートを書く，第2期はテーマ設定をしてポスターをつくる，第3期はテーマを

設定してプレゼンテーションを行うということになった。少人数であったので、教諭2名、学校司書1名という体制で対応ができ、また、生徒同士も個人のテーマ決めの時などには気楽に意見を言い合える雰囲気であった。

　2012年12月にSSHの中間評価があったが、出された評価は芳しくないものであった。改善のためにはSSHの課題探究を行うSコースを選択した生徒が主体であった内容を、全校生徒に広げていく必要があった。また同じ頃、教科「情報」の内容について改善をしたいという意向を学校長がもっていた。この2つの問題を改善するために、「学び方の学び」というキーワードがあげられた。そして学校長からは、「現在図書館で行っている探究的な学習を、『情報』の時間に1、2年生全員が行うことはできないか」という打診があった。探究的な学習を9カ月間行ってきての経験から、探究的な学習を行うには、生徒一人ひとりと時間をかけて話すことが必要であると感じていた。そのため私から提案したのは、クラスの人数を半分の20人でできないかということであった。学校長は検討してくれたが、これに関しては、講座数が2倍になることや、同時展開できる他の教科もないことから、実現はできなかった。したがって1年生6講座を、教諭2名、学校司書1名の体制で授業を行うこととなった。また、教諭の内1名は情報の免許をもち、すべての講座の授業をもつこととなった。

　こうして、2013年度から1年生全員が「社会と情報」の授業で探究的な学習を行うことになった。科目名はSSHがあったため、学校設定科目「SSH情報」となった。前年度の内に翌年度のシラバスを考えなくてはならないため、探究的な学習を一緒に行っていた地歴公民科の教諭と、次年度からのシラバスを考えることとなった。その話し合いでは、「学ぶためのスキル」を身につけさせたいことやグループワーク、地域とのかかわりをもたせたいことなどがあげられた。

　2013年度入学生の教育課程表を適用している生徒が進級したことにともなって、2014年度からは1年生と2年生（Sコース30名は除く）で「SSH情報」の授業は行われた。また、2016年度はSSHの指定は受けられなかったため、科目名は必修の「社会と情報」に戻り、2年生も全員が履修することとなった。2017年度はSSH再指定となったが、2016年度と同様に1、2年生全員が履修している。

(3) 高校「社会と情報」の支援

　「社会と情報」のシラバスでは、科目の目標を「『学び方の学び』を履修目標の大きなひとつとして、探究的な学習を展開する。自ら主体的に課題設定し、情報を収集・判断する力や、情報機器を用いて表現・処理・創造し、効果的に情報を発信・伝達することができる能力、プレゼンテーション能力を身に付けさせることを授業の柱とする」としている。課題に取り組みながら、科目の目標にある「学ぶためのスキル」を身につけていくのである。情報科の教諭と各

講座担当の教諭，学校司書の1講座3名体制で授業を行っているが，講座担当教諭は複数である。かかわる教諭が多いことがよい面もあるが，担当者全員で打ち合わせを行うことは時間設定がむずかしいこともあり，行えなくなっていることは残念である。現在は授業内容については，情報科教諭と学校司書で決めている。

1年生の授業では，図書館オリエンテーション，情報モラルについて，探究活動ⅠからⅣを行っている。情報モラル以外について図書館がかかわっている。

探究活動Ⅰでは，地球環境問題についてのレポート作成を行っている。ここではまず，百科事典を使って下調べをグループで行う。この課題のなかで，以下のことについて学習できるようにワークシートを作成した。

・百科事典の使い方　・グループワーク　・知識の可視化　・グラフィックオーガナイザー
・ジグソー学習　・プレゼンテーション　・聞き取りとメモ　・レポートの書き方

この課題では地球環境問題についての基礎知識が得られればよいため，百科事典はやさしい記述のもので充分であり，『ポプラディア』〔秋山ほか，2011〕をグループに1セットずつ用意した。4人で1グループのため，10セット必要であるが，本校には3セットしかないので，残りについては近隣の公共図書館からの相互貸借で用意している。

ワークシートで，生徒は自分の地球環境問題についての知識を確認し，その後グループワークで下調べを行っていく。『ポプラディア』では地球環境問題について，20世紀後半になって世界的な問題となった8つがあげられている。これをグループ内で分担し，一人2項目について調べる。そしてそれをグループ内で発表し，知識を共有する。さらにそこから，地球環境問題に関する気になるキーワードや自分がより深く調べたい項目を発見し，個人でテーマを設定していく。テーマは疑問形になるようにしたほうが調べやすく，また，小さなテーマにするとよいため，マッピングのワークシートを使い，テーマを設定していく。2016年度までは紙のワークシートを使用していたが，2017年度からはタブレット端末のアプリを利用している。

テーマが決まったところで，個人で調べていくことになるが，本校の蔵書だけでは資料が足りないため，近隣の高校や公共図書館から相互貸借で200冊程度を用意している。情報カードに調べた情報を記入し，それをA4用紙2枚，2800字程度のレポートにWordを使ってまとめている。

探究活動Ⅱでは，自由テーマでレポートの作成とプレゼンテーションを行う。この課題の最初で，「調べ方の基本」について説明を行っている。入門的情報源，図書，雑誌，新聞の探し方について扱い，本校の蔵書だけでなく，公共図書館などの蔵書検索にも触れて，そこから資料が取り寄せられることを説明している。ちなみに地元の諏訪地域は6市町村でネットワーク

を構成しており，他の市町村の所蔵している資料も指定した館で受け取りができるシステムができている。また，中学校の開校に合わせて，諏訪市立の小中学校と同じ扱いとなり，公共図書館から週1回の配送便が回ってくれることになった。また新聞については，2013年度から朝日新聞のデータベース検索ができる「朝日けんさくくん」を契約することができたため，その使い方も説明している。

　この課題での大切な点は，テーマの設定である。すんなりとテーマを決定する生徒もいるが，なかなか決められない生徒もいる。そのような生徒への対応が重要で，チームティーチングであることがもっとも必要な場面である。テーマを決めるために，気になることを書くシートやマッピングのシートを渡しているが，それすらもなかなか書けない生徒もいる。そのような時に，職員側から声をかけ，興味のあることや，部活動，進路などについて話をしていく。話のなかから，テーマの糸口を見つける生徒も多くいる。

　調べる活動が始まると，資料提供に追われることになる。できれば生徒が選んだテーマに関する本はすべて購入したいところであるが，予算の少ないなかでは相互貸借に頼らざるを得ない状況である。

　この課題のまとめは，A4用紙4枚，5,700字程度のレポートにWordでまとめ，PowerPointを使ってプレゼンテーションを行っている。プレゼンテーションは講座の全員が聞いている前で一人ずつ発表を行っている。生徒には評価シートを配布して，発表に対する評価を生徒も行っている。

　探究活動Ⅲでは，先端技術産業研修について，グループでポスターの作成とプレゼンテーションを行っている。諏訪地域は精密工業など，ものづくりの集積地である。毎年10月には諏訪圏工業メッセが開かれており，その見学を行っている。そして11月には15社程度の企業の協力を得て，先端技術産業視察として，企業を見学している。

　事前学習では見学する企業について調べ，質問を考えさせている。見学後は，タブレット端末のマッピングを使い，情報の整理を行い，ポスターに入れたい項目を検討させている。このアプリではグループ学習ができるため，グループ内の他の生徒がどんな考えをもっているかなどの情報共有をしながら作業を進めることが可能である。

　まとめはPowerPointを使って，Aゼロサイズのポスターの作成とプレゼンテーションを行っている。プレゼンテーションは講座全員の前でグループごとに発表を行い，ポスター，プレゼンテーションの両方で生徒による評価を取り入れている。

　毎年2月には，高校1，2年生と中学生全員が参加して，市の文化センターを借りて課題探究発表会が開かれている。高校1年生は先端技術産業視察のポスターの生徒の評価が高かったものを各講座3作品と教諭が選んだものを加えて24作品程度を展示している。また，探究活動Ⅱの自由テーマのプレゼンテーションから2名を選出し，ステージ上での発表も行っている。

探究活動Ⅳでは，2年生の探究活動につながるように，テーマ決めを行う。ここでは時間数も1，2時間と少ないため，方向性を決めることを目的とし，春休み中に関連する本を2冊以上読むことが課題とされている。

2年生になると，1年間かけて，自分で課題設定したテーマについて探究活動を行う。再び「調べ方の基本」についての説明を行っている。内容は1年生の時のものに加えて，論文の検索とインタビューの仕方について扱う。

生徒は1年生の最後に方向性を決めているが，さらに2時間をかけてテーマ設定を行う。この段階でまだ迷っている生徒も多いので，ここでも職員側の働きかけが必要である。そしてその次の時間には，職員で分担して生徒一人ひとりと面談を行っている。調べる活動と並行しての面談となるが，生徒の選んだテーマについてじっくり話をすることで，生徒がどのような進め方をするのかを決める重要な場となっている。

11月には中間発表を行う。それまでに調べたことやこの段階での結論，今後どのようなことを行っていくのかを発表している。方法は，2016年度の場合は人数の多い講座はポスタープレゼンテーションで，少ない講座は一人ずつプレゼンテーションを行った。これは中間発表に時間をかけ過ぎないためであった。実際行ってみるとポスタープレゼンテーションは，近くで質問もしやすいなどの理由から，生徒にも好評であったため，2017年度は全講座，ポ

写真10-1　図書館でポスタープレゼンテーション

スタープレゼンテーションで行うことを予定している。ここでも生徒による評価を行っており，プレゼンテーションを行った講座は1年生の時と同じシートを使い，ポスタープレゼンテーションを行った講座は，評価カードをつくって，一人の発表に対して1枚のカードを書くようにした。評価の集計後は発表した本人にカードを渡し，まとめに向けての参考になるようにした。最後のまとめとして，A4用紙10枚の論文を作成した。

(4) ICT の活用

2014年に長野県教育委員会の事業として，県立高校3校をICTモデル校に指定することになり，本校が指定された。他の2校は工業科と商業科の学校が指定され，普通科は本校だけということになった。タブレット端末45台，電子黒板，書画カメラ，管理用のサーバが整備されるということになり，設置場所として，情報科の教諭の提案により，図書館への設置が決まった。今までの探究的な学習を行ってきた実績からすると，図書館へ置くことは自然の流れであった。

タブレット端末が導入されると，授業での生徒の動きが変わってきた。それまで，蔵書検索

ができる利用者端末は2台（2013年度までは1台）であったのが，一人ひとりがもつタブレット端末で検索できるようになり，検索した後はそのまま，タブレット端末をもって，書架へ行くようになった。資料の場所がわからないときも，検索した画面を見せてくれるので，対応が早くなった。利用者端末が2台だったときは，授業中，検索するために生徒が並んでしまい，しかもメモをきちんと取っていないために本が探せなくてまた並ぶということや，私が再度検索することがあったが，そのようなこともなくなった。

また，地域の図書館や県立図書館，国立国会図書館を検索することについても，リクエストの様子が変わってきた。以前は本の検索をするために離れた場所にあるパソコン室に行かねばならなかったのが，図書館にいて検索できるようになったので，リクエスト数も飛躍的に伸びた。

2年生には「CiNii Articles」「J-STAGE」「Google Scholar」で論文検索ができることを説明しているので，活用する生徒も出てきた。図書館で，図書，雑誌，インターネット，新聞データベースを同時に活用することができるようになり，情報の収集からレポートの作成，プレゼンテーションまでの探究的な学習のすべてが，図書館で行えるようになった。

レポートや論文の参考文献には，必ず図書が複数冊入っていることが求められている。そのため，生徒は図書館でタブレット端末を利用するときは，インターネット上の情報を検索している生徒もいるが，多くの生徒が図書の情報を検索している。図書館としては，大学の初年次教育で行われているレベルを目標に，生徒に情報収集や情報活用などのスキルを身に着けてほしいと考えている。実際少しずつではあるが，生徒のスキルが上がってきているのを感じている。

写真10-2　タブレットでマッピング

また，タブレット端末に入っている学習活動支援アプリを利用すると，教諭の端末では生徒の活動状況を把握でき，前述したようにグループ学習が可能である。また，マッピングの機能も活用している。マッピングはテーマ決めに有効な手段である。紙に書くことと比較してデジタルの利点は，書いたり消したりや並べ替えが簡単であること，写真なども貼ることができ，背景の色を変えて分類したり整理することができることである。こうしてマッピングにタブレット端末のアプリを利用するようになってから，生徒の書く量は明らかに増えている。タブレット端末は図書館にとって有効な道具であることを実感している。

(5) 中学校：理科（自由研究でのテーマ決め）

中学校ではすべての学年で，夏休み中の課題として，理科の自由研究が行われている。中学1年生のテーマ決めについて，身近な小さなことからテーマを決めさせたいという意向から，

たくさんの科学絵本からヒントを見つける授業が行われている。

　この授業では，科学絵本を公共図書館からの相互貸借も含めて150冊くらい用意している。これを閲覧机の上に分野ごとに並べ，理科の教諭から自由研究についての説明のあと，マッピングの説明を行っている。中学1年生にとって，初めてのマッピングであるので，カタツムリの科学絵本を例にしたマッピングの見本を示し，絵本を見せながら説明を行っている。

　生徒はマッピングを使ってテーマを決め，ワークシートにテーマや実験・観察方法を記入して，教諭のチェックを受けてから研究をスタートさせる。この授業は6月末くらいから3時間を使って行われるが，早い時期にテーマを考えさせることで，夏休み前の指導も充分にでき，科学絵本からヒントを得ることについても教諭から，よい評価を得ている。

(6) 中学校：技術科（木工）

　中学1年生の木工の授業の導入では，校舎などに使われている木材を調べる学習が行われている。校舎には長野県産材が多く使われているが，教室の床と腰板，廊下の腰板，図書コーナーのテーブルが，何の木材でつくられているかを調べる。

　図書コーナーのテーブルは特注品であり，製作した業者は長野県産材にこだわりをもっていた。発注にあたっては，木材の見本を見せてもらい，「ナラ」を選んだ。ちなみに教室の床は「ヤマザクラ」，腰板は「ヒノキ」，廊下の腰板には「アカマツ」が使われている。

　授業の前の技術科教諭との打ち合わせのなかで，木材の見本が欲しいが，値段と大きさの良いものがないという話を聞いた。その時に，テーブル製作のことを思い出し，その業者に頼んだところ，50種類を超える木の見本をもらうことができた。木の名前が焼き印されており，長野駅の新幹線ホームのベンチに使われているものとのことであった。

　授業では，見本の木を生徒に回し，色や手触り，香りを確認することから始まる。そして教諭からストップの合図がかかったところでもっている木がその生徒の運命の木になる。自分の運命の木について，本とインターネット上の情報で調べる。生徒が集めた情報を書くワークシートには，本から集めた情報と，インターネットで集めた情報は別の欄に書くようになっているので，生徒は両方の情報を集めることになる。本については，近隣の高校，県立図書館と地元の公共図書館からの相互貸借で準備をしている。調べた情報をもとに，タブレット端末のマッピング機能を使い，情報を整理して，グループ内で発表を行い，分担した木が校舎に使われているのかどうかを考えていくのである。ヒントとなるように，どのような基準でテーブルを発注したかなどの話をしている。また実際に見本の木を現物と比較してみたりしながら，クラスとして，校舎のどの場所にどの木が使われているかを話し合って決める。そして最後に教諭から答えが示されて，3時間の授業が終わる。

(7) 中学校：総合的な学習の時間（3年生卒業研究）

　中学校では総合的な学習の時間をアカデミックコミュニケーションと名付け，探究的な学習を行う。1年生は学校のことや地域について，2年生はグローバルをテーマに活動を行い，3年生は修学旅行や，職場体験，そして卒業研究が行われる。さまざまな場面で図書館が活用されるが，とくに3年生の卒業研究は，図書館としてかかわることが多い。

　2016年に中学校は開校から3年経ち，3学年がそろった。この3年間は常に新たに取り組むことばかりであった。とくに総合的な学習の時間については，図書館として相談を受けることが多かった。中学校3年間のまとめといえる卒業研究については，2年生の終わりから中学校の教諭と相談を行っていた。3年生の活動内容が多いこともあり，卒業研究が本格化するのは年度の後半ではあったが，テーマを早めに決めさせ，資料を集め，読む時間は授業時間以外で行わせ，他の活動と並行して進めることとなった。また，この時に担当の教諭には，玉川学園の資料を渡した。これは2013年に玉川学園で開かれた「21.5世紀探究型学習研究会」での資料と，その後書籍化された『学びの技　14歳からの探究・論文・プレゼンテーション』〔後藤ほか，2014〕である。

　6月にテーマ決めの時間をもったが，高校生と同じマッピングはなかなか書けない生徒が多かった。担当の教諭と相談し，玉川学園の資料を参考にしながら，生徒が自分の興味・関心がどこにあるのかを知るために，マインドマップの作成をすることになった。見本が必要ということで，担当の教諭と2人でそれぞれがマインドマップを書き，それを生徒に示して，説明が行われた。マインドマップを書くことによって，テーマが見えてきた生徒も多かった。

　11月の修学旅行が終わってから，卒業研究は本格化した。授業時間ではない時間に資料の相談を受けることも多くなり，資料提供を行った。また，諏訪清陵高等学校の歴史にかかわることを研究テーマにする生徒には，そのことを知るOBの教諭とつなげることも行った。

　12月には中間発表会が行われ，連携を行っている諏訪東京理科大学の教授2名にも，アドバイスをいただいた。その後，さらに探究活動を進め，1月にはポスターの作成を行い，それをもとに論文の作成に入った。A4用紙8枚にWordでまとめるということで，中学生には多い枚数であったが，生徒は頑張って書いていた。論文作成中の2月末には授業参観日があり，全学年が保護者の前で，取り組んできたことの発表を行った。とくに3年生の生徒たちは作成したポスターを使って，ポスターセッションを行った。

　最終的に出来上がった全員分の論文は，1，2年生の時の新聞形式で行われていたまとめとともに，10部，印刷製本された。お世話になったところに渡すとともに，来年度以降の参考になるよう，生徒がもっとも閲覧しやすい図書館に数冊寄贈された。活動が形になったことは喜ばしいことであり，次の活動へとつながっていくことであろう。

(8) まとめ

　これからの課題としては，中学校，高校で身につけさせたい「学ぶためのスキル」の体系化と一般化ではなかろうか。中学校の技術科教諭は，技術の授業のなかでスキルを学ばせ，それが総合的な学習の時間で必要になった時に困らないようにしたいと考えている。たとえば，中学1年生の最初に，自己紹介のマッピングをタブレット端末のアプリで作成させる，3年生にはプログラミングについてのまとめをPowerPointを使って行うなど，技術の授業で扱ったスキルを，他教科でも使えるようにしたいと考えているのである。これからの課題ではあるが，それを体系化し，高校へとつなげていく必要がある。また，附属中学校で学んだ生徒たちが，高校から入学してきた生徒たちを引き上げ，全体のスキルが向上することにも期待している。

　授業支援を行っていて感じるのは，図書館としての基本ができていないと資料提供はできないということである。資料が誰にでもわかりやすく配架されていることや，除籍を適切に行い，使える資料が並んでいるなど，図書館として当然のことが大切である。また，蔵書データベースの入力内容を充実させることは，検索結果につながる。長野県の県立高校は統一の図書館用ソフトウェアでネットワーク化されており，MARCは市販のものであるが，新しいデータのみを追加するタイプであるので，書誌データが上書きされず必要なデータを追加することができる。件名や内容の追加をすることは，よりよい検索結果につながっている。雑誌についても記事内容を入力しているが，それが資料の活用につながっている。図書館として基本的なことではあるが，使える図書館になるためには，その基本を忘れずに，整備していくことが重要である。

　また，資料提供には相互貸借は欠かせない。前述したが諏訪広域図書館ネットワークや，県立図書館には助けられている。県立図書館はインターネットで申し込みができ，お昼までに申し込めば翌日午前中には宅配便で届けられる。送料も往復を県立図書館で負担してくれる。また，県立高校同士は，ネットワーク内で申し込みができるが，物流のシステムがないため，司書や教諭同士の直接のやり取りで行っている。年間の相互貸借の冊数は購入冊数とあまり変わらない冊数であり，相互貸借がなければ，資料提供は到底できないと言える。

　そして，司書も研修に参加することが必要である。諏訪地区学校図書館協議会の司書会では毎年，先進校の視察を行っている。こうした研修や学校図書館問題研究会の全国大会で学んだことは，図書館の活動に役立ち，授業支援の場でも司書から授業の内容や方法について，提案する原動力となっている。司書自身が常に学ぶことが，よりよい図書館づくりにつながっていると考えている。

〔長野県諏訪清陵高等学校・附属中学校司書　清水　満里子〕

2 多様性を認め合う空間へ
―国際バカロレア認定校の図書館実践から―

(1) 国際バカロレアの教育と学校図書館

東京学芸大学附属国際中等教育学校(以下,本校)は,2007年に附属大泉中学校と附属高等学校大泉校舎の両校が統合・再編され,6年制の中高一貫校(生徒数約730名)として発足した。日本の国公立として初めての国際バカロレア(以下,IB:International Baccalaureate)認定校である。

IBとは,1968年に発足した国際バカロレア機構(本部ジュネーブ)が提供する国際的な教育プログラムである。グローバル化する世界のなかで,多様な文化の理解と尊重の精神を通じ,より平和な世界を築くことに貢献する,探求心,知識,思いやりに富んだ若者の育成を目的としている。2017年現在,世界40カ国以上の国と地域で4,819校が認定を受けている。

IBは年齢に応じ,大きく3つの段階に分かれている。3歳〜12歳対象のPYP(プライマリー・イヤーズ・プログラム),11歳〜16歳対象のMYP(ミドル・イヤーズ・プログラム),16歳〜19歳対象のDP(ディプロマ・プログラム)である。本校では,中等1年から4年までの全員がMYPプログラムを履修し,5年時にDPコース(本校の場合15名)を選択することができる。DPを2年間履修し,IBの世界統一試験に合格することでディプロマ資格が授与され,海外の大学への入学許可や進学資格が認定される。

IBの教育を端的な言葉で表現すると,受け身の暗記型教育ではないということである。大迫弘和氏の『アクティブ・ラーニングとしての国際バカロレア―「覚える君」から「考える君」へ―』〔日本標準,2016〕という著書の副題のとおり,常に「考える」ということが一人ひとりに求められる。それと同時に多様な価値観や意見も尊重する人材を育てる教育であり,IBにおける教員は,ティーチャーという〝教える者〟というより,ファシリテーターである〝促す者〟と表現される。IBでは具体的に目指す学習者像も示されており,これを「10の学習者像」とよんでいる。「探求する人」「知識のある人」「考える人」「コミュニケーションができる人」「信念をもつ人」「心を開く人」「思いやりのある人」「挑戦する人」「バランスのとれた人」「振り返りができる人」である。この学習者像のポスターは,図書館はもちろん体育館も含め,校内すべての教室に掲示され,折にふれて見合った学びができているかを,生徒も教員も確認しながら過ごしている。

図10-1 IBの学習者像ポスター
出所) 東京学芸大学附属国際中等教育学校

2017年4月時点で日本では45校(学校教育法の第1条に定められている一条校は,このうち20校)がIB校に

認定されている。文部科学省では2013年に閣議決定された「日本再興戦略」に基づき，2020年までにIB校を200以上に増やす取り組みをすすめている。今後の広がりを見据えてIBの詳細については文部科学省のホームページ「国際バカロレアについて」（http://www.mext.go.jp/a_menu/kokusai/ib/）をぜひご参照いただきたい。

ところでIB教育における学校図書館は，どのような位置付けであろうか。IBプログラムの基準と実践要綱（Programme standard practices）には，「図書館マルチメディア，およびリソースが，プログラムの実施において中心的役割を果たすこと」と明記されている。一方，文部科学省の国際バカロレア認定のための手引きでは，「図書室・書籍の関係」の項目で3つの設備要件をあげている。①1クラス全員同時にグループワークをおこなえるスペース，②書籍カタログへのアクセス，③いくつかの外国語の新聞，雑誌へのアクセス，である。

いずれにしろ，具体的な蔵書数や資料構成，配架についての規定はない。たとえば本校では和書と洋書を別々の書架に配架しているが，IB校のひとつである都立国際高等学校の図書館では，和書と洋書を混在して分類配架している。IB認定のために派遣されたコンサルタントとの面談時には，とくにどちらかに統一せよという指示はなく，むしろ「なぜそうしたのか」ということを尋ねられた。他の問いに対しても，司書や司書教諭が明確な理由や考えをもち，かつ利用者のために行っているかということが重視されているように思われる。こうしたコンサルタントとの面談を何度か経験してみると，IBでは自ら考えて行動するということは，決して生徒だけに求められているのではなく，教職員も同様なのだということが理解できた。IBの教育においても，学校図書館は学びの中心的役割を果たす場と位置付けられていることから，司書もIBの目指す教育を理解して図書館運営に携わることが肝要である。

(2) 総合メディアセンターの誕生

現在の図書館について述べる前に，本校の前身である附属大泉中学校の図書館についてふれておきたい。附属大泉中学校は2009年3月に閉校したが，62年間の歴史において学校司書が最初に配置されたのは2003年である。初代司書の松戸宏予氏（現．佛教大学准教授）が週3日勤務し，3年間にわたり館内の大規模な改善をおこなった。当時は高いスチールの書架が立ち並び，見出し表記はすべて生徒の手書きであった。蔵書には生徒の興味関心が反映されているとは言い難く，廃棄をしないまま古い年代の全集やシリーズ本が書架に並んでいた。

松戸氏はまず高いスチール書架を上下分離させて低書架にし，書籍を面展示できるスペースをあちらこちらに確保した。さらに雑誌コーナーのそばにソファーやぬいぐるみを置き，休み時間に訪れた生徒がくつろげる空間を設けた。次の2枚の写真は，図書館の同じ入口を写したものである（写真10-3，10-4）。扉の開け方や撮影時の角度に違いはあるものの，改善前の図書館では入口正面に高い書架がそびえている。しかし改善後は多くの本が面展示された低書

写真 10-3　改善前の図書館入口　　　写真 10-4　改善後の図書館入口
撮影）松戸宏子

架となり，入口から館内を見渡せる開放的な空間に変わったことがわかる。本の倉庫と化していた館内を，ほとんど資金をかけずに大勢の生徒が訪れる空間へと変革した松戸氏の功労は大きい。この改善は司書教諭に加え，管理職，教科教員，用務職，生徒，保護者と，学校全体の図書館に対する理解を促し，新しい国際中等の学校図書館建築にむけて図書館の重要性を考える契機ともなった。

　2007年7月，本校の図書館，名称「総合メディアセンター」（以下，メディアセンター）は完成した。立地は前期生（中学生）の校舎と後期生（高校生）の校舎との間にある中央棟1階に位置し，いずれの学年にも利用がしやすい場所に建設された。さらに向かいに事務室があるため，納品された本を館内に運びやすく，働く者にも理想的な場所である。

　ガラス張りの入口からは館内が見え（写真10-5），初めて訪れた人にも明るく開放的な印象を与えている。一方で中高の図書館としては珍しく靴をぬいで館内に入るため，生徒の中にはそのことを煩わしく感じる者もいるようである。しかし休み時間に絨毯の上で新聞を広げて読む生徒や，座って輪になり話をしている生徒たちの姿を見ると，まるで自宅の延長のようにメディアセンターをくつろいで利用している。本校では式典の日以外は日常的に私服で登校し，特に校則もない。しかし生徒には公共の場で過ごすときと同じマナーの意識は求められる。館内でも飲食禁止や通話禁止などの張り紙はなく，自ら考えて他の人の迷惑にならない振る舞い

表 10-1　総合メディアセンター基礎データ（2017年3月末時点）

生徒数：742名　6学年24学級	司書教諭1名，司書1名
年間開館日数：167日	授業での年間使用時間：298時間
図書館開館時間：9：30～17：00	床面積：326㎡
蔵書総数：約27,000冊	和書：約23,000冊
	洋書：約3,500冊（英，仏，独，西，中，韓の6言語）
年間貸出総数：7,567冊	平均貸出冊数：中学生　14.4冊/1人　高校生　6.7冊/1人
貸出管理ソフト名：情報館V7（1台）	館内設置パソコン台数：35台
検索機台数：2台	インターネット環境：無線LAN
オンラインデータベース：4件	購読新聞数：5紙
	購読雑誌数：18誌（日本語15誌・英語3誌）

第 10 章　中高一貫校

写真 10-5　総合メディアセンターの入口

写真 10-6　通常は 1 クラスで使用するレイアウト

写真 10-7　椅子を並べ，学年全体で利用する場合

写真 10-8　1 学年で使う配置へ変更する生徒たち

をしているかどうかを司書は見守る役に徹している。

　ところで館内のレイアウトは「多目的な活用」をキーワードに，さまざまな授業が行えるよう中央部に広く授業スペース（写真 10-6）を設けている。とりわけ特徴的な点は，1 クラス（約 30 名）でも 1 学年（約 120 名）の授業でも使用できる点である。通常は 1 クラスで利用できる配置（写真 10-6）にしているが，1 学年で発表や集会をする場合（写真 10-7）は，10 分休みの間に授業をする学年の生徒たちがレイアウトの変更を行う（写真 10-8）。他の学校図書館よりも，授業の形態によって机を出したり椅子をしまったりと，レイアウトを変更しなければならず，休み時間のせわしなさは否めない。しかし多様な人数での授業が可能となったことで，ここ数年は家庭科以外のすべての教科で利用されている。

　ところで中央に広く授業スペースを確保したため，書架スペースは限られ，閉架式の書庫もないことから今後増えていく蔵書の収納は課題のひとつである。現在の蔵書数は約 27,000 冊，このうち洋書が約 3,500 冊である。中等 5 年からは英語以外の語学の授業を選択できるため「多言語コーナー」には英，仏，独，西，中，韓国語の 6 カ国語の資料をおいている。しかし実際の利用者は授業での活用よりも英語圏や中国，韓国からの帰国生が主である。帰国生にとって読みたい洋書を公共図書館で入手することはなかなかむずかしく，そのためメディアセンター

189

のカウンターで洋書をリクエストする生徒は後を絶たない。洋書の資料は選書や発注，データの受け入れを含め時間も手間もかかるが，母語や母語に近い言語の本を読む機会が限られている生徒の要望には，学校図書館としてできる限り応えるようにしている。さまざまな生徒の声が蔵書に反映されることは，メディアセンターを内側から豊かにすることにつながっている。

(3) 生徒への支援

　中高一貫校の特徴は，思春期を迎える中高生に6年間にわたり継続してかかわることである。中高の6年間は，小学校の6年間とはまた違う精神的な成長がみられ，中学生から高校生になるにつれて自らの将来を見据えて明確な意見をもち，社会への疑問や提言も発しはじめる。

　ところで本校の場合，実際に入学時から生徒と6年間継続してかかわっている教職員は，養護教諭と司書だけである。メディアセンターでは館内のパソコンの貸出をカウンターで行っているため，普段本を借りない生徒であっても，パソコンを借りるためにカウンターにやってくる。司書は授業を担当していないにもかかわらず，多くの生徒の顔と名前を知っているのはこのためである。中等4年目を迎える頃には大多数の生徒と顔なじみとなり，他愛のない会話がカウンターで繰り広げられる。おそらく中高一貫校でなければ，高校生が司書に「また失恋したから心が癒される本を紹介して～」「新入生歓迎会で一緒に漫才やろう！」というような依頼で図書館に来ることはないのではなかろうか。

　さらに大学受験が近づくと，自分の進路や将来について相談しに来る生徒も増える。私は司書の仕事をするうえで，話をすること以上に彼らの話に耳を傾け，相手が何を伝えたいのかを「聴く」ということがとても重要であると感じている。「司書さんは成績に関係なく，みんなをフラットに見てくれるから嬉しい」といわれたことがあるが，思春期の生徒にとって，自分を「評価する」という視点では見ない司書のような大人の存在は校内では貴重なのである。

　ところで図書館からみた中高一貫校の利点は，中3のときに受験がないため継続して読書を楽しむことができる点である。附属大泉中学校の頃は，多くの3年生が高校受験を前に読書をすることを控えてしまい，貸出冊数が減ることは当たり前のことであった。しかし中高一貫校となってからは，中3で貸出冊数が激減するということはない。館内では高校生と中学生が相互に本を紹介しあう姿もみられ，中高一貫校ではこうした年齢をこえた交流ができることも，生徒たちの心の糧になるのである。

① 図書館オリエンテーション

　4月になると中1に2クラスずつ合同で50分間の図書館オリエンテーションを実施している。図書館オリエンテーションは，6年間にわたり，メディアセンター利用の入門にあたる重要な時間と位置付け，例年前半では館内紹介と分類や配架について話し，後半には館内探検をしな

がら一人 1 冊本を借りるという流れで行ってきた。しかしその後の生徒の利用状況を見ていると，相変わらず分類記号から本を探すことが身についていない生徒や，最初からインターネットに頼る生徒も少なくない。生徒から聞き取りを行ってみると，見出し表示が小さく資料を探しにくいという声が聞かれ，書架の上に大きく分類記号を表示することにした（写真 10-9）。透明ボードに数字を入れたことで，離れた検索機からも良く見える。資料を検索したあとで「3 類の本はあの書架ですね！」というように，目的の場所が明快にわかるようになり，自ら資料を探せる生徒が急激に増えた。現在は，図書館オリエンテーション時にこの見出し表示のことは必ず紹介している。

写真 10-9　書架上の分類記号

またここ数年，図書館オリエンテーションではレファレンスについての時間を割くようにした。課題で必要な資料の相談はもちろん，過去に受けた上級生からの些細なレファレンス事例を紹介してみると「そんな問い合わせで来てもいいんですか？！」と利用意識のハードルが下がるようである。とくに読書が苦手な生徒にとって，図書館という空間は積極的には足がむきにくい場所でもある。しかしどんな問い合わせにも司書が丁寧にかかわる姿勢を見せることで，生徒との信頼関係は積み重ねられ，「何かあればメディアセンターへ行こう」という意識が芽生えてくる。後期生になり個人研究や論文作成のために資料が必要となった際，ごく自然とレファレンスで訪れることができるように，前期生の頃からの利用経験の積み重ねが重要である。

② 帰国生への支援

本校では各学年の約 3 分の 1 弱に，帰国生や外国籍の生徒が在籍している。海外経験の長い生徒には，とりわけ日本史や古典の授業は理解がむずかしく，高いハードルとなっている。そのため授業でよく使う資料は，極力ビジュアルが多く漢字にルビのあるものを購入したり，英語や中国語，韓国語で書かれた日本史や，漫画の歴史シリーズを購入するなど，選書をする際に配慮をしている。また館内に「教科書にでてくる古典＆近代文学の洋書」コーナーを設けた。きっかけは古文の教員から「帰国生には中島敦の『山月記』がさっぱりわからないらしい」という相談を受けたことにある。そこで『万葉集』『徒然草』『土佐日記』など，英訳されている古典の本があれば購入し，帰国生の学習に役立ててもらえるようにした。現在では夏目漱石や森鷗外，志賀直哉など近代文学の英語版も並べ，毎年コレクションは増え続けている。

③ 広報活動

メディアセンターでは基本的に月に 1 度，図書館通信「Global Library」を前期生と後期生用

写真10-10 図書通信で紹介した絵本をかかえるぬいぐるみ

に2種類発行している。当初は全学年共通の内容にしていたが、やはり中1と高3では紹介したい本も異なる。通信では新着図書の紹介はもちろん、「読んでみよう！この1冊」と題し、中学生、高校生のときに出会ってほしい本を司書が紹介する記事や、「絵本から知る多様な世界」と称し、絵本も1冊紹介している。絵本というと幼児から小学校低学年向きと捉えられがちであるが、長い年月読み継がれてきた絵本には、世代を超えて心に響き、時に深いメッセージが込められている。絵本からもたらされる感性を忘れることなく、将来親として良質の絵本を次世代に読み継いでほしいという願いもこめて連載している。ちなみに毎月図書通信で紹介した絵本は、図書委員が命名したクマのぬいぐるみ"熊野ビター館長"（写真10-10）が小脇にかかえている。

また資料の広報としては、毎月司書が図書の展示を行っている。メインのテーマ展示コーナー（写真10-11）の他に、あちらこちらに小規模の展示をすることで、生徒が館内を歩いている際に「こんな本もあったんだ！」という新たな気づきの機会になればと考えている。たとえば「トイレ」に関する本の展示をした際には、「ユニバーサルデザインの視点でトイレを見

写真10-11 「コミュニティデザイン」の図書展示。使い終わったブッカーの芯を高層マンションに見立てて作成

たことなかったな」「私のいた国のトイレも凄かったよ」など、自分が過ごした外国のトイレの話をしはじめる帰国生もあらわれ、展示を通して話の輪が広がった。こうした展示をする際に心がけていることは、極力時間もお金もかけないことである。あくまでも、仕事の重心は授業支援であり、展示の優先順位は決して高くはない。館内ディスプレイも図書委員の生徒と共に行い、「今回はトイレットペーパーの芯を使いましょう！」というように、リサイクルでのディスプレイを工夫しつつ、一緒にゴミと再利用について考える機会にもしている。

(4) 教員との連携と授業支援

　昨今、ICT機器を使った授業やインターネットでの調べ学習は特別なことではなくなったが、学校図書館の真価は教員が授業で使ってこそ発揮される。しかしすべての教員が図書館活用に理解を示すとは限らない。むしろ司書が一人、また一人と教員の授業を地道に支援し、生徒の学びや活動に成果がみられると、リピーターとして図書館を活用する教員があらわれ、同じ教科の教員や親しい教員に口コミで活用をすすめてくれるようになる。司書や司書教諭が資料を作って授業での利用をアピールする以上に、実際に授業で学校図書館を使った教員の話は

何よりも効果的である。

① 館内利用予約システム

　まず教科の教員が館内を授業で使用する場合は，司書教諭や司書に連絡をする必要はなく，個々に研究室からネットで利用予約ができるようになっている。この予約は3カ月先まで可能なため，もしひとつの単元で毎週決まった曜日の時限にメディアセンターを使いたい場合には，先を見据えて予約ができる。また同時に35台ある館内のノートパソコン（PC）も予約ができるため，館内授業で20台予約がある場合に，残りのPCを別の教員が予約をし，教室で使うこともできる。情報の教員が作成したこの予約システムのおかげで，館内利用がバッティングすることもなく，メディアセンターを授業で使おうと思う教員を中心に，便利に活用されている。

　附属大泉中学校の頃は年間20時間程度であった授業での図書館利用が，現在300時間近くに増えた背景には，こうした予約システムの構築もあるが，本校では進路指導部の方針により館内を自習室として開放していない点がある。高校の図書館のなかには，館内は空き時間の生徒の自習室として活用され，授業での活用はむずかしいという話も聞く。しかし本校の場合は空き時間の生徒にはそれぞれ決められた自習教室が振り分けられており，あくまでもメディアセンターは授業での活用が優先されている。

② 資料提供の支援

　新しい教員が加わる4月には，教員向けにメディアセンターでの授業支援についてプリントを配布している。館内で利用できるオンラインデータベースや，団体貸出の利用ルールなど，活用についての共通理解をはかることが目的である。現在主な学外ネットワークは公共図書館，東京学芸大学附属図書館，附属学校図書館と構築しており，IBのDP（ディプロマ）コースがはじまってからは国立国会図書館に登録をし，論文複写サービスも活用している。教員の

写真10-12　公共図書館からの団体貸出資料で調べる生徒

写真10-13　授業で必要な資料を机に準備

授業支援依頼でもっとも多いのは関連資料の収集であり，公共図書館からは年間1,800冊近い資料を借りることもある。このため館内には，常時さまざまな教科から依頼された関連書籍のカートが並んでいる。

また，公共図書館からは団体貸出の際に，練馬区が発行しているさまざまな郷土資料の冊子やパンフレットを一緒に送ってもらうようにしている。これにより館内の郷土資料コーナーには練馬区の歴史，自然，文化，食，行政プランなど，テーマごとに分類したラックに資料が集められるようになり，地元について個人研究をする生徒には大いに役立てられている。

資料提供の支援では，教員から依頼があった際に資料のキーワード，難易度，量，使いはじめる時期などを聞き取る。「選択授業なので，それほど冊数は必要ありません」という場合もあれば「1学年全員が使うので関連資料を多く，かつ帰国生むけに絵本やビジュアルの多い資料を含めてほしい」など，授業によって教員からの要望はさまざまである。また資料を集めるだけではなく，集めた資料のなかから情報の探し方や参考文献の書き方も含め，司書から話をしてほしいという依頼もある。基本的に前期生のうちに論文の書き方，著作権，資料収集など情報リテラシーの授業は学年ごとに国際教養という時間の中で実施される。しかし，講義を受けるだけでは情報リテラシーが身についていない生徒も多い。メディアセンターで行われる教科の授業時に実践を通じて司書から再度話をし，より理解を深めてもらうケースもある。

(5) 多目的な館内活用

本校のメディアセンターは「多目的な活用」をキーワードにしている。そこで，生徒も何か催しをしたい場合には企画書を提出し，それが職員会議で了承されると館内を活用することができる。そこで，日常的な本の貸出や授業活用以外に，どのような使われ方をしているかその一端を紹介する。

① 部活動と図書委員会

毎年恒例となっているのは，美術部による作品展（写真10-14）である。春と冬に開催され，2週間の展示期間中は館内がまるで美術館のようになる。中学生は高校生の質の高い作品に感嘆の声をあげ，不思議な造形物には「どういう発想で創るんだろう？」と作品をしげしげと眺めている。授業以外ではメディアセンターを訪れない生徒も「友達の作品が展示されているから来たよ！」と顔を出すなど，日常とは違う非日常空間の効果は高いと言える。一方ボランティア部は東日本大震災後，継続して被災地を訪問し交流を続けている。こ

写真10-14　美術部による作品を鑑賞する生徒たち

うした被災地スタディツアーのパネル展示は，震災から少しずつ年月が経つなか，今なお続く被災地の厳しい現状を生徒にも教員にも伝えてくれる。

　また図書委員会は，毎年2月に「リサイクル・ブックエイド」という企画を主催している。この活動はメディアセンターで購読している雑誌のうち，館内では長期保存しない娯楽雑誌やスポーツ系の雑誌と，自宅にある古本とを1冊ずつ交換する活動である。交換された古本はアジアでの教育支援をしているNGOを通じて換金され，子どもたちの支援に使われる。生徒は館内で金銭のやりとりをすることなく国際支援ができ，かつ廃棄予定の雑誌が有効に活用されることから，すでに恒例行事として定着している。今では生徒のみならず，教員のなかにも開催を心待ちする人がいるイベントとなっている。

② 生徒の企画と教員の企画

　本校は現在文部科学省のSSH（スーパーサイエンスハイスクール），SGH（スーパーグローバルハイスクール）の指定校となっており，生徒たちの発表の場としてしばしば放課後にサイエンスカフェやグローバルカフェが開かれる。なお，スーパーグローバルハイスクールとは，海外の第一線で活躍できるグローバル人材を集中的に育てる高等学校及び中高一貫教育校のことである。2014年度から，文部科学省が指定を開始した。昨年度は第9回目のグローバルカフェとして，ファストファッションの研究をしている高2の生徒たちが館内でドキュメンタリー映画「ザ・トゥルー・コスト―ファストファッション真の代償―」（アンドリュー・モーガン監督，2015）の上映会をひらいた。上映後にはワークショップを行い，参加者が持参した洋服の交換会も行われた。こうしたカフェの開催は，中高生が意見交換できる場ともなり，司書もテーマに関連した本の展示と貸出を行うことで，参加者の興味関心がより広がるよう支援している。

　また1冊の本が思わぬ広がりを見せることもある。『飛び跳ねる思考　会話のできない自閉症の僕が考えていること』〔東田直樹，イースト・プレス，2014〕を読んだ生徒が，「自閉症の人をみんなにも理解してもらえる展示をしたい」と相談に訪れた。すでに有志を10名程集め，司書には館内に自閉症を理解するための図書の展示コーナーをつくってほしいという。毎年4月2日が国連の定める「世界自閉症啓発デー」ということから，会期は4月いっぱいとした。館内には図書展示だけではなく，生徒たちが放課後に準備をすすめてきたポスターやパネルがずらりと並んだ。さらに，自閉症の人のなかには視野が狭い人もいるということから，ペットボトルで作った手作りメガネで，限られた視野で絵を見る体験コーナーをつくり（写真10-15），休み時間には大勢の生徒が足を止めていた。このような企画は，決し

写真10-15　6年有志のつくった視野体験コーナー

て授業の課題や学校行事のためではなく，多くの人に理解を促す目的で自主的に行われている。こうした生徒の前向きな意欲には，学校司書として惜しみなく支援している。

さらに館内では生徒のみならず，教員も自身の経験や研究を披露してくれる。南極観測隊の一員だった理科の教員は，講演のあと館内に南極で使用していた衣類や大きなブーツなどを展示してくれた。また，社会科のある教員は，パレスチナを訪問した際の写真展「THE WALL」を開催した。パレスチナとイスラエル自治区とを隔てる分離壁の多くの写真を，普段授業を受けている教員が写したということの重みは，生徒たちにも強烈な刺激をもたらし，記憶に強く刻まれる展示会であった。

(6) まとめ

本校は6学年という年齢幅，性別，国籍，宗教の違いなど，実に多様な生徒が在籍している。すでに校内が国際社会の縮図のようであり，海外経験の長い生徒から刺激を受けた生徒は，さまざまな校外活動や国内外のボランティア活動にも取り組んでいる。IBが目指すグローバルな人材というのは，単に語学ができる人ではない。柔軟で高いコミュニケーション力をもち，多様性を豊かさと捉えることのできる人材である。明確に自分の意見をもち，批判的意見を述べても崩れない人間関係の構築は，多様性についての理解と少数派を切り捨てないまなざしが根底として必要である。教育現場にある図書館であるからこそ，読書支援，授業支援とともに，司書は生徒の人間的な成長を支援していきたい。本校メディアセンターの「多目的な活用」とは，「多様性を認め合うための活用」でもあるのである。

〔東京学芸大学附属国際中等教育学校司書　渡邊　有理子〕

引用参考文献

秋山仁・かこさとし・阪上順夫・西本鶏介監修（2011）『ポプラディア　総合百科事典　新訂版（全12巻）』ポプラ社

桑田てるみ編（2012）『6ステップで学ぶ中学生・高校生のための探究学習スキルワーク』全国学校図書館協議会

後藤芳文・伊藤史織・登本洋子（2014）『学びの技　14歳からの探究・論文・プレゼンテーション』玉川大学出版部

日本図書館協会図書館利用教育委員会図書館利用教育ハンドブック学校図書館（高等学校）版作業部会編著（2011）『問いをつくるスパイラル』日本図書館協会

第11章

高等学校

1 授業の可能性を広げる図書館活動をつくる

(1) はじめに

　前任校である埼玉県立新座高等学校（以下，新座高校）は，中学校卒業までに学びにつまずいてしまった生徒たちも積極的に参加できる授業づくりが，長年にわたる課題となってきた。そのような状況のなかで，教育活動の見直しを進めるプロジェクトチームに司書教諭と学校司書とが参加したことをきっかけに，校内で図書館の授業活用モデルが生まれ，図書館と教科との連携が幅広く行われるようになった。学校司書である私は授業づくりを日々支援しながら，授業で活用できるように図書館の環境整備に力を入れた。本節では主に，その授業支援の実例と，それを支えるために行ってきた具体的な取り組みを紹介する。

(2)「できた」と思わせる，「ポスターセッション」

　新座高校では「みはらし図書館」と名付けられた図書館を活用した授業が盛んに行われている。

　「ポスターセッション」と呼ばれる形式の授業では，生徒たちが与えられた課題の中から関心に応じてテーマを絞り込み，調べた事柄をB4判の画用紙にポスターとしてまとめ，発表する。調査からポスターの製作まで個人で作業が完結する場合もあれば，グループで大きなテーマを分担して調査し，何枚ものポスターにまとめることもある。発表の段階では，各自が一人を相手に，または小グループやクラス全員の前で，作成したポスターをあたかもニュースのフリップのように使いながら発表し，質疑を受ける（写真11-1）。

　英語科の選択授業である「異文化理解」の授業では，「世界の国の食文化」について英語で発表する「ポスターセッション」が行われている。これはグループごとに興味のある国の食文化をテーマに選び，調査を行うものである。たとえばあるグループは，「ブラジルの食文化」をテーマに選んだ。ブラジルの食生活全般

写真11-1　グループ内で発表するポスターセッションの様子

について紹介している『ブラジルのごはん』〔銀城文・萩原絵，2008〕や『ブラジル ナショナル ジオグラフィック世界の国』〔デッカーほか，2010〕などを眺めながら，「ブラジル人の日常の食事」「食事のマナー」など，食生活の中で紹介したいトピックを班の全員で検討し，各自がひとつのテーマを分担している。

新座高校では普段の授業でも積極的にグループワークを取り入れているため，資料の読み取りやポスターにまとめるポイントを絞る作業，英訳の準備など，生徒たちは自信のない点を尋ねあい，助け合いながら作業を進めている。普段は英訳が苦手な生徒も，自分で調べてまとめた文章の英訳であれば自然と力が入る。訳が終わってポスターづくりに入る頃にはいきいきと作業する生徒が増えてくる（写真11-2）。テーマの決定や調査の段階までは面倒くさそうにしていた生徒たちも発表までには徐々にモチベーションが上がり，クラス全員の前でのプレゼンテーションは精力的で質疑も盛り上がる。

新座高校には，中学校までにさまざまな事情によって学びにつまずいてしまった生徒がおり，学びに対して自己肯定感の乏しい生徒は少なくない。しかし，こうした「できた！」と思える体験を重ねることで，自己肯定感の低かった生徒たちでも，徐々に難易度の高い課題に取り組めるようになっていく。前年度の作品を次年度の授業の導入に提示すると，課題の目標が定まり，モチベーションは「私にもできる」に変わっていく。

「ポスターセッション」は新座高校で独自に発展を遂げた授業スタイルである。その発展には，すべての生徒が満足して参加できる授業づくりを目標として2008年度に発足した「授業改善プロジェクトチーム」の取り組みが基礎となっている。学習面に，また自分自身に自信を持てないまま高校に進学してきた生徒たちに，授業を通して「学び」の楽しさを伝え，自己肯定感を高めるため，プロジェクトチームではさまざまな視点から授業改善の検討を行い，グループワークを取り入れる授業スタイルや全教職員が参加して授業参観を行う「授業研究会」など，新座高校の授業スタイルを確立していった〔大堀，2011〕。

私と司書教諭もチームの一員として参加しており，当時司書教諭が授業で実践していた「ポスターセッション」を紹介し，これがチームの先生方の目にとまった。生徒同士の言語活動をともなうことで理解が広がること，生徒にとって達成感が高いことなどが評価されたのである。これを受け，「ポスターセッション」を取り入れた授業があれば，授業者に依頼して発表の授業を積極的に公開し，成果であるポスターも機会を見て廊下に掲示するようお願いした。次第に「ポスターセッション」の手法は校内に広く知られ，定着していった。高校では各教科や個々の教師の

写真11-2 ポスターセッションの準備の様子

意向が強く，図書館を使った授業の全校的な年間指導計画を立てるのはむずかしい。しかし，授業改善プロジェクトチームでの紹介から数年後には，「ポスターセッション」は1・2年次に1回以上はいずれかの教科で実施しようと，学年内で申し合わせるようになってきた。

「ポスターセッション」に限らず，みはらし図書館を活用した授業はさまざまな形で行われている。図書館を活用した授業は，もともと埼玉県内の高校では一般的に行われており，2015年度には全県平均62.4時間の授業で図書館を使っている〔埼玉県高等学校図書館研究会，2016〕。新座高校では同じ年度，23の単元で教科との連携を行い，授業で図書館を直接的に利用した時間数は85時間を数えたほか，教室や教科講義室などに資料を大量に貸出して支援した調べ学習の授業も多数にのぼっている。

(3) 図書館を，授業利用を支えるインフラとするために

このように教科と図書館が連携して授業を支えていくためには，それを支えられるための環境整備が必要になってくる。

授業で調査を支援するためには，全員の調査を支えてあまりあるだけの資料が必要である。先にあげた「世界の国の食文化」の単元を例にあげれば，生徒が調べる国について，各国の地誌や食文化について国別にまとまった資料は不可欠である。また，民俗学に分類されるような食文化の資料や歴史とのかかわりの資料，食事のマナーやタブーについて扱っている資料なども，ジャンルごとに幅広く，また充実した内容の資料が必要となる。

こうしたときに頼りになるのが，地区の図書館ネットワークである。新座高校のある朝霞地区では高校間の図書館ネットワーク（朝霞ネットワーク）が長く活動している。1984年に，自発的な学習会をベースに地区の学校司書が有志で立ち上げたもので，現在では埼玉県教育委員会の事業となり，ネットワークは地区ごと全県的に展開している。朝霞ネットワークでは各校の学校司書が分担して出張することで資料の運搬を行うほか，所蔵目録のデータ形式を共通化して相互に交換して総合目録を構築し，各校にいながら他校の資料も検索できる環境を整備している〔阿部・清水，2003〕。この仕組みを使って加盟校に応援を要請すれば，各校から必要な資料を集められ，授業に向けて大量の資料を準備できる。基本的な資料は複本を確保できる一方，進学校や専門科のある学校からは専門的な資料も借りられる。いずれも各校の学校司書が高校生に向けて選書しているため，易しすぎたり専門的すぎることもない。こうして生徒たちが多様な資料を比較し，検討できる資料の調達が可能になっている（写真11-3）。

また，雑誌記事の活用を図ることで，書籍資料の不足を補うこともある。新座高校の図書館管理システムには雑誌記事の目次も授業で使いそうなものに限って目録に登録し，蔵書検索の際に検索できるようにしている。また，『Newton』の12月号に掲載される記事索引や『オレンジページ』の料理インデックスなどはファイルしておき，授業の際には，グループに1部ず

写真11−3　ネットワークを使って集めた資料

つコピーして配布し，雑誌資料の活用も促している。新聞の記事データベースも，新しい分野の調査にはとても有効なツールとなっている。

しかしながら，一番重要なのは日常の蔵書構築である。整備が進んで年月が経った学校図書館では，購入よりも，まず時代に合わなくなってしまった資料を丁寧に選んで除籍する必要がある。たとえば，古生物については理解が大きく進み，この10年で出版された書籍の記述は大きく変わっている。鱗に覆われているのみだった恐竜のイラストは，いまや羽毛が生えているものに入れ替わっている。こうした変化に気づかずに，古生物については十分な量の資料がある，と思い込んでいると，実際には古くて使えない資料しかない，ということになってしまう。

新座高校では，除籍基準を定め，教科に依頼して各専門分野の教師が図書館の書架を実際に見て各教科の分野で内容が古くなってしまっている資料を探してもらう仕組みを整備した。こうして書架を見てもらうときに，併せて各教科の指導内容の範囲で欠けている分野の資料はないか，図書館がかかわれそうな授業の単元はないかを尋ね，蔵書構築の参考としている。

選書の際には，さまざまな機会になるべく現物の資料に当たるのが一番である。その点，新座高校では授業のために他校から資料を大量に借りられるため，生徒の利用の様子も加味しながら資料を評価し，自校の生徒たちの実態により合った資料を選んで購入できている。

学校司書は資料の専門家ではあっても，各教科の分野についての専門家ではない。必要なところでは専門家の力を借り，限られた予算をより有効に使うよう心がけている。

資料だけでないハード面でも，授業で使いやすい環境整備を行っている。普段の教室から図書館に移動してくると，生徒たちはいつもと違う場所の解放感からか，とてもリラックスしていることが多い。そうしたときに，視線の先に雑誌やコミック資料などがチラチラしてしまうと，授業に集中するのはむずかしい。

写真11−4　レイアウト変更後の授業スペース

ちょうど「ポスターセッション」が校内で定着し始めたころ，床の修繕工事が入ることになり，館内のレイアウトを一新することにした。図書館は廊下分を含む教室3つ分の奥行きがあり，出入り口はその両端にしかないウナギの寝床のような構造となっている。この図書館の一番奥に教室ひとつ分の学習

スペースを確保した。ここは6人掛けのテーブルが7台並び，グループワークに向いたリラックスした空間となった。高書架がうまく視界をふさぐことで，そこからカウンター近くにある雑誌やコミック資料は視界に入らない（写真11-4）。

このレイアウト変更で，図書館の資料は使わないものの，雰囲気を変えてグループ学習を行いたいという，ラーニング・コモンズのような使われ方も増えてきた。図書館が必要とされるのは，資料のニーズがあるときばかりではない，と気づかされた一例である。

(4) 授業づくりに特化したレファレンサーとしての学校司書

こうして，教科と図書館との連携が進みだしてから，学校司書が教師の授業づくりのためのレファレンサーとなることも増えてきた。せっかく集めた資料も，書架に並んでいるだけでは宝の持ち腐れとなってしまう。だが，集めた資料をうまく教師につなげていければ，資料が授業のなかで十二分に力を発揮し，授業そのものをより豊かなものにできるのである。

昨年度，現任校での国語の選択授業と家庭科の選択授業とのコラボレーションで行われた授業では，ある1冊の資料が授業づくりの大きなカギとなった。

その授業は，お弁当作りの献立を考えるうえで必要な要素を生徒たちにグループワークで検討させ，そこでわかったことを活かして学年の担任の先生方にお弁当の献立を準備，さらにそのお弁当をプレゼンテーションするという内容であった。

献立を考えるうえで必要な要素を資料から把握させたいと考えていた2人の教師は，献立の色味や相手に合った献立について具体的に説明が書いてあるものを探して欲しい，とレファレンスを依頼してきた。そこで私は弁当の献立や栄養学の資料などから記述を探したのだが，併せて『おべんとうの時間』〔阿部了ほか，2010〕というフォトエッセイを紹介した。この本は，牛乳収集車の運転手や海女，高校生など年齢も職業も多種多様な人々のポートレートとお弁当のアップの写真，お弁当の主によるモノローグをまとめたユニークな本である。モノローグは，お弁当の作り手が，持ち主の食事環境や健康，好みなどさまざまな配慮を込めてお弁当を作っているとわかる素敵なエピソードで溢れている。2人の教師は，準備した資料を比較した結果，『おべんとうの時間』を導入に使うことにした。特徴的な写真をグループ別に提示し，そのお弁当の持ち主がどのような人物なのかをグループで推理させ，相手にあった献立をつくるうえで必要な要素を考える導入に活用したのである。授業を担当した教師は，印象的な写真が生徒の関心と思考を深く引き出してくれて，授業がとても盛り上がった，と話してくれた。

近年では，アクティブ・ラーニングと呼ばれる，「教員による一方的な講義形式の教育とは異なり，学修者の能動的な学修への参加を取り入れた教授・学習法」〔中央教育審議会，2014〕を取り入れた授業が盛んに行われている。生徒たちのコミュニケーションを重視し，思考を促す授業づくりのため教材を求めるレファレンスも増えている。こうしたレファレンスに応える

ためには，参考資料や調べ学習用の資料のように直接的な記述がある資料よりも，写真集などビジュアルに富んだ資料やエッセイなど，多くのヒントを内包して生徒たちの思考を促す資料が役立つことが多い。学校司書にとって，これまで以上に資料全般に対して，また，授業そのものに対して，知識や経験が求められるようになってきたと感じている。

(5) 資料を手渡す人として，授業に参画する

　資料は，単に集めて提供すればよい，というものではない。授業の目的や生徒の理解度に合わせて適切な資料を，適切なタイミングで手渡さなければ，資料を手渡すこと自体が逆効果になることもある。「読む」こと自体に抵抗がある，学習に対する自己肯定感の低い生徒であれば，この点はなおのこと重要である。彼らには，図書館での調べ学習はとても敷居が高い。そこへいきなり分厚い資料を手渡してしまうと，それだけで学びへのモチベーションを下げてしまう。タイミングを誤ると課題に取り組むこと自体が困難になることすらある。

　数年前，家庭科の選択授業「発達と保育」の単元で，いわゆる「赤ちゃんポスト」や出生前診断など出産や子育てにかかわる問題について生徒たちに話し合わせたい，という授業があった。生徒たちにとって馴染みのないこの分野について，いきなり本を手渡してしまうと，拒絶反応を示す恐れもある。そこでこのときには，朝日新聞の記事データベースから関連記事をプリントアウトしてテーマ別にクリアーホルダーに分けて準備し，本と一緒に提示した。とくに役立ったのは，新聞の投書欄である。今回のテーマとなった事柄についても対立する意見が掲載されており，読み比べることで関心を引きだし，論点に気づかせられる。投稿自体は600字程度の短い文章なので，活字に苦手意識が強い生徒たちでも読み切れる。こうして投書への感想を話し合ったことをきっかけにテーマに対して興味を持った生徒は，その後に本を紹介しても抵抗感なく手に取り，3時間目までには同じテーマについて集中した話し合いを行えたのである。

　レポートや「ポスターセッション」など生徒が調査を行う授業では，生徒各自が適切な資料にたどり着けるよう，担当の教師と打ち合わせたうえで授業に参加し，生徒に直接的な支援を行うこともある。

　ネット検索でキーワード検索に慣れている生徒たちは，調べるテーマのキーワードにだけ反応し，キーワードがタイトルにある資料だけを探しがちである。たとえば，環境問題についてのレポート課題で「PM2.5」というキーワードを調べることになった生徒は，書名に「PM2.5」が含まれる資料だけを探してしまう。「大気汚染」や「環境汚染」といった上位概念（または下位概念）を意識させなければ，より広範な資料の中から適切な情報にたどり着けないことが多い。また，資料を見つけても，あてはまるキーワードを本文の中から偶発的に見つけるだけで調べた気になってしまい，全体像を把握しないままレポートをまとめてしまいがちである。

第11章 高等学校

　こうした状況を防ぐため，各自に課題設定が求められる調べ学習の際にはパスファインダーを作成して配布し，調査に入る前に調べ方のガイダンスの時間を確保している。
　パスファインダーとは，「特定のトピックや主題に関する資料や情報を収集する際に，図書館が提供できる関連資料の探索法を一覧できるリーフレット」〔図書館用語大辞典編集委員会，2004〕である。本校で作成しているパスファインダーには，キーワードへの理解を深められるような見取り図も掲載している。ガイダンスではこれを資料に，百科事典や新語辞典などの参考図書から定義を調べてキーワードとその上位概念・下位概念，関連事項とのかかわりを把握する必要性，関連する図書館の分類やそのなかでの代表的な資料の紹介などを通して，キーワードに対してどのような切り口から調査を行ったらよいかのヒントを提示している（図11－1）。
　テーマ設定の時間は，担当の先生と打ち合わせのもと，生徒の個々の関心に気づかせるため，百科事典や便覧的な資料で一緒に定義を調べて視野を広げたり，レファレンスインタビューをしながら，彼らがテーマとして手に負える範囲まで興味の幅を狭める支援をすることもある。その際には，5W2H（when, where, who, what, why, how, how much）を意識させるなど，なるべく汎用的な手法で筋道を示すように努めている。
　偶発的にではなく自分の意志で資料にたどり着き，調査を行う。こうした経験を積み重ねることで，生徒たちに自力で必要な情報にたどり着ける能力，すなわち情報リテラシー能力を高めて卒業させることこそ，司書の責務ではないか，と感じている。
　このように授業の活用事例が増えるにつれ，教師の図書館利用のリテラシーが高まり，授業に対する要求水準も高くなっている。より多くの要求に的確に対応するため，授業で図書館を使った際には，その授業にかかわる資料を集め，「ポートフォリオ」として保管してきた。
　この「ポートフォリオ」には，授業の打ち合わせのメモや授業のために集めた資料のリスト，

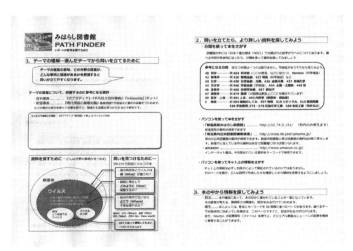

図11－1　パスファインダーの例

写真11-5 ポートフォリオの例

生徒に配布されたプリント類，テーマのリストなど，授業に関するあらゆる資料を綴じ込んでいる。生徒の作品のコピーが手に入った際には，それも一緒に保管している。また，資料が不足している分野や授業時間中の生徒の様子，授業でうまく使えた，あるいは使えなかった資料，授業の前後で教師と交わしたやり取り，資料の紹介のタイミングやノウハウなども，必要なときにはメモを残し，保存している（写真11-5）。

東京学芸大学学校図書館運営専門委員会制作の『先生のために授業に役立つ学校図書館活用データベース』というサイトは，図書館と教科が連携した授業の実践事例を全国から集めており，非常に参考になる。また，朝霞地区の図書館ネットワークでは，授業利用の際に集めた資料のリストをまとめている。この冊子（「集本リスト」）はネットワーク内の各校で教科に配布しており，授業実践を学校の枠を超えて共有するきっかけにもなっている。

「ポートフォリオ」や「集本リスト」のような記録は，学校司書自身が授業支援に迅速に対応するのに大変役立っている。一昨年，私は新座高校から異動したが，比較的経験の浅い後任に引き継いでも，このポートフォリオが力を発揮し，充分な支援を行うことができた，と聞いている。また，教師にとっても，授業づくりのヒント集としての役割を果たすようになってきた。似た形の調べ学習を行うため，授業の流れやワークシート，生徒各自のテーマ，さらには生徒が躓きやすいポイントなどを知る手がかりとなっている。

データに基づいて図書館と教科との連携のヒントを提供できるようになったことから，教師から学校司書への信頼感も高まり，授業の企画段階からかかわる機会も増えた。せっかく授業で図書館を活用するのであれば，生徒のモチベーションを下げるストレスが少なく，より深い学びを得られる授業を実現したい。そのためにも，授業の目的を共有し，先生方は教える視点で，学校司書は資料を活用する視点で，授業をシミュレーションし，課題の内容や各自のテーマの設定の方向性，毎時の進度，ワークシートの構成などを丁寧に練りあげられるようになってきたのである。

(6) まとめ

「今までは，気になるニュースがあっても調べ方がわからず，そのままでしたが，現社の授業で，自分でテーマを決めてポスターセッションをすることで，調べ方もわかり，友達が調べたことも詳しく知ることができ，楽しかったです。」

これは，現代社会の授業で時事問題についてポスターセッションを行ったときの生徒の感想

である。新座高校の生徒は卒業後に就職する者も多い。図書館と連携して行う授業は，学校教育が生徒たちに情報リテラシーを伝える最後の砦ともなっている。生徒たちが卒業後に人生において選択を求められたときに，自ら情報にアクセスし，よりよい選択をしてほしい。ここまでまとめてきた図書館と教科との連携は，すべて，そう願いながら重ねてきたものである。

　新座高校では図書館と教科との連携は大幅に進化した。授業実践の積み重ねにより，教科とかかわる分野の蔵書も年々洗練され，学校司書である私の授業支援の在り方も大きく変わってきた。現場が変わっても，より多くの先生方とタッグを組みながら，生徒たちのよりよい人生づくりに貢献できるよう，授業への支援を重ねていきたい。

〔埼玉県立入間向陽高等学校司書，前 埼玉県立新座高等学校司書　宮﨑　健太郎〕

2　読むことと学校司書

(1) 高校生の読書

　高校生は自立や自己理解が求められる発達段階にある。社会に目を向け，視野を広げ，自分と社会をつなげていくには，それまで以上に読書が大切になる。また義務教育ではないものの，多くの子どもが高校に進学する。生涯学習の入口として本を読む力を身につけることは，将来，社会のなかで必要に応じて読書をし，自ら学ぶことができる力を身につけることにつながる。楽しみとしての読書，さまざまなことを知り知的好奇心を満たすことのできる読書を身につけることができれば，生涯にわたる豊かな読書生活を送るきっかけとなりうる。

　一方，各種の読書調査を見ると，中学生までに比べて読書をする子どもの割合は，高校生になるといちじるしく低下する。2016年の学校読書調査〔全国SLA調査部，2016〕によると高校生の不読者は57.1％であり，過去31回の調査と比べても大きな変化はない。また，平成26年度文部科学省委託調査『高校生の読書に関する意識等調査報告書』によれば，本を読まない理由としては大きく「読書の習慣がなく関心がない」と「他の活動に時間をとられている」の2つがあげられている〔文部科学省，2015〕。読書習慣を定着させるには積み重ねることが必要である。読書をする習慣が定着していない生徒については，学校，及び，地域社会でさまざまな働きかけを行っている。

　たとえば，学校図書館では，生徒の読書を広げるさまざまな活動を実施している。本節では具体的な実践事例を紹介する。生徒が本を読みたくなるような，知的好奇心の刺激される環境をつくること，教員と連携した授業や特別活動での読書活動，生徒が相互に触発する読書イベント，生徒一人ひとりに応じた支援について順に述べる。これらにより生徒の読みたい，知りたい気持ちを育み応援することができる。そして，このような取り組みの基礎となる，目の前の生徒の実情や情報ニーズを理解し，誠実に向き合うことについてまず次項で述べる。

(2) ニーズを把握する

　高校生になると一人ひとりの差異が大きい。興味や関心に加え，読書習慣や読書能力にも個々の違いがある。普通科，職業科など学校のタイプや地域性に加え，個人差がある。利用者を知ることで，生徒にふさわしい本を紹介することができる。

　まず，情報や読書に対する生徒のニーズを把握することが必要である。生徒からニーズを把握する方法としては，図書館オリエンテーションや図書館利用者調査などの際に，アンケートで読書についての質問を行うこと，学校図書館に来た生徒とコミュニケーションを図ることなどが考えられる。学校図書館以外の学校内での生徒の様子を見ることも大切である。その他，教職員とのコミュニケーションや職員会議などの会議，学校目標などから，教員から見た生徒の現状，学校の方針やこれからの方向性を知ることができる。貸出冊数の推移やベストリーダーなど学校図書館の利用統計，読書調査の結果などを分析することも参考になる。本校では，「読書は好きではない」と思っている生徒の割合が平均より多いこと，卒業後の進路が多様なため進路に関する情報ニーズが高いこと，たくさん読む生徒とほとんど読まない生徒に二極化していることなどが明らかになっている。これらの調査結果をもとに，読書に関する学校図書館の取り組みを考えている。

　学校図書館の利用者は，日常的に利用している生徒だけではなく，普段は学校図書館を利用しない生徒も含めた全校生徒である。生徒が学校司書に口頭で伝える情報ニーズや読書に関するニーズ，利用統計等で顕在化しているニーズ以外にも，潜在的なニーズがある。それらを探し出し，掘り起こすことも学校司書にできることである。たとえば，学校図書館に本の展示やコーナーをつくることで，対象となる資料の利用が増えるということがある。進路情報に関連したコーナーをつくることで，生徒の進路に関するレファレンスや読書の利用が増える。以前勤務していた学校では，数学科の教員と協働して数学の読み物や数学パズルの本を展示したところ，数学など理系の本の貸出とレファレンスが増加した。高校生は「ここには自分の望むものはない」と思うと，学校図書館に要求を出すのではなく，入手をあきらめてしまうことも考えられる。ライトノベルが蔵書に1冊もなければ，高校生は遠慮してリクエストを出さないかもしれない。生徒のニーズを探り，興味をもちそうなものを蔵書に加えていくことで，はじめてニーズが顕在化してくるのである。

(3) 読みたくなる環境をつくる

　生徒を読書に誘うために，本を読みたくなる，知的好奇心がかきたてられる環境をつくることを心がけている。また，生徒が学校司書に対し，情報や読書に対するニーズを伝えやすい環境にしておくことも大切である。

　学校司書としてまずできることは，さまざまなニーズを反映した，生徒にとって魅力的な蔵

書を構築していくことである。そして，多くの本が目にとまるように図書館のレイアウトや展示を考え，さまざまな本が読書を誘うような場所とすることである。本の表紙を見せるような置き方など，ちょっとしたことでも生徒の印象は変わる。図書館内の生徒の動線にも工夫している（写真11-6）。

　図書館の展示は生徒にメッセージを伝え，新たな本との出会いをつくることができる。生徒の興味を引く展示としては，時事的なもの，季節感のあるもの，学校行事などその時々の話題となっているものが考えられる。たとえば，バレンタインにチョコレートと恋愛小説を展示する，文化祭の企画を立てる時期に文化祭企画本と前年度までの文化祭のパンフレットを展示する，生徒対象の講演会の講師の著作を展示する，など生徒の興味に合わせたものをタイミングよく企画する。映画やドラマ，アニメの原作本なども利用が多い。本を展示することで，書架に並んでいるだけではなかなか生徒の手に取られない本も，利用につなげることができる。また，バレンタインの展示をする際に，チョコレートの本と一緒に児童労働についての新聞記事を添えて，フェアトレードの本を展示する，日本の小説だけでなく，海外文学やノンフィクションを一緒に展示するということも可能である。その他，本を袋に入れておき，その本のキーワードを袋に書いておいて，それを手掛かりに本を選んでもらう「本の福袋」（写真11-7）や，「青い本」などのように表紙の色を手がかりにした展示など目先を変えた展示も，生徒の興味を引くことができる。

　また，読書というと，高校生は読み物を思い浮かべることが多いようである。しかし，社会人の読書はノンフィクションやエッセイ，実用書，ビジネス書や専門書など幅広いものである。さまざまな場面で行われる読書への橋渡しをするためにも，生徒のもつ多様な興味や関心に応えるためにも，幅広い本を紹介していくことを心がけている。

　授業に関連する本の展示も，生徒のさまざまな興味や関心につながる。学校には多くの教科がある。授業に関連してもっと知りたいと思った時に，関連する本を展示しておくことで生徒

写真11-6　入口から本がよく見えるようなレイアウト

写真11-7　「本の福袋」展示

の多様な知的好奇心に応えることができる。そのため,「最近の授業から」として展示コーナーをつくり(写真11-8),その時に生徒が学習している内容の資料を常に展示している。教員と情報交換をする,教科書を見せてもらうなどして本を選び,随時入れ替えている。

　数週間から1カ月程度で更新する展示のほかに,利用の多いテーマについては常設のコーナーとして,まとめて置くこともできる。高校では「進路」に関する本のコーナーを設置している学校図書館を多く見かける(写真11-9)。本校は,生徒の卒業後の進路が大学や専門学校への進学,企業や公務員への就職など多様である。進学も一般入試によるものだけではなく,AO入試や推薦入試などさまざまであるため,進路コーナーには幅広い資料を集めている。自分の生き方を考えるための資料,学問や仕事について知ることができる資料,学校の案内,面接の受け方や小論文の書き方などがある。この進路コーナーを生徒に紹介するために,「進路に関する資料ブックリスト」を作成し,毎年全員に配布している。この他にも小論文作成に向けた情報の調べ方,本の選び方をまとめた「調べ方のガイド(Library NAVIアーカイブ)〔Library NAVIアーカイブ 2017〕」を作成し希望者に配布している。調べ方のガイドは図書館内だけではなく,校内の進路情報関連の掲示板にも掲示している。進路コーナーのブックリスト等は進路指導担当や各学年担当の教員にも配布し,指導の参考にしてもらっている。そのため,進路指導の一環として,教員から生徒に図書館利用を薦めてくれることもある。進路について考えることは,自分と社会をつなげて考えることである。本や学校図書館は生徒の身近にある社会への窓である。そのため生徒の進路選択に対し,学校図書館はできることがいろいろある。進路に関する展示をする際には,仕事について読書による間接経験をすることで自分自身の生き方について考えてもらうことをねらいとして,ガイド的な本だけではなく,小説やドキュメンタリーも一緒に展示することも考えられる。

　その他に,生徒に図書館への親しみをもってもらうために,常設コーナーとして「気軽に読める本」コーナーを設置している。読書に苦手意識をもっている生徒にも,ぱっと見て「こんなのが読みたかった」と思ってもらえるように考えて,本を集めている。短編集やイラスト入

写真11-8　「最近の授業から」展示

写真11-9　進路コーナー

りのエッセイ，雑学の本などを並べている。生徒がよく知っている本も置くようにしている。このコーナーは，雑誌やマンガなどのあるブラウジングコーナーの隣にある。リラックスして手に取りやすい場所に置くことで，本を身近に感じてもらえることを意図している。

学校図書館の蔵書にない資料が読みたい場合や生徒が自分で見つけられない場合に，学校司書に要望を伝えやすくしておくことも重要である。図書館オリエンテーションなどで，読みたい資料や知りたいことが見つからない場合には学校司書が探す手伝いをすること，蔵書にない資料についても購入したり他の図書館から借用したりして提供すること，そしてそれが図書館の大切な役割であることを伝えている。また，掲示物などで「見つからない場合は司書に聞いてください」などと呼びかけたり，リクエスト用紙をわかりやすいところに置いたりするなど，リクエストやレファレンスについて明示しておくことで，生徒からの要望に応えるという図書館からのメッセージを伝えることができる。

掲示物は，学校図書館のなかだけに掲示するものばかりとは限らない。生徒が目にとめそうな場所を探し，教室や廊下の掲示板に貼ることもある。本の紹介ポスターや，学校図書館内の展示の案内などを行うことが，本や図書館を思い出してもらうきっかけにつながる。また，図書館以外にも本を展示することもできる。たとえば，養護教諭と連携し，保健室でリラックスして本を手に取る機会をつくることなども行っている。

(4) 授業や特別活動との連携

高校には図書の時間などはなく，全員が図書館に来る機会は少ない。授業で図書館を使う機会があると生徒全体を対象とした活動を行うことができる。読書習慣が定着していない生徒に読書のスキルを伝え，スキルを活用する機会となる。また，読書習慣がある生徒にも，各自の読書の幅を広げ，普段読まないジャンルに挑戦し，読み方を深めるきっかけとなりうる。

授業で読書のスキルを身につける手法や，読書を広げる手法にはさまざまなものがある。学校司書がそのような手法を知っておくことで，授業と連携して読書活動を推進することができる。たとえば，役割を分担してグループで交流しながら本について話し合う「リテラチャーサークル」，楽しみながら読書の楽しさを伝え読む力を引き出す「アニマシオン」，本の下読みの方法を知る「点検読書」などさまざまなものを実施している。授業で読書を広げる手法としては，ブックトークやビブリオバトル，味見読書，POP作成などがある。読書に関する活動は国語の授業が多いが，世界史の授業で世界史の本を読む時間をつくるなど他の教科で行うこともある。他には家庭科の保育分野の学習として，絵本の読み聞かせの実習を行うこともある。ねらいや目的など，授業担当者とよく打ち合わせをして実施することが大切である。

ある年に，高校2年生に小説以外の本，とくに新書を読ませたいという国語科教員の要望があった。ねらいとしては評論文を読み慣れてほしいということ，また大学受験の小論文の準備

ということであった。学校司書も生徒に進路に関連した読書，そして小説以外の読書を知ってほしいと考えていた。そこで「先生のための授業に役立つ学校図書館活用データベース」〔東京学芸大学，2017〕を参考にし，新書の点検読書の授業を学校司書が提案した。準備として読みやすい新書を「医療看護系」「経済・経営」などのように進路分野ごとに数冊選んで「読みやすい新書リスト」を作成し，本を展示した。また，所蔵している新書をブックトラックにまとめ，生徒が探しやすいようにしておいた。授業の流れは以下の通りである。まず国語科の教員が生徒に新書を読む意義について話をした。次に学校司書が新書の特徴，小説以外の本の読み方，選び方を説明した。この際に目次や索引，著者紹介の利用，奥付の見方なども説明する。その後，一人1冊新書を選び，目次や索引，前書きや後書きなどを確認してワークシートに記入し，点検読書を行った。これは読む本を選択する前に行う下読みの技法として，M. J. アドラー，C. V. ドーレン『本を読む本』〔講談社，1997〕に紹介されている。このように読書習慣のある人が無意識に行っている本を読む技法を紹介し，体験してもらうことで読書習慣のない生徒も本を選ぶことができるようになる。

　この点検読書の授業中で本を選ぶ時間に，普段本をあまり読まない生徒がなかなか選べていなかったので声をかけた。スポーツ系の進路を考えているということで，スポーツに関する読みやすい新書をいくつか紹介した。授業後，「この機会に読まないときっともう読まないから」といって新書を1冊借りていった。「でもこんなに読み切れるかな」と不安そうにしていたので，「まずは目次を見て気になるところを1章だけ読んでみるといいよ。全部読まなくてもいいから」と声をかけた。司書が1章を選んで，始めと終わりに付箋をつけて貸し出ししたこともあった。生徒の様子を見て，本を手渡すだけではなく，励ましたり，うまく読めるようにヒントを教えたりするのも学校司書にできることである。普段はあまり利用の多くない新書ではあるが，この授業をきっかけに多数の貸出があった。さらにこの授業の後にも，進路選択の際や入試の小論文の準備の際に，また，普段の読書としてなどさまざまな機会に「新書を読もう」と生徒が利用してくれた。

　ブックトークは，テーマに関連して数冊の本を紹介していく方法である。学校司書が行う場合の他に，生徒が行うこともある。ブックトークのテーマは，国語で宮沢賢治を学習した後に「宮沢賢治の世界」というように学習に関連させたもの，保健で人の体に関する調べ学習をする前に「人の体」というように調べ学習へのきっかけとなるもの，季節や興味を引くテーマで読書の世界を広げるものなどが設定できる。たとえば，1年生を対象に，夏季休業中の読書課題に向けてブックトークを行った。50冊の課題図書のなかから，各自が1冊を選んで読み，感想などを書くという課題であった。読書に苦手意識があり，本を選ぶことがむずかしい生徒もいることを想定し，課題図書のなかから比較的読みやすいものを5冊選んでブックトークを行った。「夏」をテーマに国語の授業のなかで10分程度実施した。さまざまな興味に対応でき

るよう，ノンフィクションやミステリー，青春小説，いわゆる名作と異なるジャンルから本を選んだ。冒頭部分のあらすじを紹介したり，印象的なせりふを読みあげたり，疑問をなげかけて答えてもらうなど生徒とコミュニケーションを取りながら行うと，本への興味を引き出すことができる。また学校司書がブックトークを行うことで，学校司書は生徒に「本を紹介してくれる人」「本を読むのを助けてくれる人」であると認知されるという効果もある。ブックトーク実施後には他の場面でも生徒によるレファレンスが増加した。

　日ごろあまり読まないジャンルの本に読書の幅を広げていく活動として，短時間で少しずつ多くの本を実際に読んでみる「味見読書」〔熊倉峰広，2003〕もある。前述の夏季休業中の読書課題に向けた学校司書によるブックトークの後に，味見読書を実施した。授業の流れは，課題図書となっている50冊をクラスの生徒数より多く用意しておき，4人がけのテーブルにランダムに4冊以上ずつを配布しておく。時間を計り，生徒は1冊を3分読み，ワークシートに書名と読んでみたいかどうかの評価，短いコメントを書く。これを3セット行った。味見，というくらいの短い時間であるが，実際に読む時間を確保することで中身を知り，いろいろな本に出会うことができる。少しでも一度は読むことで，読書課題に取り組むハードルを下げることができる。後日国語科教員から，課題の提出率がよく，よく取り組んでいたと聞かされた。年度末に実施した，図書館利用者アンケートにも，「最近読んで面白かった本」のなかに，この課題図書のなかから何冊も本が登場し，興味深く読んでくれたことを感じた。

　その他，全校生徒が同一時刻に一定の時間だけ読書する活動がある。1日の時程に読書の時間が組みこまれたものとして，たとえば「朝の読書」などがある。「朝の読書」は高校では小中学校よりも実施率は低いが，約4割の学校で実施されている〔朝の読書推進協議会，2017〕。以前の勤務校では「朝の読書」が実施されていたため，読む本を選ぶための支援を行っていた。読書習慣のない高校生には，読む時間だけを確保してもなかなか読書が定着していかない。本を選ぶことを支援することや，「読み方」を学ぶ機会をつくることも同時に必要である。本をうまく選べない生徒に向けた読みやすい本のリストの作成，本を忘れてくる生徒や自分で用意できない生徒に向けた学級文庫の用意，そして教員に向けた「朝の読書」についての情報提供などを行った。

　読み物を読むだけが読書ではない。調べ学習や探究的な学習で文献を読むことなども読書である（写真11-10）。さまざまな読書の体験が，調べ学習や探究的な学習で自ら学び考える際に，文献を読み解く力の基礎となる。また，英語多読など他の言語で読むことへの支援も，読書への支援につながる。そのため，英語科の教員と連携して，英語多読のための本を整備している。

(5) 生徒同士で触発する

　高校生は，大人からのすすめよりも，友達同士で本を薦め合うほうが効果的である。生徒同

写真11−10　図書館で行われた調べ学習　　　写真11−11　図書委員によるテーマ展示

士で触発し，読書をしようという雰囲気をつくることができる。

　多くの学校で生徒会組織や部活動としての図書委員会がある。本校の図書委員会の活動目的は「生徒のみなさんが図書館を使いやすい環境をつくり，本をたくさん読みたくなるような自主的活動を行う」ことである。自分たちで図書館をつくっていけるように，活動を考えてほしいと呼びかけている。図書委員会では，日常的活動である昼休みと放課後のカウンター当番の他に，本のテーマ展示（写真11−11），広報誌の発行，イベントの開催などを行っている。生徒が活動することで，多くの生徒に親しみを感じてもらえる。また，利用の増加が期待できるだけではなく，委員の生徒にとっても紹介する本を読み返し，読書を振り返ることで，自らの読書を深める機会ともなる。

　展示活動としては，図書館にある本の紹介のポスターを書き，生徒昇降口に掲示している。ポスターで紹介した本は，図書館でコーナーをつくって展示している。また，月替わりでテーマ展示を行ったこともある。「睡眠」「タイムスリップ」などグループでテーマを考え本を集め，本の紹介POPを作成した。生徒が紹介した本は利用が多い。図書委員も自分で紹介した本が借りられているか気にして見に来て，借りられた時はうれしそうにしていた。毎年秋には読書週間に向けて，イベントを企画している。ある年には図書館を使いやすいように生徒目線での図書館大改造，また，別の年には図書館から飛び出して生徒ホールでの出張図書館を実施した。

　図書委員会ではビブリオバトルも実施している（写真11−12）。ビブリオバトルはゲーム形式で本を紹介し合い，「一番読みたいと思った本」に投票してチャンプ本を決めるというものである。クラスから一人ずつ代表を出してもらい，4〜5人のグループに分かれてビブリオバトルを行った。各グループでチャンプ本を紹介した生徒で決勝戦を行い，校内のチャンプ本を選んだ。生徒の言葉で本が紹介されるため，他の生徒も興味をもちやすい。また，他の人に紹介するために読み直したり，内容をいろいろな角度から考えたりすることになり，本を深く読む機会となる。

　図書委員会では，本の感想などを話し合う読書会を実施することもある。読書会はあらかじ

め課題図書を決めて読んでくるタイプ，おすすめの本をもち寄るタイプ，その場で読むタイプといくつか形式がある。ある年の企画では，課題図書を決めて読み，「どの登場人物になりたいか」など簡単なワークシートの質問に答えてくる形式で行い，最後に各グループの話し合いの内容を全体で共有した。近隣の高校の図書委員会との合同で，交流会として実施した。どちらの学校からも数人ずつとなるようにグループ分けを行い，作品について話し合いながら交流を図った。ほとんどが初対面ではあったものの，同じ本について話し合うことで会話がはずんだ。生徒が書いた感想をみると，「他の人の読み方が自分と違うことを発見した」「本について他の人と話し合う機会が他にないので面白かった」などがあげられていた。

図書委員会の活動以外にも，生徒同士で感想について交流し，読書を可視化するイベントやしかけをつくることもできる。本校では秋の読書週間に「読書マラソン」を実施している。これは大学生協での取り組み〔全国大学生活協同組合連合会，2017〕を参考に企画した。生徒が本を読み，コメントカードにタイトルや著者名，本についての簡単なコメントを書く（写真11－13）。一枚一枚コメントカードを書くたびにスタンプカードにスタンプがたまり，スタンプが集まればちょっとした景品がもらえるというものである。生徒が書いたコメントカードは，図書館で本と一緒に掲示する。コメントカードには本名ではなく，ペンネームを書いてもらっている。展示されているのは生徒の誰かが読んだ本であり，コメントもある。文字を通してではあるが，生徒同士が読書を共有するしかけとなっている。コメントカードがたくさん貼りだされていくと，他の生徒がいろいろな本を読んでいることが可視化され，「自分も読めるかも」「これを読んでみたい」と触発される。

写真11－12　図書委員会主催の校内ビブリオバトル

写真11－13　読書マラソンのコメントカードと本を展示

(6) 個を支援する

読書は各自の考え方が反映されるプライベートな活動でもある。また，高校生では読書に対する興味と読む力の個人差が大きい。学校司書は生徒一人ひとりとコミュニケーションを取りながら，継続的なかかわりから本を薦める場面が多い。すなわち，レファレンスや読書相談と

いうものである。知りたい，読みたいと思ったタイミングに合わせて，資料を提供できるように心がけている。思春期である高校生に，学校司書に相談してみようと思ってもらうには，日ごろからの人間関係の構築や情報発信がベースとなっている。

　学校司書の受けるレファレンスや読書相談でよくあるのが「何か面白い本はありませんか」という質問ではないかと思う。読書傾向がわからない生徒の場合は，対面によるレファレンス・インタビューが大切である。課題など何か目的があるのかどうか，これまでに面白かった本，好きなジャンルなどいくつか質問してから，薦める本を考える。生徒に選んでもらえるように難易度やジャンル，海外作品と日本の作品，フィクションとノンフィクションなど傾向の異なるものを3冊程度紹介するようにしている。生徒からの質問に対応できるように，日ごろからいろいろな本を読むこと，蔵書を知っておくこと，学校の様子を知っておくこと，課題などについて教員から情報収集しておくことを行っている。進路関連や課題などについては，あらかじめブックリストや調べ方のガイドであるパスファインダーを作成しておくと的確な本を薦めやすい。生徒の読書能力に合わせて，少し読みやすい本から歯ごたえのある本まで幅広く選書しておくようにしている。読書への苦手意識がある生徒には「自分も読めた」と自信をつけてもらえるような本を紹介する。また，普段読んでいるジャンル以外に挑戦しようと考えている生徒には「こんな本も面白いんだ」と知ってもらえるような本を紹介できるように，日頃からさまざまな本に触れて，本と生徒を結びつける手法の引き出しをつくっておくことを心がけている。

　さらに，読書が苦手な生徒と接していると，読むことに困難を抱えている生徒に出会うことがある。学校図書館に読書補助具を用意しておき，試してもらえるようにしている。リーディングトラッカーは読みたい行を集中して読めるように，周りの行を隠せるようになっている読書補助具である。さまざまな理由で本が読みづらい生徒を助けることができる可能性のひとつである。その他に読書を助ける道具としては，大きな文字の本，点字の本，音声読みあげ機能や画像，ハイライト機能のある電子書籍（DAISY，マルチメディアDAISY），ピクトグラムなどで文章理解を助けるLLブックなどがある。高校でこのような読書補助具，バリアフリー資料を用意しておく意味は，読むことに困難を抱えている生徒を助けるということに加えて，生徒がこれから出会うであろう支援が必要な人のためにこういう道具や資料があることを知っておいてもらえるということでもある。実際に読書補助具やバリアフリー資料の展示を行った（写真11-14）。

写真11-14　読書補助具，バリアフリー資料の展示

家庭科の教員と連携し，保育や幼児教育分野への進学を考えている「子どもの発達と保育」科目の履修者に，点字つきの絵本やマルチメディアDAISYの絵本を紹介することもできる。

(7) 継続的なかかわりから

　読書習慣はすぐにできるものではない。生徒が何かを読みたいと思ったときに，学校図書館と学校司書を利用しようと考えてもらうには，学校図書館を利用しやすく，学校司書に話しかけやすくしておくことが肝要である。生徒の信頼を得ることや，学校の様子を知ること，及び，学校にあった蔵書を構築することには時間がかかる。学校司書や学校図書館の担当者だけではなく，校内全体の理解と協力が得られるような働きかけをしていくことも求められる。学校図書館は特定の教科，学年だけのものではなく，横断的，長期的な視点で生徒の読書を見通して支援することができる。生徒に継続的にかかわることで，生徒からの「何か面白い本ない？」の問い合わせに応えられるようにと考えている。

〔東京都立小川高等学校司書　千田　つばさ〕

3　つながる学校図書館
―日常的なサービスを支える人・情報・物流のネットワーク―

(1) はじめに

　たいていの公立高校では，学校司書は校内でたった一人である。学校司書同士の横のつながりがなければ孤軍奮闘せざるをえない。新採用当時の自分を振り返ると，前任者はすでに別の学校に異動していて，引き継ぎこそあったものの，わからないことを即座に聞ける状態にはない。もちろん，校内に学校図書館の仕事について教えてくれる人はいない。そのようななかで，スタートを切り，自校の図書館運営を軌道に乗せることができたのは，先輩学校司書たちの手厚い支援があったからこそである。

　公的な研修や私的な勉強会に参加して，先輩が築きあげた実用的なノウハウを惜しみなく伝授され，現場に戻って見よう見まねで自校の生徒や教職員に学校図書館サービスを提供する。そのうち，勝手がわかってきて，自分の頭で考え，目で見て，手足を動かせるようになる。そのようにして経験を積み，ここまでやってくることができたのである。私にとっての学校図書館運営は，仲間たちと助け合い，成功も失敗も共有しながら進めてきたものであり，人と人とのつながりや，情報を共有できるネットワークのありがたさを実感している。本節では，日々の学校図書館での実践と，それを支える学校図書館の人・情報・物流のネットワークについて述べる[1]。

(2) ネットワークの概要

　学校図書館における利用者への資料提供は，自校の蔵書をもって行うのが基本である。しかし，蔵書数2万冊程度，年間予算200万円規模の学校図書館の場合，すべての要求に自校の蔵書だけで応えるのはむずかしい。そのようなとき，他の図書館と連携することで足りない資料や情報を補うことができる。

　神奈川県立高校では，主に2つの図書館ネットワークを利用することができる。ひとつは「県立の図書館と県立高等学校等による連携・協力事業」[2]（以下「連携事業」とする）によるネットワーク，もうひとつは神奈川県学校図書館員研究会[3]（以下「研究会」とする）が構築した学校間ネットワークである。まずは，この2つのネットワークについて紹介する。

　「連携事業」は，2003年にモデル事業としてスタートし，2006年に本格実施となった。神奈川県立図書館が運営するポータルサイト「神奈川県内高等学校図書館相互貸借管理システム」内に設けられた総合目録や電子掲示板が利用できるほか，各種の研修なども行われている。

　総合目録は，インターネット上で県立図書館の蔵書と各県立高校の蔵書が一括で検索でき，相互貸借の申し込みから返却までの情報管理を画面上で行えるものである。実際に資料をやりとりするための物流手段には「逓送」と呼ばれる神奈川県庁内の配送システムを使い，送料をかけずに資料の受け渡しができる。

　電子掲示板では，県立図書館へのレファレンス依頼ができる。レファレンスはメールやFAX，電話などでも受け付けているが，掲示板だと質問から回答までのやりとりを他校も見られるため，県立図書館からの情報提供だけでなく，他の学校司書から参考となる情報が得られることもある。また，自校以外の事例に目を通すことで学ぶことも多く，レファレンスや選書のスキルアップに役立つ。

　「研究会」のネットワーク「kastanet」は，神奈川県の教育委員会ネットワーク内に設けられた会員専用の電子掲示板で，相互貸借のための「蔵書照会システム」と「情報交換掲示板」の2種類がある。いずれも，インターネット上で専用のIDとパスワードを入力してアクセスし，閲覧や投稿ができる。

　蔵書照会システムは，借用したい資料のタイトルやテーマなどを書き込むと，該当する資料や情報を提供できる学校が返信し，相互貸借が成立するという仕組みになっている。「連携事業」による総合目録では「この学校が所蔵しているこの資料」に1対1で依頼をかけるのに対し，「研究会」による蔵書照会システムでは多くの学校に一斉に依頼内容を発信できるため，一度にたくさんの資料を集めたいときに役立つ。しかも，各校の司書が実際に自校の蔵書にあたってその目で選んだ資料を提供してくれるため，高校生にも読みやすく調べやすい資料に絞って揃えることができ，自分一人では思いつかなかったような幅広い視点から資料を紹介してもらうことが可能である。また，所蔵していても他校に貸し出せない可能性のある資料，た

とえば人気のあるライトノベルのシリーズやコミックなどを借用したい場合は、総合目録で1件ずつあたるより、貸出可能な学校が名乗りをあげてくれる蔵書照会システムの方が効率よく資料を確保できる。

　もうひとつの情報交換掲示板は、相互貸借を伴わないレファレンスなどに使うことができ、困ったときや行き詰まったときなどの情報収集に役立っている。

　これらの仕組みを駆使することで、小規模な学校図書館であっても、より早く、より多く、より的確な資料提供を行うことができる。次項からは、ネットワークの具体的な活用例を紹介する。

(3) 資料提供を支えるネットワーク

　利用者の「読みたい・知りたい」気持ちに応えるのが図書館の使命である。日常的に寄せられるリクエストのなかで、ネットワークに助けられた事例をいくつか紹介する。

【帝都物語：2017年1月】

　京極夏彦『虚実妖怪百物語』序・破・急〔KADOKAWA, 2016〕を読了した生徒が荒俣宏『帝都物語』シリーズ〔角川書店, 1985～〕をリクエストしてきた。両作品には共通のキャラクターが登場するため、オリジナルを読みたくなるのは自然な流れである。しかし、かつて映画化もされて話題になった作品とはいえ、初版から30年以上が経ったシリーズを、これから購入して提供するのはむずかしいと判断した。そこで総合目録を検索したところ県立図書館で所蔵していることがわかり、借用して提供することができた。

【ラッパーの書いた本：2017年1月】

　日本のヒップホップ・ミュージシャンの本を読みたい、というリクエストがあった。具体的にどのアーティストの本、という指定はなく、誰のものでもよいという。所蔵している作品は、すでに読んだことがあるそうなので、新たに入手することにした。ネット書店などで検索していくつかのタイトルをリストアップして提示したところ、読みたいものを選んでくれた。ただし、予算的にすべてを購入することはむずかしかったため、数冊を購入し、残りは総合目録を検索して県立図書館から1冊、2校から4冊を借用し、提供することができた。

・所蔵していた本
　漢 a.k.a.GAMI（2015）『ヒップホップ・ドリーム』河出書房新社
・購入した本
　巻紗葉編（2013）『街のものがたり　新世代ラッパーたちの証言』Pヴァイン
　KREVA（2011）『KREAM　ルールなき世界のルールブック』幻冬舎

・借用した本
　　都築響一（2013）『ヒップホップの詩人たち』新潮社
　　長谷川町蔵（2011）『文化系のためのヒップホップ入門』アルテスパブリッシング
　　サイプレス上野（2011）『LEGEND オブ日本語ラップ伝説』リットーミュージック
　　猪又学（2010）『ラップのことば』ブルース・インターアクションズ
　　DABO（2009）『札と月』トランスワールドジャパン
・品切入手不可，他校でも所蔵がなく，提供できなかった本
　　ZEEBRA（2008）『ZEEBRA 自伝　HIP HOP LOVE』ぴあ

【しかけ絵本：2015 年 11 月】

　ページを開くと絵が動いたり飛び出したりするしかけ絵本は，高校生にも大人気である。1冊ごとが高額なので，それほど多く揃えることはできないが，所蔵している数冊は，よく手に取られている。あるとき「ここにあるのは全部見ちゃった。もっと他のが見たい」というリクエストを受けた。他校に助けを求めることにし，「壊れやすい本だが取扱いには十分配慮するので貸してほしい」とコメントをつけて蔵書照会システムに投稿したところ，7校から14冊を提供してもらえることになった。届いたしかけ絵本を並べると壮観である。せっかくなので，ブックトラックにのせて期間限定のミニコーナーをつくった。リクエストした生徒も感激していたが，他の生徒にも楽しんでもらうことができた。

・所蔵していた本
　　ジェニファー・プレストン・シュシュコフほか（2012）『雪の結晶』グラフィック社
　　蒼井優（2010）『うそっ。』パルコエンタテインメント
　　エリック・カール（2009）『はらぺこあおむし　ポップアップ』偕成社
　　ロバート・サブダ（2007）『冬ものがたり』大日本絵画
　　ロバート・サブダ（2004）『不思議の国のアリス』大日本絵画
・借用した本
　　ジャイルズ・スパロー（2011）『コズミック！宇宙への旅』大日本絵画
　　マシュー・ラインハート，ロバート・サブダ（2011）『ドラゴンとモンスター　エンサイクロペディア神話の世界』大日本絵画
　　エッシャー，マッカーシー（2011）『エッシャー　ポップアップで味わう不思議な世界』大日本絵画
　　ロアルド・ダール，クェンティン・ブレイク（2011）『チョコレート工場のひみつ　ポップアップ』大日本絵画
　　毛利フジオ（2010）『ぼくらが東京タワーに憧れたころ―甦る昭和30年代の暮らし総天然

色ワイドスコープ　飛び出す・聞こえるパノラマ・ブック』岩崎書店
　サンテグジュペリ，池澤夏樹訳（2009）『星の王子さま』岩崎書店
　池田あきこ（2009）『ダヤンのたんじょうび　ポップアップ絵本』ほるぷ出版
　ジェン・グリーン（2009）『海洋探検―海岸の潮だまりから水深 6000m の深海へ』大日本
　　絵画
　デビッド・A. カーター（2007）『くろまるちゃん』大日本絵画
　マシュー・ラインハート（2007）『スター・ウォーズ　ポップアップ銀河ガイド』大日本絵画
　デビッド・A. カーター（2006）『あお 2 ちゃん』大日本絵画
　デビッド・ホーコック（2006）『びっくり飛び出すミイラの絵本』創元社
　L. フランク・バウム，ロバート・サブダ（2005）『オズの魔法使い』大日本絵画
　ロバート・サブダ，クレメント・ムーア（2003）『ナイト・ビフォー・クリスマス』大日本
　　絵画

【男子高校生の制服図鑑：2016 年 2 月】
　男子高校生の制服をいろいろ見比べたい，というリクエストを受けた。イラストではなく写真が希望とのことであった。フィクションのなかの制服ではなく，実在の学校の制服がよいとのことであった。青山裕企『青春ボーイズ・ライフ　男子高校生写真集』〔一迅社，2016〕を提供したが，他にも何かないかと考え情報交換掲示板に投稿したところ，いくつかの情報が集まった。書籍の他にネット上で制服の画像が一覧できるサイトも紹介してもらい，生徒に情報を提供することができた。
・紹介された本
　小野啓（2013）『NEW TEXT』赤々舎
　『首都圏高校受験案内』晶文社，『高校受験案内』旺文社（いずれも毎年発売されている）

（4）レファレンスを支えるネットワーク

　利用者からのレファレンスに対して，自校だけでは解決できない場合にネットワークが力になってくれる。内容的には資料提供の項とも重なるが，いくつかの具体例を紹介する。なお「研究会」では，団体として「レファレンス協同データベース」[4]に参加し，レファレンス事例やブックリストを蓄積・公開している。

【ドクターヘリ：2016 年 12 月】
　3 年生の選択授業「現代医療」で，自分たちの興味のある話題について調べレジュメを作成し 15 分程度の「ミニ授業」を行う，という課題が出された。20 人ほどが図書館で調べ物をす

るなかで,「ドクターヘリについて詳しく知りたい」という生徒がいた。所蔵している資料では足りず,次の授業までに探しておくことを約束した。ネット検索で関連しそうな資料をリストアップしたが,短期間で提供する必要があり,通常の購入ルートでは間に合わない。そこで,総合目録を使い県立図書館から2冊,3校から3冊を借用することができた。

・所蔵していた本

　小林國男（2011）『好きになる救急医学　病院前から始まる救急医療』第2版，講談社

　阿施光南（2006）『パイロットになるには』ぺりかん社

・購入した本

　こどもくらぶ編（2013）『なりたい！知りたい！調べたい！人命救助のプロ　4　ドクターヘリのレスキュー隊』岩崎書店

　岩貞るみこ（2008）『命をつなげ！ドクターヘリ　日本医科大学千葉北総病院より』講談社

・借用した本

　日本航空医療学会監修（2015）『ドクターヘリハンドブック』へるす出版

　今明秀（2014）『青森ドクターヘリ劇的救命日記』毎日新聞社

　Ｊレスキュー特別編集（2013）『日本のレスキューヘリ　救急・救助に活躍する日本のヘリコプター情報源』イカロス出版

　西川渉（2009）『ドクターヘリ　飛ぶ救命救急室』時事通信出版局

　日本航空医療学会監修（2007）『ドクターヘリ導入と運用のガイドブック』メディカルサイエンス社

【食卓の絵：2015年6月】

　家庭科の教員から,「子どもが食卓や食事を描いた絵がたくさん載っている本を探している」という問い合わせを受けた。以前読んだ記憶があるが,タイトルは覚えていないとのことであった。非行少年の絵は暗く孤独な感じであったことが印象に残っているという。ネットで検索するといくつかの論文がヒットし,参考文献のなかにそれらしい資料が見つかった。総合目録で検索したところ,県立図書館と他校図書館で所蔵していることがわかり,借用して提供することができた。

・借用した本

　室田洋子編（2004）『こっち向いてよ　食卓の絵が伝える子供の心』幸書房

　足立己幸ほか（2000）『知っていますか子どもたちの食卓　食生活からからだと心がみえる』日本放送出版協会

【人物相関図：2015年1月】

　国語の教員から「人物相関図の書き方の参考になる資料はないか」という問い合わせを受けた。夏目漱石『こころ』の単元で，生徒に人物相関図を書かせる際，見本となるものを提示したいとのことであった。所蔵資料をあたった結果，香日ゆら『先生と僕』（メディアファクトリー，2010～）に載っているものが要望にもっとも近く，他のいくつかの資料と一緒に提供した。その直後に，他校でもまったく同じ質問を受け，同じようなプロセスを経て同じ資料を紹介していたことが判明した[5]。レファレンスは同時多発的に起こりうる。どのようにささやかな事例であっても，内容を記録して蓄積し共有しておくことは有効であり，後で役に立つ可能性があることを実感した。

(5) 授業を支えるネットワーク

　授業で使う資料を提供することは，学校図書館の大切な役割のひとつである。ネットワークに助けられて，充分な資料を提供できた事例を紹介する。

【さらば，悲しみの性：2012年4月】

　異動してきたばかりの家庭科教員から，河野美代子『さらば，悲しみの性　高校生の性を考える』〔新版，集英社，1999〕をクラス全員に読ませたいので40冊用意できないかと相談があった。1冊は所蔵していたものの，図書館として複本を40冊購入することはむずかしいと判断し，借用して対応することにした。蔵書照会システムに投稿したところ，5校から40冊を借用することができ，箱に入れてまとめて貸し出した。担当教員には，今後も同様の授業を行うのであれば教科として1セット購入してはどうかと提案し，予算を確保してもらったため，次年度以降は教科で用意した資料で対応できるようになった。

【百人一首：2014年1月】

　1年生の国語総合で，百人一首の和歌についてグループごとに一首を調べ，レジュメを作成して発表する，という授業を行った。担当教員から事前に連絡を受けていたので資料はそれなりに揃えてあったが，一首ごとに歌の意味や背景などを詳しく解説してある資料をもう少し補充したいと考え，蔵書照会システムに投稿し，6校から15冊を借用した。豊富な資料の後押しもあってか，生徒はとても熱心に取り組んで，教員・司書ともに手応えのある授業となった。授業の概要や提供した資料のリストは「先生のための授業に役立つ学校図書館活用データベース」[6]に掲載されている。

【七十二候：2015年4月】

　2年生の古典で，自分が生まれたのはどのような季節か想像し，オリジナル七十二候をつくる，という授業を行った。現代と古典文学の季節感を比較するのが目的で，図書館では季節のイメージがふくらむようなビジュアルな資料や，歳時記などを揃えた。また，七十二候をひとつずつ解説してある資料をグループに数冊ずつ用意するため，自校でも購入するとともに，蔵書照会システムに投稿し，10校から11冊を借用した。「それぞれの候がどのような季節なのかがわかる資料」という視点で各校の司書が選んでくれた資料は，とても役立ち，自校で購入する際の参考にもなった。

・購入した本

　　白井明大（2015）『七十二候の見つけかた　旧暦と自然によりそう暮らし』飛鳥新社
　　山下景子（2014）『七十二候と日本のしきたり』洋泉社
　　石田郷子（2014）『季節と出合う俳句七十二候』NHK出版
　　学研辞典編集部編（2012）『写真でわかる季節のことば辞典』全4巻，学研教育出版

・借用した本

　　高月美樹・瀬戸口しおり（2015）『にっぽんの七十二候』枻出版社
　　大田垣晴子（2013）『季節七十二で候。』メディアファクトリー
　　島崎晋（2013）『日本の四季と暦』学研パブリッシング
　　白井明大（2012）『日本の七十二候を楽しむ』東邦出版
　　平野恵理子（2009）『今日から暦暮らし』山と渓谷社
　　Think the Earth プロジェクト編（2009）『えこよみ　3』Think the Earth プロジェクト
　　小林弦彦（2002）『旧暦はくらしの羅針盤』日本放送出版協会
　　暦の会編（1986）『暦の百科事典』新人物往来社

【植物の図鑑：2016年10月】

　3年選択の幼児教育研究で，「秋を探す」をテーマに学校の敷地内のフィールドワークを行う際，植物図鑑を使いたい，という要望があった。どんぐりや紅葉など，見つけた植物を調べるのに役立ちそうな図鑑で，なるべくコンパクトなものをひとり1冊もたせたい，とのことであった。翌週の授業で使いたいという急ぎのリクエストであった。自校の蔵書から使えそうなものをピックアップし，新たに数冊を購入するとともに，蔵書照会システムに投稿して5校から13冊を借用した。植物図鑑のなかでも，木の実や紅葉に特化した資料を提供してもらうことができた。

・借用した本

　　近田文弘（2014）『見ながら学習調べてなっとく　ずかん　たね』技術評論社

長谷川哲雄（2011）『野の花さんぽ図鑑―木の実と紅葉』築地書館

林将之（2008）『紅葉ハンドブック』文一総合出版

多田多恵子（2008）『身近な植物に発見！　種子（タネ）たちの知恵』日本放送出版協会

岩藤しおい・岩槻秀明（2008）『どんぐりハンドブック―観察・工作・遊び』いかだ社

石井桃子（2006）『都会の木の実・草の実図鑑』八坂書房

林将之（2004）『葉で見分ける樹木』小学館

伊藤ふくお（2001）『どんぐりの図鑑』トンボ出版

いわさゆうこほか（1995）『どんぐりノート』文化出版局

岩瀬徹・川名興（1991）『校庭の樹木』全国農村教育協会

本項で紹介した事例は、いずれもそのときが「初めての試み」であったものである。それまでに授業で扱ったことがないテーマの資料は、品揃えが薄く、冊数はあっても更新されておらず古い資料しかないなど、とっさに充分な資料を提供することができず、ネットワークのお世話になることが多い。一方、毎年実施される定番の授業で使う資料、たとえば保健で扱う環境問題に関する本や、

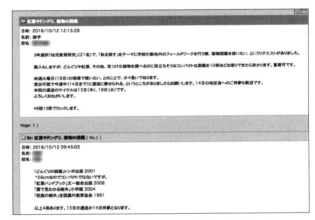

図11-2　蔵書照会システムの実際の画面の一部

修学旅行で訪れる沖縄に関する本は、意識して買い揃えたり更新したりするため、質量ともに年々充実して、他館から借用しなくても充分対応できるようになる。授業で学校図書館が利用されればされるほど、そのジャンルの蔵書は磨きあげられ、より豊かに、より「使える」ものになっていく。

(6) 学校司書のチーム力

神奈川県立高校の学校司書には、配置から60年以上の歴史がある。一部の学校に私費雇用で勤務していた時代に始まり、公費雇用が実現し、現在では司書資格をもつ県の行政職員として全校に一名ずつ配置されている。学校司書一人ひとりが、よりよい学校図書館サービスの提供を目指し、専門職としての資質を高めるべく励んできたのはもちろん、研究会の活動などを通じて、専任・専門・正規の職員集団として力を合わせて県内の高校図書館の充実発展に尽くしてきた。これまでに紹介した人・情報・物流のネットワークは、その成果のひとつである。

便利で役立つ仕組みが最初からあったわけではない。他の自治体の先行事例に学び，自分たちにもこんなネットワークがほしい，という理想像を思い描き，さまざまな機会をとらえて実現に向けた努力を重ねた結果，県立図書館や県教育委員会の協力も得て，形にすることができたのである。このネットワークが構築されたことによって，神奈川の高校図書館・高校司書のチーム力はますます高まったように感じられる。普段は学校で一人で仕事をしていても，インターネット回線を介して仲間とつながっていて，いざというときは誰かが助けてくれる，と感じられるのは，とても心強いものである。

(7) ネットワークの使い方

　ネットワークを活用すると，より早く，より多く，より的確な資料提供を行うことができる。他館から借りれば手軽に短期間で必要な資料が手元に届くし，購入しなくて済めば，浮いた分を他の資料費に充てることができる。図書館業務が軽減され，司書の仕事もかなり楽になるというのは確かである。しかし，だからといって何もかもネットワーク頼りになってしまっては，本末転倒である。

　ネットワークは利用者によりよいサービスを提供するための手段のひとつに過ぎない。まずは，それぞれの学校図書館が，自校の教育活動に必要なだけの蔵書を備え，自立したひとつの図書館として運営されていることが前提である。自校でできる限りの努力をしたうえで，それでも足りない資料や情報をネットワークで補う，というのが図書館協力の基本的な考え方である。

　また，ネットワークを使うにあたっては，ギブアンドテイク，「困った時はお互い様」という相互扶助の精神を忘れずにいることが大切である。他校から一方的に借りるだけ，教えてもらうだけではなく，自校からも可能な範囲で資料や情報を提供し，ネットワークの一員として積極的にかかわろうとする姿勢が，ネットワークを維持し，より頼もしい存在へと育てていくのである。

(8) まとめ

　学校図書館にとって，学校司書の存在とネットワークの構築は車の両輪であり，どちらか片方ではなく，共に整備していくべきものである。ネットワークを機能させるためには，個々の学校図書館において窓口となる「人」の存在が欠かせない。ネットワークは，「人」の不在を補うためのものではなく，学校図書館で働く「人」を支えるためのものである。蔵書が電算化され蔵書管理システムがオンラインでつながっていればよいというものではなく，常駐する学校司書がネットワークを駆使してこそ，その真価が発揮される。

　また，各校に学校司書が配置されたとして，それぞれがバラバラであっては，その力を充分

に発揮することはむずかしい。お互いが顔の見える関係となり，何かあれば気軽に情報を交換できる，他館の蔵書を手軽に短期間かつ無償で取り寄せられる，そういった環境を整えることによって，学校司書はその役割を存分に果たし，学校図書館としてよりよいサービスを利用者に提供することができる。学校司書の配置と図書館ネットワークの構築が各地で広がり，「あって当然」のインフラとなることが望まれる。

〔神奈川県立磯子高等学校司書，前 神奈川県立横浜南陵高等学校司書　田子　環〕

注

(1) 筆者は2017年4月より神奈川県立磯子高等学校勤務となった。本節で紹介する事例は前任校(神奈川県立横浜南陵高等学校)のものである。
(2) 連携事業の経緯と概要については，次の論文にまとめられている。
　小松晶子「県立の図書館と県立高等学校による連携協力事業―神奈川県内高等学校図書館相互貸借システムを中心として」『神奈川県立図書館紀要』第10号，2013，pp.3－26
　https://www.klnet.pref.kanagawa.jp/information/pdf/kiyou010/kiyou010_01.pdf（2017年5月7日参照）
(3) すべての県立高校と一部の市立・私立高校が参加する研究団体。
　http://www.kastanet.pen-kanagawa.ed.jp/（2017年5月7日参照）
(4) レファレンス協同データベース　https://crd.ndl.go.jp/reference/（2017年5月7日参照）
(5) 「人物相関図の描き方，例を示したい」
　http://crd.ndl.go.jp/reference/detail?page=ref_view&id=1000167121（2017年5月7日参照）
(6) 「先生のための授業に役立つ学校図書館活用データベース」東京学芸大学学校図書館運営専門委員会　http://www.u-gakugei.ac.jp/~schoolib/htdocs/（2017年5月7日参照）
　「百人一首の和歌について調べ，発表させたい。」(管理番号　A0197)
　http://www.u-gakugei.ac.jp/~schoolib/htdocs/index.php?key=mubecjr79-26#_26（2017年5月7日参照）

引用参考文献

朝の読書推進協議会「朝の読書　全国都道府県別実施校数一覧」
　http://www.tohan.jp/csr/asadoku/（2017年5月6日参照）
阿部千春・清水典子（2003）「埼玉県高等学校図書館における合同目録の例」『現代の図書館』41巻1号，p.211－216
阿部了写真，阿部直美文（2010）『おべんとうの時間』木楽舎
大堀良博「生徒一人一人を見る授業研究会」『日本教育新聞』2011年3月23日付，p9

銀城康子文・萩原亜紀子絵（2008）『ブラジルのごはん』農山漁村文化協会
熊倉峰広（2003）『「味見読書」で本離れが無くなる！』明治図書出版
ザイラ・デッカーほか（2010）『ブラジル ナショナルジオグラフィック世界の国』ほるぷ出版
埼玉県高等学校図書館研究会「2016（H28）年度学校図書館基本調査」『埼玉高図研年報』Vol.54
全国SLA調査部（2016）「第62回学校読書調査報告」『学校図書館』第793号，pp.12 − 40
全国大学生活協同組合連合会「読書マラソンの紹介」
　http://www.univcoop.or.jp/fresh/book/marathon.html（2017年5月6日参照）
中央教育審議会（2014）『用語集』「新たな未来を築くための大学教育の質的転換に向けて - 生涯学び続け，主体的に考える力を育成する大学へ（答申）」文部科学省，p.37
東京学芸大学学校図書館運営専門委員会「先生のための授業に役立つ学校図書館活用データベース」A109　高校1年生を新書に親しませるにはどうしたらよいか？ http://www.u-gakugei.ac.jp/~schoolib/htdocs/index.php?key=muwme75ee-26&search=1#_26（2017年5月7日参照）
図書館用語大辞典編集委員会（2004）『最新図書館用語大辞典』柏書房，p 461
平成26年度文部科学省委託調査『高校生の読書に関する意識等調査報告書』平成27年3月
　http://www.kodomodokusyo.go.jp/happyou/img/htn_pdf.gif（2017年5月2日参照）
Library NAVI アーカイブ「Library NAVI とは」http://librarynavi.seesaa.net/s/article/22561547.html（2017年9月23日参照）

第12章

特別支援学校

1 すべての子どもにとって，読むことは世界に開かれた窓

(1) 学校図書館ができるまで
① 東京学芸大学附属特別支援学校について

　東京学芸大学附属特別支援学校（以下，本校）は東京都東久留米市の駅から徒歩5，6分ほどの小さな川沿いにある。冬は富士山が見える。校門を入ると，梅や桜や紫陽花，コスモス，大きないちょうに紅葉と，四季折々の自然豊かな環境が子どもたちを迎える。2016年度は幼稚部4名，小学部17名，中学部21名，高等部30名の計72名の児童・生徒が通っている。この8年，私は保護者と教職員が力を合わせて，子どもたちを生活，及び，健康の両面から，大事に丁寧に育てていく姿に接してきた。卒業生への支援も手厚く，卒業後もさまざまな行事や入学式，卒業式に訪れてくる卒業生の姿を見かける。また卒業生と保護者が一体となり作りあげている若竹ミュージカルの舞台はいつも感動を誘う。

　特別支援学校にも学校図書館の設置は学校図書館法により義務づけられている。野口武悟氏の「特別な支援が必要な子どもたちに対しては，読書の困難を補う支援（＝情報保障）が大きな意味を持つ」（『一人ひとりの読書を支える学校図書館』読書工房，2010）の指摘のように，特別支援学校にこそ学校図書館の環境が必要である。しかし同書によれば，他校種に比べて特別支援学校の図書館環境は厳しい状況にあり，そのなかでもとくに知的障がいのある子どもたちの学校はもっとも低い水準である。本校も以前は各クラスの学級文庫，小学部の絵本の書架や生徒会室の書架はあったが，学校図書館はなかった。たくさんの方々の支援を受けて始まった，本校の小さな学校図書館づくりの記録をここにまとめる。

② 最初の一歩

　2009年7月，本校を会場に，東京学芸大学附属学校司書部会（以下，司書会）と特別支援学校教職員との合同で，マルチメディアDAISY（以下，DAISY）の研修が，（社）日本障害者リハビリテーション協会の野村美佐子氏と長田江里氏によりおこなわれた。その際に，21点のDAISYを東京学芸大学図書館運営専門委員会（以下，運営専門委員会）が購入した。

　この研修にあわせ，布絵本の説明と具体的な使い方について附属国際中等教育学校司書の渡

邊有理子氏による研修があり，本校の教員から"破れない教材"としての活用への期待が高まり，運営専門委員会が26点の布絵本を購入した。

同年10月に本校において，運営専門委員会と特別支援学校の合同主催で熊本県立松橋養護学校（当時名称）司書の庄山美紀子氏による講演会を行った。講演とビデオ上映で，障がいをもつ子どもたちに本を手渡していく様子と，生き生きと本に親しむ子どもたちの姿が伝えられた。

③ 小学部の子どもたちとおはなし会を通しての出会い

前述の研修や講演会に私が参加したことがきっかけとなり，小学部でのおはなし会が開催された。2009年12月と2010年1月に，私も所属する日野おはなしの会の山田憲子さんと2人で，6日間のおはなし会を行った。「手遊び」や「わらべうた」「読み聞かせ」「ストーリーテリング」を組み込んでのおはなし会であった。小学部の星組，空組，海組の各クラスごとの「おはなしであそぼう」の授業で5回，各クラスごとの帰りの会で7回，昼休みに小学部児童の自由参加で5回，計17回行った。各教室や絵本コーナーでのおはなし会となった。初めて出会った特別支援の子どもたちとのおはなし会は，知りあうまでは子どもたちも私たちも少し緊張気味であった。しかし最初は目を合わせることのできなかった子どもたちが回を重ねていくにつれて，次第にうちとけていき，私たちの顔をみると，人差し指をピンとたてて，手遊びの「みみずのたいそう」を待つようになっていった。

冬休みをはさんだが，1月のおはなし会では，子どもたちはしっかり覚えていてくれた。好きな絵本を繰り返しもってきて，読んでほしいというリクエストが増えた。「赤ずきん」人形を使ってのストーリーテリングをしたあと，何度も「赤ずきん」「赤ずきん」と話しかけてくる空組の女の子とは，マンツーマンでのおはなし会をおこなった。手を使っての手遊びがむずかしい子どもたちや，声を出すことがむずかしい子どもたち，そして自分の世界のなかにいる子どもたちとの時間であったが，子どもたちが待ってくれているという実感を得て，本校に

写真 12-1　東京学芸大学附属特別支援学校
撮影）東京学芸大学附属学校司書部会（以下，司書会）

第12章 特別支援学校

通った。楽しんでくれた子どもたちと小学部の教員の方々に感謝の思いで一杯である。
　公立や国立の中学校図書館司書としての勤務以前から，私は東京都七生福祉園という知的障がい者施設の児童寮でのおはなし会を35年ほど続けてきている。月1回の会であるが，園の子どもたちが奪い合うように絵本に手を伸ばす姿に長年出会ってきた。また学校司書としての勤務のときに特別支援学級の子どもたちや，通常学級に在籍していても教室にはいられず，学校図書館にやってきた生徒たちとも本を通して出会い，居場所を提供してきた。そうした経験をもつ私にとって，本学小学部の子どもたちとのおはなし会は，新しい子どもたちとの出会いの場となり，また，新しい学校図書館経験の出発点となった。

(2) 子どもたちに，学校図書館を―小学部・中学部・高等部―
① まずは，小学部の図書館

　冬のおはなし会での子どもたちとの出会いから，本校の図書館づくりの構想が動き出した。2010年度に入り，月に1～3日の不定期な勤務ではあったが，図書館づくりが始まる。司書会の応援を受け，運営専門委員会のプロジェクト予算での図書資料購入計画もたてられた。まずは図書館スペースを校内に見つけなければならない。全校で70名前後という児童生徒数であり，私としては学校全体でひとつの図書館をという思いがあった。しかし幼稚部，小学部，中学部，高等部と独立した教育環境にあることから，それぞれの図書スペースを作ることになった。
　2010年夏に，まずは小学部の図書スペースとして，小学部教室近くの第二学習室が決まった。児童生徒が教室での学習とは別に指導を受けるときに使われる部屋の一隅に書架を置くこととなる。校内予算で絵本書架が購入された。ある若い司書夫婦からの書架寄贈もあり，事務用品などが他の附属学校から送られてきた。教務主任と相談して，児童生徒，及び，教職員に購入希望図書のアンケートをお願いして，ようやくスタートした。
　中学生や高校生から野球や相撲，電車・汽車，料理の本などの希望が寄せられ，教職員から

写真12-2　小学部図書館

写真12-3　貸出案内

229

は修学旅行，学外活動の候補地関連や自立支援についての図書資料，子ども向けの英語の本，辞書，世界や日本の地図帳などがリクエストされた。それに加えて，読み物絵本，言葉あそび絵本，科学絵本，幼児・小・中高生対象の図鑑，昔話の本，LL ブック，紙芝居などを選書した。

書架が入り，図書資料が購入され，登録をして，書架に配架をする。大きな壁面が書架のうしろに広がった。ここに楽しい展示をし，子どもたちが入ってきたくなるような，温かい雰囲気を作ろうと考えた。

② 貸出方法は

一歩一歩進めてきて，次に貸出方法はどうしたものかと考えた。月に 1～3 日ほどの不定期な勤務の司書の図書館運営である。コンピュータの設備もない。今は姿を消した古い方法ではあるが，ブラウン式での貸出を決めた。そして司書教諭と相談し，まずは各クラス単位の貸出をすることになった。小学部の 3 クラスのカードボックスを手づくりする。20 人弱の児童が担任の先生方と一緒に利用するところからのスタートであった。

2011 年 9 月から「おうち貸出」を始めた。本校は保護者が送り迎えや行事などで，熱心に来校する。教務主任と話し合い，家庭に貸出をしてみようという後押しを受け，図書通信でお知らせする。すぐに複数の保護者が小学部の図書館による「おうち貸出」を利用するようになり，現在も続いている。貸出冊数は，2011 年 9 月から 2017 年 2 月までの 5 年半で 541 冊であった。2016 年秋から児童生徒の「個人貸出」が始まる。これについては後ほど詳しく述べる。

③ 中学部と高等部の図書館

小学部の図書館が動き出して，しばらくしてから，中学部の図書館をどこにするかの話し合いがもたれた。校内に空きスペースを見つけるのがむずかしく，最終的にランチルームの一角に決まった。中学部と高等部の生徒が給食を食べたり，学習の発表会をしたりと多目的に使われている広い空間である。その入口近くに書架を置き，中学部と高等部の各 3 クラスの貸出

写真 12−4　中学部図書館

写真 12−5　高等部図書館

ボックスを置く。2011年に入り，もともと書架と図書資料が置かれていた生徒会室を高等部の図書館とすることになった。春休みの一日に，司書会の助けを借りて，図書資料の大整理をした。生徒がこれまで親しんできた図書を残しつつ，古い資料の廃棄をして，新しい図書を受け入れるスペースを作るという作業をする。8人の附属の学校司書仲間が汗を流してくれた。

小学部，中学部，高等部を合わせて，2016年度現在の蔵書冊数は1,380冊となった。幼稚部とのかかわりはまだ始まっていないので，今後の課題である。

(3) 子どもたちに本をさしだす
① 初めての個人貸出

司書の机は，小学部の図書館のある第二学習室にある。出勤すれば，小学生は廊下を移動するときに挨拶してくれたり，休み時間やお昼休みに顔を見せる。絵本を一緒に読んだり，読みきかせや手遊びをする機会もある。司書がいると「絵本を読んで」とやってくる。特別支援学校にある図書館が楽しい場として，本との出合いの場として利用されるようになってきた。

2012年の秋，中休みに5年生の女の子がやってきた。おはなし会で初めて会ったのは2年生の冬なので，すでに顔見知りになっている。お母さんも「おうち貸出」を熱心に利用していて，家庭でも読み聞かせを受けている。絵本書架から自分でとりだした『だめよ，デイビット！』〔デイビット・シャノン，評論社，2001〕をさしだして，ニコニコする。もう何度か読み聞かせをしたお気に入りの絵本である。読み終わって，いつもは「借りていく？」と私が聞くと，「ううん」と首をふって帰っていくのだが，その日は「うん」という返事であった。彼女に絵本の裏表紙のブックポケットからカードを自分で取り出してもらって，「何組ですか？」と聞き，自分のクラスの貸出ボックスにカードを入れてもらう。手作りのこのボックスに初めて児童が自分でカードを入れて，小学部の児童の初めての個人貸出となったのである。そこに担任の先生が迎えにきて，「ちゃんと借りられた？」と聞いた。放課後，本人が返却にきて，私が手渡したカードを自分でちゃんと絵本のブックポケットに入れた。司書不在の日に担任と一緒の積み重ねがあって，今日の一人での貸出返却につながったのである。司書の勤務日が少ないので，担任との密な連絡が大切であることを実感した。この児童とは，さらに中学部の授業での出会いを重ねて，2017年4月には高校2年生になった。

② 「声をだすこと」と「本」，そして「言葉」

夏休み前のプール開きの日，私の出勤と重なったので，絵本『およぐ』（なかのひろたか，福音館書店，1981）を小学部と中学部の図書館に面出しした。4時間目が終わったときに，中学部の生徒がその絵本を手にして私のところにきたので，読み聞かせを始めると，途中の洗面器に顔を付ける場面のページを手でおさえ，ページを繰るのを止める。そこで何度も何度も「ブク

ブクパッ　ブクブクパッ」と読むと，その男子生徒は「ブッ，ブッ，」という口の形をして，顔を真っ赤にしてくりかえす。やっと「ブ」という声が出たとき，担任が迎えにきて，「やぁ，いい声がでたねぇ」と言った。発声のむずかしい生徒で，その日の体験と絵本が結びついて，自分の意思によるとても良い発声練習であったと，放課後に担任から話を聞かされた。このことは，私にとって貴重な教本である『あたしのあ　あなたのア』〔谷川俊太郎・波瀬満子，太郎次郎社エディタル，2001〕の波瀬満子氏の発声を促す取り組みについて，小さな実践となった。

　『それほんとう』〔松岡享子，福音館書店，2010〕の「あ」のところを中学生に語ったとき，いつも自分の言葉を話し続けている自閉症の生徒が，「ありのありすさんが…」と繰り返して言い始めた。まったく聞いていないようでいて，しっかりと聞いている。子どもたちへの言葉の力の大きさを感じた。前述の『あたしのあ　あなたのア』のなかで，鶴見俊輔氏の言葉として「ナンセンス」について，「センス」は「意味」，「ナンセンス」とは「意味を問い返す」ことであると，谷川俊太郎氏が引用している。これを読んだときに，私は子どもたちが五味太郎氏，長新太氏などの絵本を喜ぶことに初めて納得をした。ストーリーを楽しむのではない児童生徒もいる。そのような児童生徒と本との懸け橋は「言葉の力」であるということに気づかされた。

③ 高等部の生徒たちとのつながり

　高等部の生徒たちとは，まず購入図書のリクエストでつながった。スポーツ選手の本，アイドルの本，鉄道の本などが届いて配架したときに，とても喜んで手にする姿に出会った。勤務時間の少ない司書の代わりにいつも書架整理をしてくれる生徒から，司書宛てに手紙が届いていて，その生徒とは卒業までに短い手紙のやりとりをした。また図書委員会が本の紹介コーナーを作り，生徒一人ひとりのおススメ本と手書きの紹介文が並べられる。みんなで用意するバザーの作品のなかに，手作りのシュシュ（髪を束ねるときに用いる髪飾り）があって「新しく買ってもらった本を参考に作りました！」という声があり，図書館が利用されていることを実感した。2月の学習発表会に向けての図書資料の活用も広がりを見せる。2016年度，高等部は宮澤賢治の劇発表に取り組み，賢治関連の図書資料が高等部の廊下に並んだ。近隣の公共図書館の利用もされた。

　調べるという図書利用が先生から生徒へと広がっている。しかし，高等部の授業を司書が支援することは，今後の課題である。

④ 図書通信

　司書教諭の声かけで，2013年12月に図書だより「ぶっくらんど」第1号を発行した。3カ月に一度ほどの発行で，2017年4月現在で16号までの発行である。漢字にルビをつけ，3カ所の図書館の場所，貸出・返却のしかた，蔵書の案内をしている。保護者向けの「おうち貸出」

への誘いや行事への参加，及び，授業にかかわった報告の記載をする。月に1～3日ほどの勤務の司書と，児童，生徒，保護者，教職員を結び，蝸牛のごとき歩みではあるが，図書通信は図書館作りの一助となっている。

(4) 授業とかかわる

① 中学部の総合学習「東京探検」への授業支援

　司書教諭と運営専門委員会の応援を受けて，2013年度から中1と中2の総合学習の「東京探検」の授業にかかわる。テーマが決まると司書は，8月に各附属の学校司書に関連図書資料をお願いする。8校から100冊ほどを約2カ月間借りて，中学部廊下に特設の書架を作り，資料提供をする。9月に授業が始まり，司書はブックトークを行い，調べ学習に入る。10月上旬に生徒たちは，目的地へ郊外学習で出かけていく。一人ひとりの生徒は10月いっぱいかけて，自分のテーマのまとめを作成し，10月下旬に調べたことを保護者に向けて発表する。

2013年度「水」の学習

　9月17日の公開授業当日，担当教諭から「水」の学習や「水の科学館」についての説明があり，司書が『しずくのぼうけん』〔テルリコフスカ著，内田莉莎子訳，福音館書店，1969〕，『水は，』〔山下大明，同，2012〕，『みずはどこから？みずはどこへ』〔ゆーちみえこ，チャイルド本社，2009〕，『ひとしずくの水』〔ウイック著，林田康一訳，あすなろ書房，1998〕を主としてブックトークをした。その後の授業で生徒はワークシートを使って，先生と一緒に調べ学習に入る。司書は他の附属学校図書館から借りた「水」に関する図書資料を教室の外廊下に配置し，生徒の求める資料の貸出や調べ学習のサポートを行う。ブックトークで話した「浄水場」や「ダム」，水や氷の実験，霧について，水遊びなどの資料が求められた。「氷」の溶け方の実験をした生徒が『ひとしずくの水』の氷の写真に興味を示す。あそびや簡単な実験に関する資料の必要性を感じる。10月4日に「水の科学館」へ体験学習に行く。10月9日の午前中，生徒たちは先生の支援を受けて模造紙に調べ学習のまとめを書き始める。午後は東京都水道局の「水道キャラバン隊」の映像と実験や三択クイズで，水について学習する。10月23日から10月25日にかけて，各自の学習のまとめを仕上げる。10月30日，ランチルームにて，保護者を前に総合学習の発表をする。

　生徒たちの発表のテーマは「宮城県の川」「浄水場」「ダム」「氷の溶け方の実験」「霧について」「水の変化」「水道水はどこから」「ペットボトルの水」「水がきれいになるしくみ」「水のあそび」「水の科学館への行き方」などであった。

　同日の関西への修学旅行について中3の総合学習の発表は，インターネットで調べてのまとめであった。中1と中2は「ほん」「インターネット」と書いている生徒もいた。あまり上手

に話せない生徒たちも一生懸命に声をだして発表する姿が印象に残っている。その生徒一人ひとりのもっている力をひきだしている先生方の姿が，そこにはあった。附属の学校図書館から借りた資料と共に，勤務日数が少ない司書の存在が，生徒の学びへのサポートにつながった最初の事例である。

2014年度「水族館にいくよ」

9月18日，『すいぞくかんのみんなの1日』〔松橋利光，アリス館，2013〕と『ほんとのおおきさ水族館』〔小宮輝之，学研マーケティング，2010〕を主としたブックトークをする（公開授業）。今年は生徒一人ひとりに1冊の図鑑を用意し，図鑑の使いかた，目次や索引の説明，情報リテラシーをわかりやすく簡単に説明する。「調べた本の名前を必ず忘れずに書いておいてくださいね。少しむずかしいけど，先生やおうちの人に手伝ってもらってね」と話す。教育実習生の参加もあり，イルカのダンスも加わってにぎやかな授業であった。10月1日，10月2日は，生徒たち一人ひとりのテーマ選びである。10月3日，「しながわ水族館」へ郊外学習に出かけた。その後10月8日，22日，23日，27日，29日と5日間かけて模造紙にまとめた。ブックトークのときに「メガネモチノウオ」に反応した男子生徒が，水族館でその水槽の前を動かないほど気に入り，実物大の姿を描いた。10月30日，発表会であった。本を使った生徒が多く，書名の記載も見られた。

生徒たちのテーマは，「カクレクマノミ」「大きい魚と小さい魚」「エイの鼻と口と目はどこにあるのか」「イルカのジャンプ」「イルカのしゅるい」「イルカのはなはどこ？」「イルカの口」「クラゲ」「メダカの育て方」「アザラシの赤ちゃん」「タコはなぜすみをはくのか」「水族館の魚のエサ」などであった。クラゲの口が肛門であるとの発表に驚きと笑いが広がった。

2016年秋にも「水族館」授業にブックトークで参加する。生徒の個性に合わせた担任のきめ細かい指導のもと，中学部での授業とのかかわりが定着して，生徒たちに，司書と本が結びついてきている。司書教諭の校内への理解と連絡，働きかけ，そして担当教諭の実践があった。

2015年度「スカイツリーと東武博物館」

10月1日の公開授業に向けて，この年は担当教諭と3回の打ち合わせを重ねた。2カ所の見学で，1カ所はスカイツリーのソラマチ見学であることで，ブックトークの組み立てがむずかしいが，資料紹介をする。『図解絵本　東京スカイツリー』〔モリナガヨウ，ポプラ社，2012〕を中心に，スカイツリーの高さなどについて司書が行い，電車に詳しい校長先生が電車の話をした。「てっちゃん」が多く，その方面の知識に詳しい生徒から，電車の資料を求められた。

当日は担当教諭がパワーポイントを使って授業を進め，司書は「たてもの」「のりもの」「もくじ」「さくいん」などのカードや図書を見せながら，図鑑の使い方の説明をし，先生やおう

第 12 章　特別支援学校

写真 12-6　「水の学習」ブックトーク　　　写真 12-7　「スカイツリーと東武博物館」中学部特設書架

撮影）写真 12-6, 12-7 ともに司書会

ちの方に助けてもらって，調べた本の書名を必ず書いてねと今年も説明する。生徒がテーマを決めていく段階では，その生徒に向く図書資料を選んで手渡していき，丁寧に説明する。ソラマチの詳しい情報の載っている雑誌が喜ばれた。雑誌の購入はむずかしく，他の附属の学校図書館に助けられる。

10 月 30 日の発表での生徒たちのテーマは，「お店でお菓子をかった」「スカイツリーの模型を作る」「スカイツリーの景色」「ソラマチのお店」「ちいさなバームツリー」「ソラマチスイーツ」「空からスカイツリーを見た」「ソラマチアイカツグッズ」「アイカツショップ」「ジオラマ」「昔の電車」「電車運転シュミレーション」「牛乳パックで電車を作る」などであった。将来，ソラマチのお店で働きたいという希望を声にした生徒がいた。

② 小学部の授業「おはなしであそぼう」への授業支援

小学部の子どもたちとは，個々のふれあいやクリスマス会などの行事参加を重ねてきたが，2016 年 6 月下旬と 9 月初めに「おはなしであそぼう」の授業に久しぶりにかかわった。司書教諭や担任の配慮のもと，給食時間などで児童との時間を共有し，児童が司書になじみ，公開授業に向けて準備をした。手遊びに始まり，大型絵本を見せながら『三びきのやぎのがらがらどん』〔マーシャ・ブラウン　え，せた　ていじ訳，福音館書店，1965〕を司書が語り，その後，児童がやぎやトロルになって，音楽をまじえた遊びを通して，自分の役割を認識していく授業であった。

このあとの秋の読書週間の取り組みとして，小学部の海組（高学年クラス）は，自分の好きな絵本や布絵本を選んで，友だちに紹介する試みが続けられた。選んだ絵本や図書は小学部の廊下に貼りだされていて，いつでもみんなで確認し合える試みが続いていた。冬休み以降も続いていて 100 冊近くになった。10 人弱の児童の 3 カ月の読書記録がある。読んでもらったり，絵を書いたり，字を読める児童は少しでも自分で読んだり，本を楽しむ姿が見られるようになってきた。これからはもっとリーディングトラッカーの利用や DAISY 利用を促していきたい。

235

写真12-8 「おはなしであそぼう」の授業風景　　写真12-9　小学部海組の読書記録

撮影）司書会

　そしてこの授業のあとから，長期休み前の司書の出勤日に，担任に連れられて児童生徒がやってくるようになった。これまでは担任がまとめて図書を借りていたのであるが，児童生徒が自分で本を選び，自分で貸出の手続きをすることが始まった。保護者の「おうち貸出」に加えて，子どもたち一人ひとりの「個人おうち貸出」が始まる。

(5) まとめ

　この8年間，本校の教職員と保護者が力を合わせて，子どもたちの自立に向けて，丁寧に育てていく姿や，卒業生への手厚い援助に接してきた。そして本校では毎年，児童生徒が担任につれられて，地元の公共図書館へ出かけていく。学校司書が授業に必要な図書資料について，公共図書館に問い合わせをすることもある。図書通信で自分の家の近くの公共図書館に足を運ぼうとの呼びかけもしている。小さな図書館の設備と，勤務日はとても少ないが，司書の存在により，図書資料を通しての知る喜びや楽しみを子どもたちに体験してもらいたいと願ってきた。

　障がいは病気ではなく，その人にとっては，それが「ふつう」のことである。アメリカ学校図書館員協会（AASL）の「21世紀の学習者のための基準」（2007）の冒頭に，

「Reading is a window to the world.」

「Reading is a foundational skill for learning, personal growth, and enjoyment.」

（American Association of School Librarians　© 2007 by the American Library Association http://www.ala.org/aasl/sites/ala.org.aasl/files/content/guidelinesandstandards/learningstandards/AASL_LearningStandards.pdf　2017年5月1日）

とあるように，どのような障がいにもかかわらず，「読む」ことで，知る喜びを得て，成長していけるように，環境整備に配慮することは，学校図書館の課題であると思う。子どもも大人も一人ひとりが違っていることはすてきなことである。それが当たり前に認められる学校や社会であってほしい。すべての子どもたちが子どもの権利，教育の権利を認められ，生き生きと成長していってほしい。1994年に批准された「子どもの権利に関する条約」，また，とくに施

第12章 特別支援学校

行されたばかりの「障害者差別解消法」における「合理的配慮」については、社会のなかでの認識がまだまだ足りないと感じる。多様性を認め、相互に受け入れる diversity、及び、分けへだてなく包み込む inclusion という2つの概念が、社会に認められていくことを、学校図書館の一人の司書として心から願っている。

これからの子どもたちのために、常勤の司書が存分に活動できる学校図書館となることが望まれる。

写真12-10　近隣の公共図書館での児童・生徒たち

〔東京学芸大学附属特別支援学校司書　田沼　恵美子〕

おわりに

　本書では，これからの学校図書館の活性化の視点から，第1部では，学校図書館と学校司書の現状と課題について，報告書や答申，法律，理念，調査結果など，関連する資料や情報に基づいて考察した。また，学校司書が学校図書館に配置され，校内での連携協力のもとに児童生徒の教育を支援することによる教育上の効果についても，国内外の調査結果から，明らかにした。さらに，これからの学校司書の役割や活動について，アクティブ・ラーニングの推進，ラーニング・コモンズとしての学校図書館の環境づくり，及び，公共図書館をはじめとする社会教育施設と学校図書館の連携協力の観点から論じた。

　第2部では，これからの学校司書の職務について考えるうえで有益な実践事例を，小学校，中学校，中高一貫校，高等学校，及び，特別支援学校の学校司書の方々が報告している。これらの実践事例の報告は，これからの学校図書館の活性化に向けて具体的な方策の検討を行ううえで，非常に参考になるものであり，とても意義のあるものである。

　15名の学校司書の方々の優れた実践事例に共通して見受けられることは，以下のとおりである。

① 以前から学校司書の職務として考えられてきた学校図書館サービス，すなわち，利用者への「間接的支援」（テクニカルサービス）と「直接的支援」（パブリックサービス）に地道にしっかり取り組まれていること。
② レファレンス，読書相談，調べ学習や探究的な学習の支援などを通じて，また，日頃からのさりげないコミュニケーションを通じて，児童生徒との信頼関係を築かれていること。
③ 司書教諭や教職員などとの校内でのコミュニケーションを日頃より大切にし，校内で信頼され頼りにされる学校司書として，「教育指導への支援」に関する職務に積極的に取り組まれていること。
④ 学校という枠組みを越えて，家庭，コミュニティ，専門家などとの連携協力を図り，地域社会のなかで児童生徒のより良い学習環境の整備に努めていること。

　このように幅広い視点から学校図書館の運営にあたることは，これからの学校教育における学校図書館の活性化をめざすうえで，重要である。

　これまで類書では，国内外の資料や情報に基づき学校図書館と学校司書の現状と課題について論じながら，学校司書の優れた実践事例について紹介するということが，あまりなされてこなかった。本書では，学校図書館や学校司書に関する基本的な考え方と優れた実践事例を結び

つけることが，今後の学校図書館のさらなる発展を目指すうえで重要であると考え，第1部と第2部の構成とした。学校教育に貢献する学校図書館について考察し，学校司書のこれからの在り方について検討するうえで，本書を参考にしていただけたら，幸いである。

　学文社代表取締役社長の田中千津子氏，及び，学文社編集部の松澤益代氏には，企画の段階から，本書の発行に向けていろいろとご尽力いただきましたこと，心より御礼申し上げます。

2017年9月吉日

金沢みどり

[編著者]

金沢みどり（かなざわ　みどり）

東洋英和女学院大学人間科学部教授，博士（教育学）

主な著作
『学校教育における図書館と情報教育』2008，青山社（単著）
『学習指導・調べ学習と学校図書館　改訂版』2009，青弓社（共著）
『情報サービス論』2010，理想社（共著）
『読書と豊かな人間性』2011，全国学校図書館協議会（共著）
『生涯学習社会における情報活用能力の育成と図書館』2012，学文社（単著）
『児童サービス論　第2版』2014，学文社（単著）
Information Literacy: Educational Practices, Emerging Technologies and Student Learning Outcomes, 2015, Nova Science Publishers（共著）
Information Literacy Education in Japanese Libraries for Lifelong Learning, 2016, Nova Science Publishers（単著）
『図書館サービス概論　第2版』2016，学文社（単著）　ほか。

学校司書の役割と活動―学校図書館の活性化の視点から―

2017年12月15日　第1版第1刷発行

編著者　金沢　みどり
発行者　田中　千津子
発行所　㈱ 学文社

郵便番号　153-0064　東京都目黒区下目黒3-6-1
電話（03）3715-1501（代表）　振替　00130-9-98842
http://www.gakubunsha.com

乱丁・落丁本は，本社にてお取替え致します。　印刷／新灯印刷株式会社
定価は，カバー，売上カードに表示してあります。　〈検印省略〉
© 2017 KANAZAWA Midori　　Printed in Japan
ISBN 978-4-7620-2752-9